国家出版基金项目
"十四五"国家重点出版物出版规划项目

信息融合技术丛书

何友 陆军 丛书主编　　熊伟 丛书执行主编

多源知识融合与应用

王晓玲　王昊奋　杨晓春　著

电子工业出版社
Publishing House of Electronics Industry
北京·BEIJING

内 容 简 介

本书围绕多源知识融合技术展开，系统地介绍了多源知识融合的基本概念、关键技术、应用场景和发展趋势。书中涵盖当前主流的多模态数据处理技术，这些技术能够实现跨模态信息检索，从而消除不同数据源之间的语义隔阂，促进知识的互通与共享。

本书首先详细讲解了文本、图像、信号和视频等不同模态数据的知识获取方法；然后重点探讨了多模态数据的语义表示与检索，以及多模态知识图谱的融合方法；最后探讨了多源知识融合技术在推荐系统、知识问答、辅助决策等前沿领域的应用及相关技术挑战与未来展望，并通过实际案例展示了多源知识融合技术如何赋能领域应用。

本书可以供从事多源知识研究和工程应用的专业技术人员参考，也可以作为高等院校相关专业本科高年级学生和研究生的参考用书。

未经许可，不得以任何方式复制或抄袭本书之部分或全部内容。
版权所有，侵权必究。

图书在版编目（CIP）数据

多源知识融合与应用 / 王晓玲等著. -- 北京 ：电子工业出版社, 2025. 3. -- (信息融合技术丛书).
ISBN 978-7-121-49938-8

Ⅰ．G202

中国国家版本馆 CIP 数据核字第 2025EA2508 号

责任编辑：张正梅
印　　刷：天津画中画印刷有限公司
装　　订：天津画中画印刷有限公司
出版发行：电子工业出版社
　　　　　北京市海淀区万寿路 173 信箱　邮编：100036
开　　本：720×1000　1/16　印张：13　字数：262 千字
版　　次：2025 年 3 月第 1 版
印　　次：2025 年 3 月第 1 次印刷
定　　价：98.00 元

凡所购买电子工业出版社图书有缺损问题，请向购买书店调换。若书店售缺，请与本社发行部联系，联系及邮购电话：(010) 88254888，88258888。
质量投诉请发邮件至 zlts@phei.com.cn，盗版侵权举报请发邮件至 dbqq@phei.com.cn。
本书咨询联系方式：zhangzm@phei.com.cn。

"信息融合技术丛书"
编委会名单

主　　编：何　友　陆　军

执行主编：熊　伟

副 主 编（按姓氏笔画排序）：
　　　　王子玲　刘　俊　刘　瑜　李国军　杨凤暴
　　　　杨　峰　金学波　周共健　徐从安　郭云飞
　　　　崔亚奇　董　凯　韩德强　潘新龙

编　　委（按姓氏笔画排序）：
　　　　王小旭　王国宏　王晓玲　方发明　兰　剑
　　　　朱伟强　任煜海　刘准钆　苏智慧　李新德
　　　　何佳洲　陈哨东　范红旗　郑庆华　谢维信
　　　　简湘瑞　熊朝华　潘　泉　薛安克

丛书序

信息融合是一门新兴的交叉领域技术，其本质是模拟人类认识事物的信息处理过程，现已成为各类信息系统的关键技术，广泛应用于无人系统、工业制造、自动控制、无人驾驶、智慧城市、医疗诊断、导航定位、预警探测、指挥控制、作战决策等领域。在当今信息社会中，"信息融合"无处不在。

信息融合技术始于 20 世纪 70 年代，早期来自军事需求，也被称为数据融合，其目的是进行多传感器数据的融合，以便及时、准确地获得运动目标的状态估计，完成对运动目标的连续跟踪。随着人工智能及大数据时代的到来，数据的来源和表现形式都发生了很大变化，不再局限于传统的雷达、声呐等传感器，数据呈现出多源、异构、自治、多样、复杂、快速演化等特性，信息表示形式的多样性、海量信息处理的困难性、数据关联的复杂性都是前所未有的，这就需要更加有效且可靠的推理和决策方法来提高融合能力，消除多源信息之间可能存在的冗余和矛盾。

我国的信息融合技术经过几十年的发展，已经被各行各业广泛应用，理论方法与实践的广度、深度均取得了较大进展，具备了归纳提炼丛书的基础。在中国航空学会信息融合分会的大力支持下，组织国内二十几位信息融合领域专家和知名学者联合撰写"信息融合技术丛书"，系统总结了我国信息融合技术发展的研究成果及经过实践检验的应用，同时紧紧把握信息融合技术发展前沿。本丛书按照检测、定位、跟踪、识别、高层融合等方向进行分册，各分册之间既具有较好的衔接性，又保持了各自的独立性，读者可按需读取其中一册或数册。希望本丛书能对信息融合领域的设计人员、开发人员、研制人员、管理人员和使用人员，以及高校相关专业的师生有所帮助，能进一步推动信息融合技术在各行各业的普及和应用。

"信息融合技术丛书"是从事信息融合技术领域各项工作专家们集体智慧的结晶，是他们长期工作成果的总结与展示。专家们既要完成繁重的科研任务，又要在百忙之中抽出时间保质保量地完成书稿，工作十分辛苦，在此，我代表丛书编委会向各分册作者和审稿专家表示深深的敬意！

本丛书的出版，得到了电子工业出版社领导和参与编辑们的积极推动，得到了丛书编委会各位同志的热情帮助，借此机会，一并表示衷心的感谢！

何友
中国工程院院士
2023 年 7 月

前 言

当今世界正处于数据爆炸的时代，信息的多样性和丰富性前所未有。从文本、图像到音频、视频，乃至各种传感数据，海量的数据为科学研究和社会治理的发展提供了良好的基础。然而，仅拥有数据并不足以创造价值，真正的挑战在于如何有效地利用和融合这些海量信息中所蕴含的知识，以支持智能决策、优化系统性能，甚至驱动新的科学发现。

传统的数据处理方式通常局限于单一数据模态。例如，自然语言处理专注于文本，计算机视觉专注于图像和视频。然而，现实中的问题往往涉及多种数据模态。例如，在医疗诊断中，医生需要结合患者的电子病历（文本数据）、医学影像（图像数据）、心电图或脑电波（信号数据）甚至语言描述（音频数据）来进行综合判断。如果这些数据被孤立地处理，将难以全面呈现患者的真实状况。

随着人工智能和大数据技术的发展，多源知识融合已经成为智能系统进化的重要方向。它不仅增强了机器对世界的感知能力，也让计算机在推理、决策和知识管理方面更加智能。例如，智能家居系统可以融合语音、视频和传感器数据，实现更自然的人机交互；自动驾驶系统可以融合雷达、摄像头、GPS 等多种设备的数据，以提高驾驶的安全性和可靠性。

本书围绕多源知识融合的基本概念、关键技术和应用场景展开，共 10 章，系统讲述了从基础理论到前沿应用的完整内容。

第 1 章介绍了多源知识融合的应用背景、相关技术、技术应用及发展前景。

第 2～5 章详细讲解了文本、图像、信号和视频等不同模态数据的知识获取方法。各章不仅介绍了当前主流的数据处理技术，还介绍了不同模态数据的知识获取所面临的技术挑战与未来展望。

第 6 章探讨了多模态数据的语义表示与检索，即如何将不同模态的数据统一到同一个语义空间，以支持跨模态信息检索。

第 7 章深入讨论了多模态知识图谱的融合方法，这是当前人工智能和知识工程的重要研究方向之一。

第 8 章关注基于多模态知识的推荐系统，介绍了如何利用多源数据提高推荐效果，特别介绍了注意力网络和图神经网络的应用。

第 9 章介绍了基于流水线方法和基于端到端方法的知识问答系统，通过设计多轮对话系统，介绍了知识问答系统的应用。

第 10 章介绍了基于多源知识的辅助决策系统，探讨了如何利用多源知识融合技术提升复杂环境下的智能决策能力，并介绍了辅助决策系统在军事领域的应用实例。

尽管多源知识融合技术展现出了巨大的应用潜力，但仍然面临诸多挑战。例如，如何在不同模态之间建立高效的关联映射？如何在数据融合的过程中保持信息的一致性？如何在多源数据存在噪声和冲突的情况下提取出有价值的知识？此外，数据隐私和安全性也是不容忽视的问题，特别是在医疗、金融等隐私敏感领域，如何在进行知识融合的同时确保数据的合规使用，将是未来的重要研究方向。

展望未来，随着人工智能、物联网、边缘计算等技术的不断发展，多源知识的融合将进一步深化，并催生出更多创新的应用模式。例如，在自动驾驶领域，多模态感知技术将帮助车辆更准确地理解复杂的道路环境，提升驾驶安全性；在智能医疗领域，融合电子病历、影像数据和多组学信息，有望推动精准医疗的发展，为患者提供更加个性化的治疗方案。

本书汇集了作者团队在多源知识融合领域的最新研究成果和经验，旨在为读者提供系统的理论知识和前沿技术，无论对于学术研究者、工程实践者，还是对多源知识融合领域感兴趣的读者，本书均能提供有价值的参考。

本书编写分工如下：王晓玲编写第 1 章和第 4 章；吴苑斌编写第 2 章；路

红编写第 3 章；徐童编写第 5 章；杨晓春编写第 6 章；王昊奋编写第 7 章和第 9 章；纪文迪编写第 8 章；胡芳槐博士编写第 10 章；全书由王晓玲负责统稿。其他参与本书编校工作的还有博士研究生郑焕然、王鹏飞、徐启奥、杜威，以及硕士研究生王乙乔等。在此对各位的辛苦的付出表示真诚的感谢！

本书得到了国家自然科学基金（编号 62136002、61972155、61472141 等）的支持，并且得到了国家出版基金项目的资助，在此特向国家自然科学基金委员会和国家出版基金管理委员会表示感谢。

在本书的出版过程中，电子工业出版社的策划及编校人员付出了大量辛勤的劳动，他们认真细致的工作保证了本书的出版质量，在此一并表示衷心的感谢！

限于作者水平，书中难免存在疏漏和不足之处，恳请广大读者批评指正并提出宝贵意见，我们深表感谢！

王晓玲

2025 年 1 月

目　录

- 第 1 章　多源知识融合概述 ……………………………………… 001
  - 1.1　多源知识融合的应用背景 …………………………………… 001
  - 1.2　多源知识融合的相关技术 …………………………………… 002
  - 1.3　多源知识融合技术的应用 …………………………………… 004
  - 1.4　知识融合技术的发展前景 …………………………………… 005
- 第 2 章　文本数据的知识获取 …………………………………… 007
  - 2.1　文本知识抽取任务的定义 …………………………………… 007
    - 2.1.1　实体识别的定义 ………………………………………… 007
    - 2.1.2　关系抽取的定义 ………………………………………… 008
  - 2.2　文本知识抽取的常用方法 …………………………………… 008
    - 2.2.1　实体识别的常用方法 …………………………………… 008
    - 2.2.2　关系抽取的常用方法 …………………………………… 013
  - 2.3　常用数据集 …………………………………………………… 018
    - 2.3.1　实体识别数据集 ………………………………………… 018
    - 2.3.2　关系抽取数据集 ………………………………………… 019
  - 2.4　技术挑战与未来展望 ………………………………………… 020
  - 2.5　本章小结 ……………………………………………………… 021
  - 参考文献 …………………………………………………………… 021
- 第 3 章　图像数据的知识获取 …………………………………… 025
  - 3.1　图像知识表征方法 …………………………………………… 025

  3.1.1 传统的图像知识表征方法 ·· 026
  3.1.2 基于深度神经网络的图像知识表征方法 ······························ 027
 3.2 图像知识抽取任务 ·· 029
  3.2.1 目标检测 ·· 029
  3.2.2 关键点检测 ·· 033
  3.2.3 图像分割 ·· 035
  3.2.4 图像生成 ·· 037
 3.3 常用数据集 ·· 039
  3.3.1 ImageNet 数据集 ·· 039
  3.3.2 COCO 数据集 ··· 039
  3.3.3 Open Images 数据集 ·· 040
  3.3.4 MSTAR 数据集 ·· 040
 3.4 技术挑战与未来展望 ·· 040
 3.5 本章小结 ·· 041
 参考文献 ··· 041

第4章　信号数据的知识获取 ·· 045
 4.1 信号数据的定义及特点 ·· 045
 4.2 信号数据知识表征 ·· 047
  4.2.1 传统的信号数据知识表征方法 ·· 047
  4.2.2 基于深度神经网络的信号数据知识表征方法 ······································· 050
 4.3 信号数据知识抽取任务 ·· 054
  4.3.1 信号分类 ·· 054
  4.3.2 信号生成 ·· 056
  4.3.3 长期预测 ·· 056
  4.3.4 异常检测 ·· 057
  4.3.5 语音识别 ·· 057
 4.4 常用数据集 ·· 059
  4.4.1 UCI-HAR 数据集 ··· 059
  4.4.2 SEED 数据集 ··· 059
  4.4.3 ETT 数据集 ··· 060
  4.4.4 SWaT 数据集 ··· 060
  4.4.5 LibriSpeech 数据集 ·· 060

		4.4.6 MTAD 数据集	060
4.5	技术挑战与未来展望		060
4.6	本章小结		061
参考文献			061

第5章 视频数据的知识获取 063

5.1	视频知识的含义		063
5.2	视频内容知识抽取任务		064
	5.2.1	时序动作分类	064
	5.2.2	时序动作检测	066
5.3	高层语义分析任务		068
	5.3.1	视频摘要生成与事件高亮片段检测	068
	5.3.2	视频中的人物重识别与检索	071
	5.3.3	视频中的人物关系识别	072
	5.3.4	视频中的人物微表情分析	074
	5.3.5	视频中的片段检索	075
5.4	常用数据集		077
	5.4.1	视频动作分类数据集	077
	5.4.2	时序动作检测数据集	077
	5.4.3	视频检索数据集	078
5.5	技术挑战与未来展望		079
5.6	本章小结		079
参考文献			080

第6章 多模态数据的语义表示与检索 082

6.1	跨模态检索任务的核心概念		082
6.2	多模态数据的语义表示方法		084
	6.2.1	实值表示学习	084
	6.2.2	二值表示学习	085
6.3	跨模态检索方法		086
	6.3.1	基于传统方法的跨模态检索	086
	6.3.2	基于深度学习的跨模态检索	089
6.4	跨模态检索的数据集		102
	6.4.1	NUS-WIDE 数据集	102

    6.4.2 COCO 数据集 ·················· 102
    6.4.3 Flickr30k 数据集 ·················· 103
    6.4.4 MUGE 数据集 ·················· 103
    6.4.5 WuDaoMM 数据集 ·················· 103
  6.5 跨模态检索的评估标准 ·················· 104
    6.5.1 mAP ·················· 104
    6.5.2 Precision-Recall ·················· 104
    6.5.3 Precision-TopK ·················· 105
    6.5.4 Recall@K ·················· 106
  6.6 跨模态检索任务的典型应用 ·················· 106
    6.6.1 跨模态食谱检索 ·················· 106
    6.6.2 跨模态人脸检索 ·················· 107
  6.7 技术挑战与未来展望 ·················· 108
  6.8 本章小结 ·················· 108
  参考文献 ·················· 109

第 7 章 多模态知识图谱的融合 ·················· 111

  7.1 多源知识图谱融合的定义 ·················· 111
  7.2 多模态知识图谱融合方法 ·················· 112
    7.2.1 本体匹配 ·················· 112
    7.2.2 实体对齐 ·················· 113
    7.2.3 实体链接 ·················· 115
    7.2.4 真值发现 ·················· 116
  7.3 工具软件和评测数据集 ·················· 117
  7.4 技术挑战与未来展望 ·················· 118
  7.5 本章小结 ·················· 119
  参考文献 ·················· 119

第 8 章 基于多模态知识的推荐系统 ·················· 122

  8.1 推荐系统和多模态推荐 ·················· 122
    8.1.1 推荐系统的任务定义 ·················· 122
    8.1.2 多模态推荐的任务定义 ·················· 123
  8.2 多模态推荐的特征提取 ·················· 124
  8.3 基于矩阵分解的多模态推荐 ·················· 126

8.4	基于注意力网络的多模态推荐		127
8.5	基于图神经网络的多模态推荐		128
	8.5.1	基于异质图融合的多模态推荐	129
	8.5.2	基于同质图融合的多模态推荐	129
8.6	多模态推荐的模态融合		131
	8.6.1	早期融合	131
	8.6.2	晚期融合	132
	8.6.3	中间融合	132
8.7	多模态推荐的常用数据集		132
8.8	技术挑战与未来展望		133
8.9	本章小结		134
参考文献			134

第9章 知识问答系统 ... 137

- 9.1 基于流水线方法的知识问答系统 ... 137
  - 9.1.1 多源问题解析和查询生成 ... 138
  - 9.1.2 信息检索与答案生成 ... 141
- 9.2 基于端到端方法的知识问答系统 ... 144
  - 9.2.1 基于表示学习的方法 ... 145
  - 9.2.2 基于深度学习的方法 ... 147
  - 9.2.3 基于知识的回复改写方法 ... 155
- 9.3 知识问答系统的应用 ... 157
  - 9.3.1 多轮对话系统的设计方案 ... 157
  - 9.3.2 多轮对话系统的架构 ... 159
  - 9.3.3 多轮对话系统应用示例 ... 160
- 9.4 知识问答系统的常用数据集 ... 164
- 9.5 技术挑战与未来展望 ... 165
- 9.6 本章小结 ... 166
- 参考文献 ... 166

第10章 基于多源知识的辅助决策系统 ... 169

- 10.1 基于多源知识的推理与决策 ... 169
  - 10.1.1 基于规则的推理 ... 169
  - 10.1.2 基于表示学习的推理 ... 173

10.1.3　基于知识的时空数据挖掘计算 ································· 175
10.1.4　基于时空知识图谱的异常挖掘 ································· 177
10.2　辅助决策系统在军事领域的应用实例 ································· 180
10.2.1　态势分析与预警 ································· 181
10.2.2　敌我事件发展趋势分析 ································· 182
10.2.3　重点目标全维画像与意图分析 ································· 182
10.2.4　基于多源知识图谱的情报分析 ································· 185
10.3　技术挑战与未来展望 ································· 187
10.4　本章小结 ································· 188
参考文献 ································· 188

第 1 章
多源知识融合概述

1.1 多源知识融合的应用背景

技术的飞速发展及其应用的日益广泛带来了多样化、丰富化的数据，包括文本数据、图像数据、音频数据、视频数据和传感数据等。如何有效地处理这些数据，并从中获取有价值的知识和信息，成为一个重要的研究方向。

一般来说，对于不同的数据类型，如文本数据、图像数据、视频数据、时间序列数据等，人们通常会采用针对性的算法进行分析和挖掘，以提取有用的知识。例如，在传统的图像分类任务中，算法通常只使用图像数据进行模型训练；在机器翻译任务中，算法通常只使用双语文本数据进行模型训练。这种针对性的算法能较为准确地捕捉数据特征，从而高效地挖掘出数据中蕴含的知识，进而获得较高的分类准确率或应用效果。然而，数据源的单一性会导致模型学习到的特征和规律受限于该数据源的特点，而无法考虑其他可能存在的信息和信息之间的关联。此外，过度依赖单一数据源也增加了模型产生偏见和泛化能力不足的风险。由于训练所依赖的信息有限，模型在面对新数据或不同领域数据时可能表现不佳，难以灵活地适应新的情境或数据特点。

在现实应用中，鉴于数据类型和数据源的多样性，单一数据类型训练的模型往往难以有效处理来自不同领域或模态的信息，从而限制了其在复杂环境下的应用能力。于是，多源数据融合技术应运而生。该技术通过整合多源数据，实现多源知识的融合，学习不同模态数据之间的关联和共性知识，利用不同模态之间的互补优势，弥补单源模型的不足，从而提供更全面、更丰富的信息，进而增强模型的鲁棒性和泛化能力，使其适用于复杂多变的现实应用场景。

多源知识融合技术的核心在于整合多样化的信息来源与技术手段，高效汇聚并解析多元知识点，以拓宽信息视角的广度和深度。借助计算机程序，该技术可以深入挖掘知识之间的内在联系，并进行表达性归纳。这一过程恰似人类学习的自然模式，人类大脑将视觉化信息、文字和其他结构化知识融会贯通，以解决各种问题，做出正确的决策。当前，多源知识融合技术作为计算机领域研究的重要方向，备受瞩目。在本书中，我们将深入探讨目前存在的多源知识融合技术，以帮助读者快速了解这一领域。

1.2 多源知识融合的相关技术

要进行多源知识融合，首先要从不同的数据源获取并表征这些数据所蕴含的知识。常见的数据形式包括文本数据、图像数据、信号数据和视频数据等。

对于文本数据，知识获取常借助文本挖掘或信息提取等技术，旨在从图书、论文、新闻等大量文本数据中提取出有用的信息，帮助人们理解、分析和利用这些数据。文本挖掘涉及多个领域和技术，包括自然语言处理、机器学习、文本分析、信息检索等。

主流的文本知识抽取方法包括实体识别和关系抽取。实体识别是指识别文本中具有特定意义的命名实体，如人名、地名、组织机构、日期、数量、货币等，并分类到预定义的类别中。例如，在句子"Steve Jobs 创立了苹果公司于 1976 年"中，"Steve Jobs"被识别为人名，"苹果公司"被识别为组织机构，"1976 年"被识别为日期。关系抽取则进一步揭示这些实体之间的关系或连接，如人物之间的关联、物品的属性关系等。在句子"Steve Jobs 创立了苹果公司于 1976 年"中，"Steve Jobs"和"苹果公司"之间存在"创立"的关系。实体识别与关系抽取任务均拥有多样化的解决方案。在实体识别方面，现有的方法包括基于规则的方法、基于机器学习的方法和基于深度学习的方法。在关系抽取方面，现有的方法包括基于模式匹配的方法、基于监督学习的方法和基于深度学习的方法。值得一提的是，大规模预训练模型近期也在两项任务中展现出优异的性能，它们使用海量的无标签数据来训练模型，显著增强了模型的文本理解能力，进而提升了其在下游任务上的效果。

对于图像数据，常见的任务包括目标检测、关键点检测、图像分割等。随着深度学习技术的发展，卷积神经网络和 Transformer 等模型被提出。它们使用大量的图像数据进行训练，展现出了超越传统方法的效果。针对图像知识的表征，关键在于将图像信息转换成计算机可处理的格式，便于后续的分析、识别和理解。一种主要的方法是使用卷积神经网络等深度学习架构进行图像表征，这些网络能够逐层提取图像特征，从简单的边缘和纹理到抽象的语义信息，这些信息对于图像分类、目标检测、图像分割等计算机视觉任务至关重要。此外，图像知识的表征也可以通过降维技术或注意力机制来强调图像中的关键部分或特征，从而提高模型的效率和准确性。

信号数据是指传感器采集的时序信息，利用信号数据可以监测特定环境或物体的各种属性、状态和变化。信号数据的类型多种多样，包括温度、位置、生物体征等。得益于物联网技术的快速发展，信号数据在气象预报、地图导航、医疗健康等领域得到了广泛应用。涉及信号数据的任务包括信号分类、信号生成和长期预测等。近年来，随着递归神经网络、长短期记忆网络和 Transformer 等适合处理传感时序数据的模型的提出，深度学习技术在这些任务上取得了显著的成效。信号数据知识表征是指对信号数据进行抽象表示，以清晰地描述数据的内在结构和规律。传统的信号数据知识表征方法侧重于波形、频谱等特征。这些方法运用统计学知识提取相应的特征，如平均值、标准差、峰度、偏度等。这些方法还能通过傅里叶变换或小波变换提取频域信息，对周期性信号有较好的表征。然而，这些传统方法在处理复杂的场景时存在一些限制，无法捕捉到信号数据中的高级模式或事件信息。随着深度学习技术的兴起，基于深度神经网络的信号数据知识表征方法逐渐取代了传统方法，并具有更好的性能。

基于声音的音频数据也是一种广泛存在于人们的日常生活中的信号数据，承载着丰富的信息。与音频数据相关的任务包括语音识别、音频合成、音频分析与挖掘等。其中，语音识别任务是获取音频数据知识的关键，它的目标是将输入的语音信号转换成对应的自然语言文本。传统的语音识别依赖人工设计的模型提取信号中的声学特征，并使用隐马尔可夫模型对语音信号进行建模。然而，这种方法过于耗时费力。现在主流的语音识别方法普遍使用卷积神经网络、循环神经网络及 Transformer 等深度学习模型，自动高效地从语音信号中抽取深层特征，并实现高精度预测。

视频数据的知识获取过程涉及关键特征提取、语义分割、目标检测和时间序列分析等多种技术。其中，关键特征提取是至关重要的，这些特征可以是运动的轨迹、物体的外观和位置、场景中的关键元素，以及时间上的变化规律等。一个优秀的视频数据知识表征不仅是对视频的简单描述，更是对其深层次、抽象化的理解和表达，使计算机能够高效、准确地理解视频中所包含的信息。这种高质量的表征可以为视频分析和任务理解提供重要支持，帮助计算机更好地识别和分类不同的动作、事件，并对复杂的情境进行推断和理解。视频数据的分析方法有传统的光流分析方法，如通过分析相邻帧像素之间的运动解析物体的运动轨迹和速度，也可以考虑视频帧的时序关系，使用基于深度学习的时间序列分析模型，如循环神经网络、长短期记忆网络等，深入捕捉视频中的时间信息和动态变化。

当汇聚来自多个数据源、多个模态的数据之后,如何融合这些多源知识显得至关重要。多模态数据的语义统一表示与检索是多源知识融合的一种关键方法。该方法能够将文本、图像、音频等不同模态的信息转化为统一的语义表达,使跨模态的信息可以被有效地整合和理解。该方法能够消除不同数据源之间的语义隔阂,促进跨领域、跨模态的知识互通,为后续的数据分析、推理和应用提供广阔的空间。在这个过程中,关键是设计出高效的算法和模型,准确捕捉不同模态数据之间的关联性和语义信息,以便构建一个统一、一致的多模态知识表示空间,从而支持更深入、更全面的信息挖掘和应用。现有的多模态数据语义表示方法可以划分为两类:基于实值表示的学习方法和基于二值表示的学习方法。其中,基于实值表示的学习方法致力于学习一个实值的公共表达空间,并在该空间内评估数据之间的相似度。但是基于实值表示的学习方法的跨模态检索通常依赖暴力的线性检索,这使其在大规模数据场景下的检索效率受限。相比之下,基于二值表示的学习方法的检索速度很快,但其表征能力弱于基于实值表示的学习方法。

另一种多源知识融合方法是构建多模态知识图谱。知识图谱是一种符号化的框架,用于描述现实世界中的实体、属性和它们之间的关系。知识图谱可以由不同的组织和个人构建,其数据来源丰富多样,因此具有独特的多样性和异构性。构建多模态知识图谱旨在整合不同的知识图谱,使其呈现出一致且简洁的形式,从而促进各种应用程序之间的互动与协作。在构建模态知识图谱的过程中,常见的方法和技术包括本体匹配、实体对齐、真值发现、实体链接等。这些方法和技术旨在建立不同知识图谱之间的联系,从而提高数据的一致性和完整性。多模态知识图谱能够推动人工智能、自然语言处理、语义网、数据库等相关领域的发展,具有重要的理论价值和广泛的应用前景,可以创造巨大的社会效益和经济效益。

1.3 多源知识融合技术的应用

多源知识融合技术在推荐系统、知识问答系统、辅助决策系统等前沿领域都有广泛的应用。

在推荐系统中,多源知识融合技术扮演着关键的角色。它的应用不只是简单的数据汇聚,更重要的是深入探索并整合这些数据之间的潜在关联,挖掘出传统单一模态方法无法获取的额外信息。通过融合用户行为数据、社交网络信息、个体偏好特征等不同数据源的数据，多源知识融合技术能够为推荐系统提供更加立体、生动的用户画像。这一画像能帮助推荐系统更贴近用户需求，为用户提供更加个性化、更加精准的推荐内容。

在知识问答系统中，多源知识融合技术可以提供更强大的数据支持。这项技术通过整合和融合多个来源的知识，如结构化数据库、文本语料库、网络信息等，显著提升了系统对复杂问题的理解和回答能力。首先，多源知识融合技术通过整合不同类型的数据，包括结构化数据和非结构化数据，构建知识图谱或语义网络，从而实现对知识的全面理解和关联。这些数据可以是来自数据库、网络信息、图像甚至语音等的信息。其次，多源知识融合技术利用自然语言处理和机器学习等技术，将不同来源的知识进行融合和挖掘。依托算法和模型的自动化处理功能，系统能够精准识别、高效提取和有序组织大量信息，以建立更加完整和准确的知识库。这一知识库不仅涵盖了广泛的领域和学科，还能够实现跨领域的关联，为用户提供更全面、更准确的答案。

在辅助决策系统中，多源知识融合技术可以有效汇聚并整合来自多个来源的信息和知识，提供更全面、更准确的决策支持。无论是在商业决策、医疗保健领域，还是在政府管理和军事战略规划等领域，融合多源知识的辅助决策系统都展现出了巨大的潜力和不可估量的价值。首先，该系统能将不同来源和格式的数据进行整合。这些数据包括但不限于结构化数据（如数据库记录、表格数据）和非结构化数据（如文本、图片、实时传感数据）。这一过程能帮助系统更全面地了解当前的局势，为决策者提供更准确的信息。其次，该系统能结合人工智能和机器学习技术，从海量数据中提取出潜在的模式、趋势和内在关联。这种自我学习与持续进化的能力，使系统能够随着时间的推移不断优化自身的决策能力。以金融领域为例，融合多源知识的辅助决策系统能够综合市场数据、历史交易记录和新闻资讯等多重信息，精准预测股票价格走势，帮助投资者做出更明智的投资决策。此外，该系统还能整合专家知识和经验，通过将领域专家的见解与大数据分析相结合，显著提升决策支持能力。在医疗保健领域，融合多源知识的辅助决策系统可以整合临床试验数据、患者病历和医学文献，帮助医生制订更有效的诊疗方案，从而提升医疗服务的质量与效率。

总而言之，多源知识融合技术的应用场景非常广泛。未来随着技术的不断发展，这一前沿概念及其方法无疑会变得更加重要和普遍。

1.4 知识融合技术的发展前景

知识融合技术是当今信息时代的关键驱动力之一，它不仅改变了人们获取、存储和应用知识的方式，也为未来的发展创造了新的可能性。随着人工智能、大数据、物联网和云计算等前沿技术的深度融合，知识融合技术将在未来展现出更加广阔和多样化的发展前景。

在自然语言处理领域，知识融合技术可以提升文本理解能力，实现更快、更准确的文本分析，从而推动内容检索机制的智能化和高效化。在计算机视觉领域，知识融合技术可以赋予模型识别和理解图像的新视角，极大地提升图像知识的表征能力。在知识图谱领域，知识融合技术可以有效整合来自不同领域的知识，构建一个统一且包容性强的知识结构，实现多种知识类型的深度融合，发掘更多实体之间的知识关系。

知识融合技术将极大地推动科学研究和创新。通过整合不同领域的数据和知识，研究人员将能够更快速、更准确地进行科学探索和发现。例如，在医学领域，结合临床数据、基因组学信息和大规模数据分析，能够实现更精准的疾病诊断和个性化治疗方案，从而显著提高医疗保健水平，挽救更多的生命。

知识融合技术将进一步推动人工智能领域的发展，使通用人工智能成为可能。相较于人类智能的广泛适应性，当前多数人工智能技术仍显薄弱，往往只能在特定领域或任务中发挥良好的作用。其中一个主要原因是现有方法通常只使用单源的数据来训练模型。反观人类智能，无论是感知层面还是认知层面，都展现出多源的特性。感知智能核心功能的实现需要对图像、视频、声音等各类数据进行大规模的采集和特征提取，并完成结构化处理。而认知智能的进阶需要系统具有类似人类的逻辑理解和认知能力，特别是思考、理解、总结和主动应用多源知识的能力。因此，知识融合技术是构建通用人工智能的重要基石之一。知识融合技术的发展，必将推动人工智能领域的整体进步。

然而，当前的知识融合技术仍面临着严峻的挑战，尤其是在如何更好地表征和融合多源数据方面，亟待深入研究。同时，数据隐私、安全性、伦理道德等问题也越来越受到社会和人们的关注，成为不容忽视且需要妥善解决的问题。

总体来说，知识融合技术的发展前景是充满希望和机遇的。它将深刻地影响人们的生活、工作和学习方式，为各行各业带来巨大的改变和进步。随着技术的持续精进与体系的日益完善，我们有理由相信，知识融合技术将在构建更加智能、高效、可持续的未来社会中扮演重要的角色，贡献非凡的力量。

第 2 章
文本数据的知识获取

自然语言文本承载了大量的人类知识。图书、论文、新闻、社交媒体等多样化的文本媒介提供了丰富的知识来源，从文本中挖掘知识也随之成为知识获取的重要研究方向。为了促进计算机对自然语言与文本数据的深入理解和高效处理，通常将松散的文本数据转换为结构化数据。本章将叙述文本知识抽取技术所需要的基础理论与前提条件，首先详细介绍主流文本知识抽取任务的定义，然后介绍文本知识抽取的常用方法，最后介绍该领域常用的数据集，以供研究与实践。

2.1 文本知识抽取任务的定义

2.1.1 实体识别的定义

实体识别任务是指给定一段自然语言文本，抽取特定的文本片段，每个文本片段可以是单个词汇或多个词汇，并且具有相应的类别，如人名、地名、组织等。图 2-1 是一个实体识别样例，其中，"泰山"和"山东省"都是地点（Location，LOC）实体。

泰山位于山东省的中部
地点（LOC）　　地点（LOC）

图 2-1　实体识别样例

实体识别任务使用的评价指标通常是 F1 值，其计算公式为

$$F1 = \frac{2 \times Precision \times Recall}{Precision + Recall} \quad (2\text{-}1)$$

式中，Precision（精确率）是指系统输出正确实体的百分比；Recall（召回率）是指系统在数据集中找到正确实体的百分比。仅当预测实体与标注实体完全匹配时（实体的边界与类型均要匹配），实体识别才算正确。

在对文本进行实体识别之后，为了让机器利用文本深层次的语义信息，需要将存在关系的实体对抽取出来，保存在数据库中，供其他任务使用，即关系抽取任务。

2.1.2 关系抽取的定义

"关系"是指多个实体之间所蕴含的深层语义联系。本文主要讨论二元关系，即只考虑两个实体之间存在的语义关系。"关系抽取"这个自然语言处理领域的术语对应两种不同的类型：一是知识库级别关系抽取；二是句子级别关系抽取。本文将覆盖这两种类型关系抽取的相关知识。事实上，一旦实例级别的关系抽取完，就可以很容易地得到知识库级别的关系抽取结果。

知识库级别关系抽取的目的在于构建一个详尽的关系列表，每个关系实例都明确标注了两个实体及其之间存在的语义关系类型。通常来说，该任务将大规模的文本语料作为输入，经过复杂的处理，输出一个结构化的关系列表。

句子级别关系抽取侧重于在给定文档或句子的具体语境下，针对两个候选实体，准确判断两者之间是否存在某种特定的语义关系。如图 2-2 所示，当给定句子并指定"泰山"和"山东省"为两个候选实体时，关系抽取的目标是确定两者在该句子中是否存在"位于"的关系。

位于
泰山位于山东省的中部
地点（LOC）　地点（LOC）

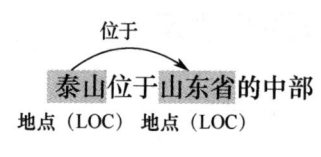

图 2-2 关系抽取样例

无论是知识库级别关系抽取还是句子级别关系抽取，通常都采用 F1 值作为评价指标。对于知识库级别关系抽取，存在一个正确的关系列表，也存在一个预测的关系列表，根据式（2-1）很容易计算对应的 F1 值。同样，对于句子级别关系抽取，也可以计算对应的 F1 值。

2.2 文本知识抽取的常用方法

2.2.1 实体识别的常用方法

本节主要叙述基于传统方法的实体识别和基于深度学习方法的实体识别。

1. 基于传统方法的实体识别

基于传统方法的实体识别包括两大类,即基于无监督学习的实体识别和基于有监督学习的实体识别,分别简称无监督实体识别和有监督实体识别。

1) 无监督实体识别

无监督实体识别的核心在于规则的构建和应用,这一过程需要领域相关的知识库、词典,乃至专家的精心设计。比较有名的基于规则的实体识别系统有 LaSIE-II、NetOwl、Facile、SAR、Fastus 和 LTG 等。这些系统主要基于手动设计的语义和句法规则来识别实体,将符合特定约束条件的名词短语定位为实体,尤其是当词典资源非常丰富时,其性能较好。有研究者仅使用少量的种子标注数据和 7 个特征,包括拼写(如大小写)、实体上下文、实体本身等,进行实体识别。KnowItAll 系统是无监督的,它利用领域无关的规则模板,自动从网页上抽取大量的实体和关系。Nadeau 等提出了一个用于地名索引和实体消歧的无监督系统,该系统使用简单有效的启发式规则来实现实体识别和实体消歧。Zhang 等将无监督实体识别方法应用在生物医学领域,主要通过术语、语料库统计(如逆文档频率和上下文向量)和浅层句法知识(如名词短语)的综合应用,实现实体的无监督抽取。无监督实体识别的优势在于不需要任何标注数据,可以借助词典和人工规则得到大量的实体信息。然而,由于规则是特定领域的,且词典具有不完整性,这些实体识别系统往往具有较高的精确率和较低的召回率,很难应用在其他领域。

2) 有监督实体识别

当拥有一定规模的标注数据时,可以用有监督的机器学习算法训练一个实体识别模型。通常来说,实体识别是一个序列标注任务,其将输入序列映射成等长的输出序列,适合处理自然语言文本数据。通常可以采用 BIO 或 BIOUL 标签来表示序列标注的输出。以条件随机场为例,作为经典的序列标注模型,条件随机场能够抽取每个位置 t 上的特征及相邻输出标签之间的依赖性,假设有 K 种特征,特征函数为 $f_k(y_t, y_{t-1}, x_t)_{k=1}^{K}$。图 2-3 直观地展示了条件随机场的概率图模型,在给定输入序列 x 的情况下,输出序列 y 的条件概率计算公式为

$$P(y|x) = \frac{1}{Z(x)} \prod_{t=1}^{T} \exp \sum_{k=1}^{K} \theta_k f_k(y_t, y_{t-1}, x_t) \qquad (2\text{-}2)$$

式中,$Z(x)$ 是归一化函数;θ_k 是模型参数。

$$Z(x) = \sum_{y} \prod_{t=1}^{T} \exp \left\{ \sum_{k=1}^{K} \theta_k f_k(y_t, y_{t-1}, x_t) \right\} \qquad (2\text{-}3)$$

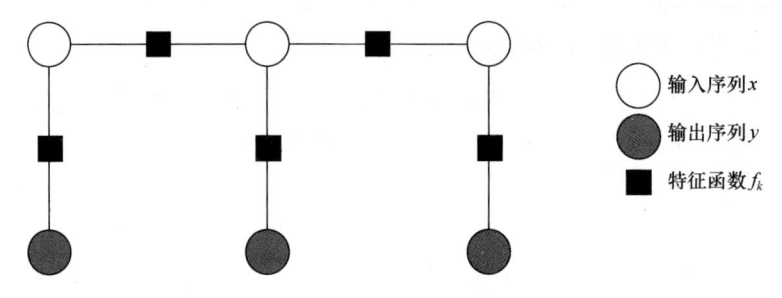

图 2-3　条件随机场的概率图模型

为了使用有监督的机器学习算法进行实体识别，需要对样本进行精心的特征设计。良好的特征能够有效提升模型预测实体存在与否的能力。训练完成后，得到的模型可以在一定程度上从未见过的文本中识别相似的实体。在有监督实体识别系统中，特征工程非常重要，直接决定了模型性能的好坏。特征向量表示作为当前词的抽象表示，可以通过布尔值或数值等多种形式刻画当前词的属性。当前词级别的特征（如大小写、形态及词性标注）、查表式的特征（如维基地名词典等）、文档和整个语料级别的特征（如局部语法和共现信息）等被广泛应用在各种有监督实体识别系统中。具体地，简单的特征函数可以设计为式（2-4）。该特征函数的取值为 0 或 1。如果当前词的词性（POS）为名词（NN），且前一个词的标签为 B（Begin），当前词的标签为 I（Inside），则该特征函数取值为 1，其他情况下取值为 0，如式（2-4）所示。关于更多的特征设计方式，可以参考文献[10-11]。

$$f_k(y_t, y_{t-1}, x) = \begin{cases} 1, & x_t.\text{POS} = \text{NN} 并且\ y_{t-1} = \text{B},\ y_t = \text{I} \\ 0, & 其他 \end{cases} \quad (2-4)$$

基于以上这些特征，许多机器学习算法被用于有监督实体识别系统中，包括隐马尔可夫模型（Hidden Markov Model，HMM）、决策树（Decision Tree，DT）、最大熵模型（Maximum Entropy Model，MEM）、支持向量机（Support Vector Machine，SVM）和条件随机场等。此外，为进一步提升识别精度，现有模型还使用了一些比较新颖的特征，如互信息、全局特征、拼写、标点符号、特征归纳等。

相较于无监督实体识别，有监督实体识别通常可以取得更好的性能。但其缺点是需要一定数量的标签数据，并且需要人工设计许多复杂的特征，即特征工程，这一过程既耗时又复杂。为了减少人工干预，基于深度学习的方法在实体识别中日益流行起来，正逐步成为主流趋势。

2. 基于深度学习方法的实体识别

当前深度学习主要聚焦于有监督学习，深度神经网络逐步替代了传统的特征工程。通过自动抽取有效的特征,深度神经网络不仅避免了大量烦琐的特征工程,还极大地减少了对人工干预的需求。近年来,基于深度学习的各种实体识别算法将文本通过神经网络编码器编码为低维稠密表示。在介绍具体的实体抽取算法之前,先定义几种常用的编码器和解码器。

(1)序列到序列编码器。将一个向量序列作为输入并返回相同长度的向量序列,输出后的每个向量都融合了整个序列的信息。例如,在执行序列标注任务时,使用此种编码器可以抽取到更加强大有效的特征。常见的序列到序列编码器如图 2-4(a)所示。

(2)序列到向量编码器。将一个向量序列作为输入并返回单个向量,以表征整个序列的信息。通常只需要在序列到序列编码器之后加上池化即可实现该操作。得到的向量可以看成整个序列的概括性表示,直接用于分类等下游任务。常见的序列到向量编码器如图 2-4(b)所示。

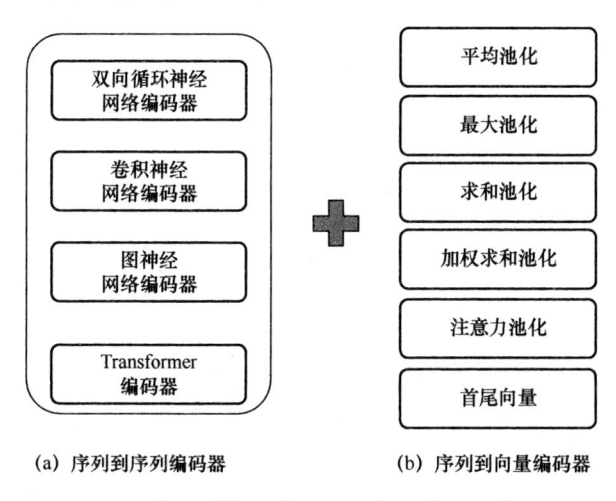

图 2-4 序列到序列编码器和序列到向量编码器

(3)序列到序列解码器。将一个向量序列作为输入并返回序列的标签。在序列标注模型中,使用序列到序列编码器得到每个词的表示后,为了预测每个词对应的类别标签,需要将向量转化为离散的标签信号。这一转换过程就是序列到序列解码器的核心功能。常见的序列到序列解码器如图 2-5 所示。

(4)分类解码器。将一个向量作为输入并返回对应的标签。常见的分类解码器为 Softmax 函数。

与传统方法的实体识别一样,通常用序列标注框架实现实体识别。如图 2-6 所示,本文根据当前深度学习的主流实体识别模型,将序列标注模型的基本架构自底向上梳理为 3 个主要部分:词编码器、序列编码器和序列解码器。

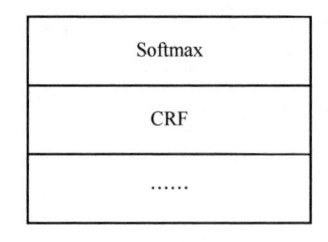

图 2-5 常见的序列到序列解码器

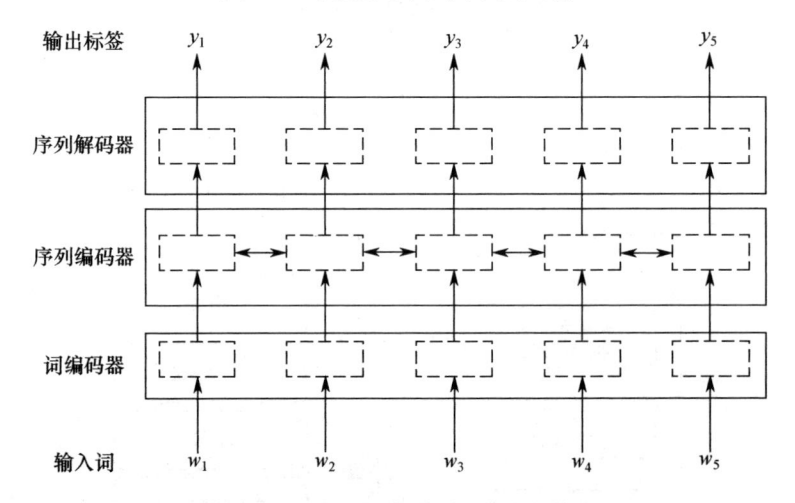

图 2-6 序列标注模型的基本架构

（1）词编码器。将离散的单词转换为向量。词编码器通常可以包含 3 个级别的信息：词级别（如词向量）、字符级别（一个单词包含多个字符，能对字符序列进行编码，生成字符级别单词的表示）及其他特征（传统方法中的特征也可以融入该单词的表示）。词级别是将离散的单词信息转化为向量，如传统的独热（one-hot）表示，以及现在比较流行的词向量。词向量相对于 one-hot 表示，具有更低的维度，有效避免了"维度灾难"。词向量有多种初始化方式，既可以随机初始化，也可以使用预训练好的词向量（如 Word2Vec、GloVe 等）初始化。常见的词编码器有 Word Embedding 和 Word Piece。其他特征是指在传统的特征工程方法中，每个词的特征可以用文档级别或语料级别的统计信息来表示。这些特征也可以很容易地融入深度学习，以增强单词的向量表示。常见的特征有词性标注、文档频率等。

（2）序列编码器。使用词编码器后，对于序列中的每个单词都由一个向量表示，但是这种表示只是基于单词的，并没有考虑上下文的信息。为此，需要使用序列编码器对该序列进行重新编码，生成融入上下文信息的新的单词表示。这个过程可以使用任意的序列到序列编码器，包括 Convolution、biLSTM、

Transformer、biGRU 等。

（3）序列解码器。在序列标注模型中，对每个单词都需要进行多元分类预测。经过序列编码器的编码之后，每个单词都由一个向量表示。为了预测每个单词对应的标签，需要使用序列解码器完成从序列向量到对应预测标签的转换。可以使用 CRF 序列解码器，或者直接在输出层应用 Softmax 层进行分类。

此外，还有许多基于多语言、多任务、低资源的实体识别模型得到了广泛研究。

相较于传统的有监督实体识别，基于深度学习方法的实体识别通常可以取得更好的性能。后者不需要人工设计复杂的特征，而是借助神经网络强大的自动特征抽取能力，直接从数据中学习并构建任务所需要的特征表示。然而，训练一个神经网络往往需要更多的数据，在实际应用中，大量的标注数据通常很难获得，这是深度学习面临的一大问题。

2.2.2 关系抽取的常用方法

关系抽取的相关方法大致分为 5 类，分别是基于无监督学习的关系抽取、基于半监督学习的关系抽取、基于有监督学习的关系抽取、基于远程监督学习的关系抽取，以及近年来发展迅速的基于深度学习的关系抽取。

1. 基于无监督学习的关系抽取

当没有任何标注数据时，基于无监督学习的关系抽取（以下简称"无监督关系抽取"）主要依赖聚类的方法。对这类方法的使用可以简单归纳为以下几步。

（1）标注系统将文本中的实体标注出来。

（2）记录共现的实体对及其上下文。

（3）计算步骤（2）中得到的实体对的上下文相似度。

（4）根据计算得到的相似度进行聚类处理。

聚类的每个集群都代表一个（未知）关系标签，以描述其表示的关系类型。无监督关系抽取通常需要大规模的自由文本作为支撑，利用文本数据的丰富性和冗余性，从中挖掘可能的关系模式集，并确定其关系名称。该类方法的不足之处在于，关系名称的界定较为模糊，难以准确描述，且对低频关系的召回率特别低。

2. 基于半监督学习的关系抽取

当具有少量标注数据与大量未标注数据时，半监督学习算法成为自然语言处理领域的一个重要课题，其中基于半监督学习的关系抽取（以下简称"半监督关系抽取"）更是获得了很多研究者的关注。Abney 等证明了 Yarowsky 算法是 Co-training 算法的一种特殊情况，其主要思想是利用弱分类器的一部分置信度比较高的输出作为下一次迭代的训练数据。

早期比较经典的半监督学习算法是双向迭代关系模式扩张（Dual Iterative Pattern Relation Expansion，DIPRE）算法。该算法以少量(author, book)关系实例作为初始种子集合，假设当前的种子样本只有一个，即(Arthur Conan Doyle, The Adventures of Sherlock Holmes)。DIPRE 算法会用搜索引擎检索出包含此种子样本的多个实例。为了从这些实例中学习到规则，需要预定义规则模板。例如，[order, author, book, prefix, suffix, middle]，其中 order 表示关于作者的字符串是否出现在书名之前；author 表示作者名称的字符串；book 表示书名的字符串；prefix 表示该关系左侧的字符串；suffix 表示该关系右侧的字符串；middle 表示作者和书名之间的字符串。首先根据规则模板对关系实例进行分组，每组都遵循特定的结构：[longest-common-suffix of prefix strings, author, middle, book, longest-common-prefix of suffix strings]。然后使用算法对规则进行简化，并加入某些通配符，以增强规则的泛化能力。再利用搜索引擎的强大功能，持续检索更多符合规则的实例句子，形成一个迭代的循环过程。

从这里可以看出，DIPRE 算法和 Yarowsky 算法非常相似，两者都从很小的种子样本出发。DIPRE 算法使用的分类器是规则匹配，通过从种子关系中提取规则进行迭代训练。具体而言，给定一个字符串，如果它与某个规则匹配，则该字符串被分类为正例，并用于发掘新的关系，否则被分类为负例。随着在种子集合中不断加入新的关系，分类器不断训练。DIPRE 算法是 Yarowsky 算法在关系提取中的应用实例。基于此架构，Snowball 算法被提出，可以将它看成 DIPRE 算法的深化与改进版本。

与 DIPRE 算法和 Snowball 算法不同，KnowItAll 算法使用一小部分领域无关的规则得到训练所需的种子样本。当提取特定的关系时，这些领域无关的规则能够灵活地变换为基于特定关系的规则，从而实现特定领域内关系的有效抽取。DIPRE 算法、Snowball 算法和 KnowItAll 算法都基于特定关系的抽取系统，即目标关系必须由人提前指定。TextRunner 系统打破了这一常规，它不需要在输入中预先指定关系类型，而是以自监督的方式在大量的文本中发现并抽取潜在的关系。此外，半监督关系抽取还有很多种其他算法，如主动学习（Active Learning）算法、标签传播（Label Propagation）算法等。

3．基于有监督学习的关系抽取

基于有监督学习的关系抽取（以下简称"有监督关系抽取"）通常是句子级别的。这类方法需要具有一定数量的标注数据，即对每个实体对都用一种预定义的关系类型进行标识。如果某个实体对没有关系，则可以引入一个特殊的None类型作为关系标识。一般来说，有监督关系抽取是一项多元分类任务，其中每个类别对应一个独特的关系类型（包含用于表征无关系的None类型）。有监督关系抽取的方法大致可以分成两类：基于特征的方法和基于核函数的方法。

1）基于特征的方法

给定一组标注好的正负样本集，可以从中提取句法特征和语义特征。这些特征可以用来判断句子中两个实体之间是否具有某种关系。有监督关系抽取的常用特征如表 2-1 所示。所提取的句法特征和语义特征都以特征向量的形式传递给分类器进行训练或预测。Kambhatla 等采用这些特征训练了一个最大熵分类器进行关系抽取。Zhou 等在此基础上进行了扩展，加入了更多的特征，并采用支持向量机作为分类器，取得了更好的结果。值得注意的是，尽管部分特征可以很好地预测对应的关系，但也有一些特征的预测效果并不显著。因此，选择相关性比较大的特征非常重要。Jiang 等对此进行了系统的探究。总体来说，为了最大限度地提升自然语言处理算法的性能，需要人为设计特征。然而，鉴于自然语言处理任务的输入通常是结构化数据，尤其是关系抽取任务，很难获得相关特征的最佳子集。为了解决这一问题，基于核函数的关系抽取方法被提出来，该方法在高维空间以隐式的方法探索输入的表示，为解决上述问题提供了新的视角。

表 2-1　有监督关系抽取的常用特征

句 法 特 征	语 义 特 征
实体字符串的特征	实体的 WordNet 相关特征
两个实体类型的特征	
两个实体中间的单词序列	
两个实体中间单词的数量	
解析树上包含两个实体的路径	

2）基于核函数的方法

在基于核函数的方法中，需要设计核函数来计算两个关系实例表示之间的相似性，然后采用支持向量机作为分类器进行分类。此类方法大多根据两个关系实例之间共享的子表示（如子序列、子树等）的数量来度量它们之间的相似性。本文将关系抽取中的核函数大致划分为以下 3 类：

（1）基于序列的核函数。有研究者受到文本分类应用中基于字符串的核函数的启发，将其应用到关系抽取任务中，提出了一种基于序列的核函数。该核函数可以计算两个序列在词级别的相似度，而不是在字符级别的相似度。同时，研究者设计了 3 种核函数，分别捕获实体对左边、实体对之间及实体对右边的上下文信息，随后通过简单的求和方式整合这 3 种核函数，形成统一的特征向量，再将特征向量放入支持向量机分类器中进行训练和预测。这一策略在关系抽取任务中取得了不错的结果。

（2）基于树的核函数。Zelenko 等提出了基于句子浅层解析树的核函数，其与基于序列的核函数的区别是考虑了结构化信息。类似地，Culotta 等提出了基于句子依存句法树的核函数。这两种核函数均利用了树形式所蕴含的丰富信息，以在关系抽取任务中获得良好的性能。

（3）基于依存路径的核函数。有研究者发现了一个非常有趣的现象：依存句法树中两个实体之间的最短路径包含了足够的信息来提取它们之间的关系。因此，他们提出了一种基于依存路径的核函数。与基于树的核函数相比，基于依存路径的核函数计算效率更高，具有更加简化的特征空间，同时时间复杂度为线性的，最终的性能也比基于树的核函数更好。表 2-2 对基于特征的方法和基于核函数的方法做了一个简单的对比。

表 2-2 有监督关系抽取的方法对比

方　　法	特　征　集　合	计算复杂度
基于特征的方法	需要在文本分析和实验后定义特征集合	相对低
基于核函数的方法	不需要定义特征集合，在高维空间隐层计算相似度	相对高

4．基于远程监督学习的关系抽取

有监督关系抽取的效果通常依赖大量的训练数据，但是人工标注的数据往往很少，这就限制了有监督学习关系抽取的发展。远程监督方法的兴起为关系抽取领域打开了一扇新的大门。远程监督方法是一种基于规则的方法，能够自动生成大量的训练数据，但也会不可避免地引入不少噪声数据。

基于远程监督学习的关系抽取（以下简称"远程监督关系抽取"）将文档与知识库对齐，并基于一个假设运行：如果知识库中的实体对存在某种关系，那么包含这个实体对的每个文档均表达了此种关系。从这里可以看出，该假设是一个非常严苛的假设，它忽略了文档内容的复杂性与多样性。实际上，可能很多包含这个实体对的文档并不表达此种关系。例如，给定知识库中存在关系(任正非，华为，创始人)和一个句子"任正非将华为推到了全世界"，该句子中出现了"任正非"和"华为"这两个实体（一个实体对），但是并没有表达"创始人"

这种关系。

针对远程监督关系抽取中的噪声干扰问题，研究者们提出了许多解决方法。Riedel 等采用多实例多标签方法对问题进行建模，有效减少了噪声干扰。随着神经网络的兴起，卷积神经网络在远程监督关系抽取中成为主流架构。基于卷积神经网络的远程监督关系抽取典型模型的特征总结如表 2-3 所示。此外，部分研究者将多实例学习的神经网络应用到远程监督关系抽取中，提出了分片卷积神经网络（Piecewise Convolution Neural Network，PCNN）模型。Lin 等针对多实例问题，对包（Bag）中的所有实例应用了注意力机制。同时，基于对抗训练的模型、基于噪声的模型和基于软标签的模型纷纷涌现，为处理噪声干扰提供了新思路。Wang 等提出了一种利用生成对抗网络和强化学习的方法，直接识别并剔除噪声数据，从而提升远程监督关系抽取的性能。近期，图卷积神经网络和胶囊网络也被应用到远程监督关系抽取中，展现出了强大的潜力。此外，语言学知识和语义知识也被证明对远程监督关系抽取有帮助，但是它们通常依赖显式的特征，如依存句法树、实体类型和关系别名等。

表 2-3　基于卷积神经网络的远程监督关系抽取典型模型的特征总结

文　　献	多实例学习中 Bag 表示	最大池化方式
Zhou 等	One sentence per bag	Piecewise in a sentence
Jiang 等	Attention weighted sum over bag	Piecewise and full
Cortes 等	Max of each feature over bag	Cross sentence in a bag

5．基于深度学习的关系抽取

近期，基于深度学习的关系抽取获得了很多研究者的关注。下面将对当前主流的方法进行概述，主要聚焦于句子级别的有监督关系抽取。在此设置下，可以将关系抽取看成多分类任务，其核心在于精准识别并分类文本中蕴含的实体关系。根据使用的编码器类型及是否使用依存句法树信息，可以将当前基于深度学习的关系抽取大致划分为 3 类：基于卷积神经网络的关系抽取、基于循环神经网络的关系抽取和基于依存句法树的关系抽取。

（1）基于卷积神经网络的关系抽取。当给定两个实体时，对于句子中每个词的表示，可以加入实体相关信息和额外的词法信息，如词性标注。使用卷积神经网络时，为了考虑序列信息，通常需要加入位置嵌入。经过多层卷积操作和池化操作，可以得到当前实体相关的整个句子的表示。训练时，选择合适的损失函数作为优化目标来指导模型的训练。使用卷积神经网络的优势是可以有效提取局部特征，并且容易并行，计算速度比较快。其缺点是难以捕获长距离的依赖。

（2）基于循环神经网络的关系抽取。与卷积神经网络相比，循环神经网络天然适合处理带有序列信息且可变长的文本。因此，研究者们提出了许多基于循环神经网络的关系抽取方法。在实际使用中，简单的循环神经网络存在梯度消失等问题，为了解决这些问题，研究者们提出了循环神经网络的多种变体，如长短期记忆（Long Short-Term Memory，LSTM）网络等，通过引入注意力机制直接捕获长距离的信息。相较于卷积神经网络，循环神经网络及其变体能够捕获长距离的依赖。然而，循环机制使计算很难并行，因此其计算效率不如卷积神经网络。

（3）基于依存句法树的关系抽取。在传统的关系抽取方法中，依存句法树可以为关系抽取提供非常强大的特征。在深度神经网络时代，如何有效利用依存句法树信息也是一个非常重要的研究方向。在实际应用中，研究者们探索了多种途径，如对依存路径使用卷积神经网络或循环神经网络进行处理，或者直接利用递归神经网络在依存句法树上得到基于树的表示。这些方法成功地将结构化的树信息融合到神经网络中，实验结果也证明了这些方法的有效性。

深度神经网络在关系抽取中的应用，最重要的是要减少对人工设计特征的依赖，让网络自动提取出需要的特征。值得注意的是，传统特征并没有被抛弃，它们能以多种形式（如传统特征向量或词向量的形式等）简单地加入深度学习模型，实现优势互补，从而进一步提升关系抽取的性能。

2.3　常用数据集

2.3.1　实体识别数据集

高质量的标注数据对模型的训练极为重要，本节将列举常用的实体识别数据集。一个实体标注语料库是包含一个或多个实体类型注释的文档集合。表2-4列出了一些被广泛使用的实体识别语料。

表2-4　实体识别语料

语料名称	年份	来源	实体类型数量
MUC-6	1995年	《华尔街日报》数据	7
MUC-6 Plus	1995年	MUC-6补充版本	7
MUC-7	1997年	《纽约日报》新闻	7
CoNLL03	2003年	路透社新闻	4
ACE	2000—2008年	故事脚本、行文	7
OntoNotes	2007—2012年	杂志、新闻、对话、网页	89
W-NUT	2015—2018年	用户生成数据	18

续表

语料名称	年份	来源	实体类型数量
BBN	2005 年	《华尔街日报》数据	64
NYT	2008 年	《纽约时报》数据	5
微博 NER	2015 年	微博	4
人民日报 NER	2018 年	《人民日报》	3
MSRANER	2018 年	—	3
CLUENER	2020 年	新闻	10

不同数据集定义的实体类型往往不尽相同，甚至实体的标注标准也存在差异。通常这些实体类型是数据集预先定义好的。以 CoNLL03 数据集为例，该数据集包含 4 种实体类型：PER（persons）、LOC（locations）、ORG（organizations）和 MISC（miscellaneous）。相比之下，OntoNotes 数据集拥有更高的分类精度，包括 18 种粗粒度实体类型和 89 种细粒度实体类型。此外，网上有大量实体识别的现成工具包，如 Stanford CoreNLP、spaCy、NLTK、AllenNLP 等。

2.3.2 关系抽取数据集

本节介绍常用的关系抽取数据集，聚焦于有监督关系抽取（包括基于传统方法的关系抽取和基于深度学习方法的关系抽取），其操作颗粒度通常是句子级别的。所使用的数据需要进行大量的人工标注，以确保数据的高质量与低噪声特性。但是，由于人工标注耗时费力，因此此类数据集通常规模较小。以下几个数据集都是已经标注了实体和关系的文档。

（1）ACE。作为关系抽取任务的标志性数据集，ACE 系列包括 ACE 2003、ACE 2004 及 ACE 2005 等多个版本。各版本标注的实体类型和关系类型稍有差别。例如，ACE 2004 具有 7 种关系类型（PHYS、PER-SOC、EMP-ORG、ART、OTHER-AFF、GPE-AFF 和 DISC），而 ACE 2005 具有 6 种关系类型（PHYS、PER-SOC、ORG-AFF、ART、GPE-AFF 和 PART-WHOLE）。

（2）SemEval-2010 Task 8。该数据集共包含 10717 例样本，其中 8000 例用于训练，2717 例用于测试。该数据集共有 9 种关系类型，如果考虑方向和其他关系，则共有 19 种关系类型。

（3）TACRED。TACRED 数据集是一个规模关系抽取数据集。该数据集通过众包的方式标注每年的 TAC KBP 评价（2009—2015 年）。

（4）FewRel。该数据集由清华大学自然语言处理实验室公布，共有 70000 个句子，包含 100 种关系类型，来源于维基百科，并通过众包的形式进行标注。

（5）DocRED。该数据集也由清华大学自然语言处理实验室公布，是目前规模最大的文档级别的关系抽取数据集，同时标注了实体和关系。

以上几个关系抽取数据集的统计信息如表 2-5 所示。另外，基于远程监督学习的关系抽取使用的数据集 NYT 通过将 Freebase 知识库中的关系和《纽约时报》语料库对齐产生。它使用斯坦福实体标注工具来标注其中的实体，并与 Freebase 知识库中的实体进行匹配。该数据集共有 53 种关系类型（包括一种特殊的关系 None，表示实体之间不存在关系）。训练数据集包含 522611 个句子、281270 个实体对和 18252 个关系；测试数据集包含 172448 个句子、96678 个实体对和 1950 个关系。

表 2-5　关系抽取数据集的统计信息

数据集	文档数/个	单词数/（×10^3）	句子数/个	实体数/个	关系类型数/个	关系实例数/个
ACE（2003—2005 版）	—	297	12783	46108	24	16771
SemEval-2010 Task 8	—	205	10717	21434	9	8853
TACRED	—	1823	53791	152527	41	21773
FewRel	—	1397	56109	72124	100	70000
DocRED	5053	1002	40276	132375	96	63427

2.4　技术挑战与未来展望

实体关系的抽取与识别是文本知识挖掘的基础性任务。尽管现有解决方案在标准数据集上取得了较好的性能，但在面对不同的领域、不同的目标实体及不同的目标关系时，构建高效的实体关系抽取模型仍面临诸多技术挑战。

- 小样本实体关系抽取：研究如何减少标注样本数量以快速构建实体关系抽取模型。
- 零样本实体关系抽取：研究如何结合专家知识与通用信息抽取器构建无须标注的领域实体关系抽取器。
- 跨领域实体关系抽取：研究如何利用已有领域的实体关系标注数据构建新领域的实体关系抽取器。

随着大语言模型特别是生成式大语言模型的发展，实体关系抽取被建模成为语言生成问题的一部分。大语言模型基座为解决以上技术挑战提供了新的范式，并将进一步拓宽实体关系抽取任务的应用场景。

2.5 本章小结

本章深入探讨了文本知识抽取任务的定义与常用方法。实体识别与关系抽取是文本数据知识获取的基础任务，非常重要。实体识别旨在识别无结构文本中的特定文本片段，通常被建模为序列标注模型。关系抽取旨在进一步确定实体之间的语义联系，通常被建模为分类模型。尽管当前的实体识别与关系抽取模型在标准数据集上取得了较好的性能，但由于存在数据较难获得、迁移能力不强及鲁棒性不高等特点，实体识别与关系抽取模型在实际应用中的落地仍面临很多问题与挑战。

参考文献

[1] GAIZAUSKAS R, WAKAO T, HUMPHREYS K, et al. University of Sheffield: description of the LaSIE-II system as used for MUC-7[C]//Proceedings of the Seventh Message Understanding Conference (MUC-7). Fairfax: MUC-7, 1998: 207-220.

[2] APPELT D E, HOBBS J R, BEAR J, et al. Sri international fastus system: MUC-6 test results and analysis[C]//Proceedings of the Sixth Message Understanding Conference (MUC-6). Columbia: MUC-6, 1995: 237-248.

[3] MIKHEEV A, MOENS M, GROVER C. Named entity recognition without gazetteers[C]//Ninth Conference of the European Chapter of the Association for Computational Linguistics. Bergen: Association for Computational Linguistics, 1999: 1-8.

[4] ETZIONI O, CAFARELLA M, DOWNEY D, et al. Unsupervised named-entity extraction from the web: an experimental study[J]. Artificial Intelligence, 2005, 165(1): 91-134.

[5] NADEAU D, TURNEY P D, MATWIN S. Unsupervised named-entity recognition: generating gazetteers and resolving ambiguity[C]//Advances in Artificial Intelligence: 19th Conference of the Canadian Society for Computational Studies of Intelligence, Canadian AI 2006. Quebec: Springer Berlin Heidelberg, 2006: 266-277.

[6] ZHANG S, ELHADAD N. Unsupervised biomedical named entity recognition: experiments with clinical and biological texts[J]. Journal of Biomedical Informatics, 2013, 46(6): 1088-1098.

[7] CAMPOS D, MATOS S, OLIVEIRA J L. Biomedical named entity recognition: a survey of machine-learning tools[J]. Theory and Applications for Advanced Text Mining, 2012(11): 175-195.

[8] NADEAU D, SEKINE S. A survey of named entity recognition and classification[J]. Lingvisticae Investigationes, 2007,30(1): 3-26.

[9] LI J, SUN A, HAN J, et al. A survey on deep learning for named entity recognition[J]. IEEE Transactions on Knowledge and Data Engineering, 2020, 34(1): 50-70.

[10] ABNEY S. Understanding the Yarowsky algorithm[J]. Computational Linguistics, 2004,30(3): 365-395.

[11] BRIN S. Extracting patterns and relations from the world wide web[C]//International Workshop on the World Wide Web and Databases. Berlin: Springer Berlin Heidelberg, 1998: 172-183.

[12] AGICHTEIN E, GRAVANO L. Snowball: extracting relations from large plain-text collections[C]//Proceedings of the Fifth ACM Conference on Digital Libraries, San Antonio: ACM, 2000: 85-94.

[13] YATES A, BANKO M, BROADHEAD M, et al. TextRunner: open information extraction on the web[C]//Proceedings of Human Language Technologies: The Annual Conference of the North American Chapter of the Association for Computational Linguistics (NAACL-HLT), New York: Association for Computational Linguistics, 2007: 25-26.

[14] KAMBHATLA N. Combining lexical, syntactic, and semantic features with maximum entropy models for information extraction[C]//Proceedings of the ACL Interactive Poster and Demonstration Sessions. Barcelona: ACL, 2004: 178-181.

[15] ZHOU G D, SU J, ZHANG J, et al. Exploring various knowledge in relation extraction[C]//Proceedings of the 43rd Annual Meeting of the Association for Computational Linguistics. Ann Arbor: ACL, 2005: 427-434.

[16] JIANG J, ZHAI C X. A systematic exploration of the feature space for relation extraction[C]//Human Language Technologies 2007: The Conference of the North American Chapter of the Association for Computational Linguistics; Proceedings of the Main Conference. New York: ACL, 2007: 113-120.

[17] ZELENKO D, AONE C, RICHARDELLA A. Kernel methods for relation extraction[J]. Journal of Machine Learning Research,2003,3(2): 1083-1106.

[18] CULOTTA A, SORENSEN J. Dependency tree kernels for relation extraction[C]//Proceedings of the 42nd Annual Meeting of the Association for computational linguistics (ACL-04). Barcelona:ACL, 2004: 423-429.

[19] RIEDEL S, YAO L, MCCALLUM A. Modeling relations and their mentions without labeled text[C]//Machine Learning and Knowledge Discovery in Databases: European Conference,Berlin: Springer Berlin Heidelberg,2010: 148-163.

[20] LIN Y, SHEN S, LIU Z, et al. Neural relation extraction with selective attention over instances[C]//Proceedings of the 54th Annual Meeting of the Association for Computational Linguistics, Berlin: ACL, 2016: 2124-2133.

[21] WANG G, ZHANG W, WANG R, et al. Label-free distant supervision for relation extraction via knowledge graph embedding[C]//Proceedings of the 2018 Conference on Empirical Methods in Natural Language Processing. Brussels: ACL, 2018: 2246-2255.

[22] SANG E F, DE MEULDER F. Introduction to the CoNLL-2003 shared task: language-independent named entity recognition[M]. Proceeding of the Seventh Conference on Natural Language Learning. Edmonton: Association for Computational Linguistics, 2003: 142-147.

[23] MANNING C D, SURDEANU M, BAUER J, et al. The Stanford CoreNLP natural language processing toolkit[C]//Proceedings of 52nd Annual Meeting of the Association for Computational Linguistics: System Demonstrations. Baltimore: Association for Computational Linguistics, 2014: 55-60.

[24] VASILIEV Y. Natural language processing with Python and spacy: a practical introduction[M]. California: No Starch Press, 2020.

[25] HARDENIYA N, PERKINS J, CHOPRA D, et al. Natural language processing: python and NLTK[M]. Birmingham: Packt Publishing Ltd, 2016.

[26] BIRD S. NLTK: the natural language toolkit[C]//Proceedings of the COLING/ACL 2006 Interactive Presentation Sessions. Barcelona: Association for Computational Linguistics, 2006: 69-72.

[27] DODDINGTON G R, MITCHELL A, PRZYBOCKI M A, et al. The automatic content extraction (ace) program-tasks, data, and evaluation[J]. Proc Lrec, 2004, 2(1): 837-840.

[28] HENDRICKX I, KIM S N, KOZAREVA Z, et al. SemEval-2010 Task 8: multi-way classification of semantic relations between pairs of nominals[C]//Proceedings of the 5th International Workshop on Semantic Evaluation. Stroudsburg: Association for Computational Linguistics, 2010: 33-38.

[29] ZHANG Y, ZHONG V, CHEN D, et al. Position-aware attention and supervised data improve slot filling[C]//Conference on Empirical Methods in Natural Language processing, Copenhagen: Association for Computational Linguistics, 2017: 35-45.

[30] HAN X, ZHU H, YU P, et al. FewRel: a large-scale supervised few-shot relation classification dataset with state-of-the-art evaluation[C]//Proceedings of the 2018 Conference on Empirical Methods in Natural Language Processing. Brussels: Association for Computational Linguistics, 2018: 4803-4809.

[31] YAO Y, YE D, LI P, et al. DocRED: a large-scale document-level relation extraction

dataset[C]//Proceedings of the 57th Annual Meeting of the Association for Computational Linguistics. Florence: Association for Computational Linguistics. 2019: 764-777.

[32] GARDNER M, GRUS J, NEUMANN M, et al. AllenNLP: a deep semantic natural language processing platform[J]. arXiv Preprint arXiv: 1803.07640.

第 3 章
图像数据的知识获取

本章首先介绍图像知识表征方法，然后深入探讨图像知识抽取任务，最后列举常用的数据集。

3.1 图像知识表征方法

图像知识表征作为执行计算机视觉任务的基础，旨在将图像中的信息与内容转化为机器可以理解和处理的格式。该过程聚焦于提取与表示图像中的关键特征、结构和语义信息等，以便计算机进行图像分析和理解。一个好的图像知识表征在计算机视觉任务中扮演着关键的角色，它能从图像中提取关键的特征和模式，这些特征表示图像的重要信息，如物理特征（包括颜色、纹理、边缘、几何形状、质心、散射中心等）、频域变换特征（包括傅里叶变换、小波变换、加伯变换等）、空间变换特征、语义内容等。准确的特征提取可以帮助计算机在后续的图像处理任务中更好地区分和理解不同的对象与场景。

传统的图像知识表征方法主要关注颜色、纹理、边缘等低级视觉特征，如颜色直方图、尺度不变特征变换等。它们依赖手工设计的算法和特征提取方法，针对不同的任务需求进行适当的调整和组合。然而，面临日益复杂的图像场景和大规模数据的挑战，这些传统的图像知识表征方法显现出了局限性，即无法捕捉到图像中的高级语义信息。随着深度学习技术的兴起，基于深度神经网络的图像知识表征方法逐渐取代了传统的图像知识表征方法，并取得了更好的性能。基于此背景，以下首先回顾传统的图像知识表征方法，接着介绍基于深度神经网络的图像知识表征方法。

3.1.1 传统的图像知识表征方法

1. 颜色直方图

颜色直方图（Color Histogram）特征提取是一种常用的图像特征提取方法，用于描述图像中颜色的分布情况。其基本思想是统计图像中每种颜色在不同亮度下的像素个数或像素占比，并将这些统计结果组成一个特征向量。此特征向量常应用于图像识别、图像检索和图像分类等视觉任务中。

使用颜色直方图提取特征的步骤如下。

（1）划分颜色空间。对图像进行预处理，包括图像的读取和颜色空间的转换。通常情况下，将图像转换为红-绿-蓝（Red-Green-Blue，RGB）颜色空间或色调-饱和度-色明度（Hue-Saturation-Value，HSV）颜色空间，并将颜色空间划分为若干个离散的颜色区间或颜色块，每个颜色区间或颜色块表示一个颜色范围。

（2）统计像素数目。对于每个颜色区间，计算图像中属于该区间的像素数目（或像素占比）。这个过程可以通过遍历图像中的每个像素，将其颜色值与颜色区间进行比较来实现。

（3）构建颜色直方图特征向量。将每个颜色区间的像素数目（或像素占比）组成一个特征向量。该特征向量的维度直接取决于颜色空间的划分和颜色区间的数量。

颜色直方图特征向量可以用来表示图像的颜色分布特征。比较不同图像的颜色直方图特征向量，计算它们之间的相似性或距离，用于图像检索和图像分类任务。常用的相似性或距离度量方法包括直方图交、欧氏距离、曼哈顿距离、相关系数等。

值得注意的是，颜色直方图特征提取只关注图像中颜色的分布情况，无法捕捉到图像的纹理、结构和空间信息。因此，在处理需要考虑纹理和结构信息的复杂任务时，可以结合其他特征来获得更全面的图像描述。

2. 尺度不变特征转换

尺度不变特征转换（Scale Invariant Feature Transform，SIFT）是图像处理领域的一种局部特征描述算子，该方法于 1999 年由 David G. Lowe 提出。SIFT 算法的主要目标是提取出一种基于尺度空间的，对图像缩放、旋转甚至仿射变换保持不变性的图像局部特征描述算子，用于图像匹配、物体识别和三维重建等计算机视觉任务。

使用 SIFT 算法提取特征的一般步骤如下。

（1）尺度空间极值检测。首先使用高斯滤波器构建一系列图像尺度空间

(Scale Space)，对每个尺度的图像进行高斯模糊操作，得到一组尺度空间图像。然后在每个尺度空间图像中，通过比较像素点与其相邻像素点和相邻尺度空间图像的像素点的值，筛选出极值关键点的候选位置。

（2）关键点定位。对于尺度空间极值关键点的候选位置，通过计算该点位置尺度的 Hessian 矩阵得到主曲率，评估其作为关键点的稳定性。这一步骤可以剔除对比度低的关键点，并去除边缘效应。

（3）方向分配。为确保关键点具有旋转不变性，SIFT 算法为每个关键点分配了一个主方向，该方向基于关键点周围区域的梯度方向直方图的统计结果确定。

（4）关键点描述。在关键点周围的邻域区域，构建一个基于梯度方向的局部特征描述符。该描述符对关键点周围的梯度方向进行统计，生成特征向量。

SIFT 算法的优点是具有尺度和旋转不变性，并对光照、噪声、视角变化和遮挡等各种视觉变换条件具有鲁棒性，可以用于图像匹配、目标识别等任务。

3.1.2 基于深度神经网络的图像知识表征方法

基于深度神经网络的图像知识表征方法已经在计算机视觉领域取得了巨大的成功。下面介绍两种常见的深度神经网络架构，它们在图像知识表征中扮演着重要角色。

1. 卷积神经网络

卷积神经网络（Convolutional Neural Network，CNN）是深度学习中最常用的图像处理模型之一。其主要组成部分有如下几个。

（1）卷积层。卷积层是卷积神经网络的核心组件，用于提取图像中的局部特征。它通过应用一系列卷积核（也称为滤波器）在图像上进行滑动窗口操作，在输入特征图上进行卷积运算，实现对图像特征的层次化提取，如提取边缘、纹理等关键信息。

（2）池化层。池化层用于减小特征图的尺寸，并保留重要的信息，有效抑制过拟合现象。常见的池化操作包括最大池化（Max Pooling）和平均池化（Average Pooling）。池化层通过滑动窗口的方式选取窗口内的最大值或平均值作为池化结果。

（3）全连接层。全连接层作为将特征映射到类别输出的桥梁，通过密集连接与权重变换，将卷积与池化层提取的特征整合为最终的分类输出。

（4）激活函数。激活函数能引入非线性变换，它作用于卷积层的输出，能促进网络学习复杂的模式。常见的激活函数包括 ReLU 函数和 Sigmoid 函数，用于引入非线性变换和提升网络的表达能力。

除了上述主要组成部分，卷积神经网络还可以包含其他技术，如批归一化层、残差连接等，以提升网络性能和训练网络稳定性。

以经典的卷积神经网络 LeNet-5 为例，该网络架构巧妙地利用多层卷积和池化操作提取图像特征，最后通过全连接层与高斯连接层将特征映射到输出类别，实现字符识别。LeNet-5 的整体结构如图 3-1 所示。

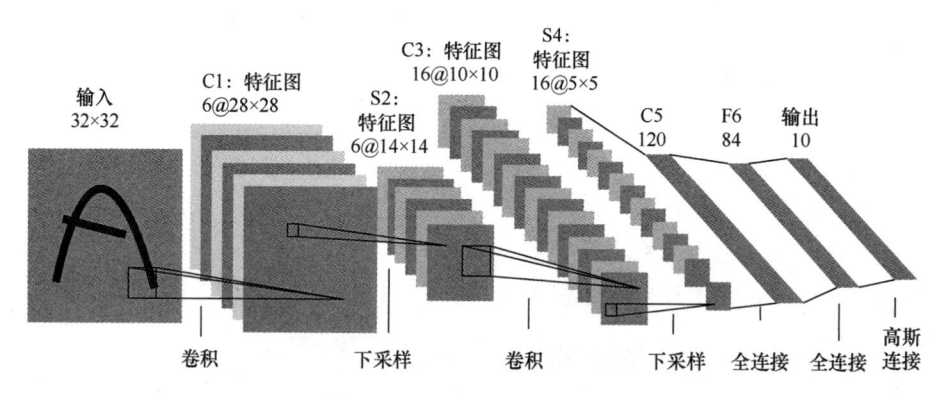

图 3-1　LeNet-5 的整体结构

卷积神经网络作为图像处理的基石，主要具有如下优势。

（1）局部感知能力。卷积层通过卷积核的滑动窗口操作，可以有效地捕捉图像中的局部特征，如边缘、纹理等。这种局部感知能力不仅增强了模型对图像局部细节的敏感性，还赋予了其对图像的平移、旋转及尺度变化的鲁棒性。

（2）参数共享。卷积神经网络中的卷积核在整个图像上共享参数，大幅减少了模型的参数总量，降低了过拟合的风险，并提升了模型处理大规模图像数据集的能力。参数共享不仅降低了模型复杂度，还提升了模型对未知图像数据的泛化能力。

卷积神经网络是一种强大的图像知识表征技术，在计算机视觉领域占据主流地位，其变体包括自编码器、生成对抗网络等。通过精心设计的卷积层、池化层和全连接层等组件，卷积神经网络能够自主学习图像中的深层次特征，从而在图像分类、目标检测、图像生成等任务中取得优异的性能。其精巧的结构能够有效处理图像数据，提取图像中的重要信息，并具有较强的泛化能力。

2. Vision Transformer 模型

Vision Transformer 是一种基于 Transformer 架构的图像处理模型，在计算机视觉领域得到了广泛的关注和应用。起初，Transformer 架构主要应用于自然语言处理任务，如机器翻译和语言建模等。随着 Vision Transformer 模型的出现，

Transformer 架构被成功扩展到图像领域。

Vision Transformer 模型的基本思想是将图像视为一个像素序列,将其输入 Transformer 模型中进行处理。与卷积神经网络不同,Vision Transformer 模型不使用卷积层和池化层,而是依赖自注意力机制和全连接层来捕捉图像中的特征。

Vision Transformer 模型的主要组成部分如下。

(1)嵌入层。Vision Transformer 模型首先将输入图像划分为一系列图像块,然后通过嵌入层将每个图像块转换为嵌入特征。在此过程中,Vision Transformer 模型还巧妙地融入了位置编码向量,以明确每个图像块在整体图像中的位置关系。

(2)Transformer 编码器。Vision Transformer 模型采用多层堆叠的 Transformer 编码器来处理图像特征。每层都由多头自注意力层和多层感知机组成。其中,多头自注意力层能够捕捉不同图像块之间的关系,多层感知机负责对每个图像块的特征进行非线性转换,以增强特征的表达能力。

(3)类别预测头。在 Vision Transformer 模型的最后一层,通常使用一个全连接层和 Softmax 函数进行图像分类。这个类别预测头负责将 Transformer 的输出特征映射到类别概率,用于图像分类任务。

相较于卷积神经网络,Vision Transformer 模型凭借其独有的自注意力机制捕捉图像中的全局特征,不受卷积操作的局部感受野限制。这一特性使 Vision Transformer 模型在处理长距离的像素关系和全局上下文信息的复杂场景时更有效,但其在处理高分辨率图像时会出现计算成本较高的问题。因此,目前仍有许多关于如何优化和改进 Vision Transformer 模型的研究,以进一步提高其性能和效率,包括 FasterViT、Swin Transformer 等成果。未来,Vision Transformer 模型无疑是计算机视觉领域一个具有潜力和活力的研究方向。

总体来说,高质量的图像知识表征可以提供准确、鲁棒和语义丰富的图像特征表示,对各种计算机视觉任务至关重要。它们能够帮助机器更好地理解和处理图像数据,提升任务的准确性、泛化能力和效率。

3.2 图像知识抽取任务

3.2.1 目标检测

目标检测是计算机视觉领域的一项核心任务,旨在从图像中识别和定位特定类别的物体。与目标分类不同,目标检测不仅要识别出目标的种类,还要确定目标在图像中的具体位置,通常使用矩形边界框来界定,如图 3-2 所示。目标检测技术持续发展，许多先进的模型和算法被提出来，并取得了显著的成果。当前，目标检测技术在自动驾驶、视频监控、图像搜索等多个关键领域发挥着重要的作用。

图 3-2　目标检测的检测形式

基于深度学习的目标检测算法依据其处理流程与架构设计的不同，可分为两大类别：双阶段目标检测算法和单阶段目标检测算法。

1. 双阶段目标检测算法

双阶段目标检测算法首先在第一阶段生成候选区域，然后在第二阶段对这些候选区域进行位置优化与类别判定，其中最具代表性的算法是 Faster R-CNN，该算法由 Ren 等在 2015 年提出。Faster R-CNN 基于早期的 R-CNN 算法和 Fast R-CNN 算法构建，并结合深度学习和区域提议网络，实现了准确高效的图像检测，目前已经成为目标检测领域的基本算法之一。

Faster R-CNN 的结构如图 3-3 所示，具体包括以下 4 个部分。

（1）特征提取网络（卷积层）。特征提取网络与普通的卷积神经网络中的特征提取结构相同，负责从输入图像中提取出富含信息的特征图。

（2）区域提议网络。区域提议网络（Region Proposal Network，RPN）负责在特征图上生成一系列候选区域，这些区域预示着图像中目标的潜在边界框位置。RPN 通过预测各个位置处目标存在的可能性，并对候选区域进行微调，确保其更紧密地贴合目标边界。

（3）RoI Pooling 层。RoI Pooling 层接收来自特征提取网络的特征图和 RPN 生成的候选区域，通过池化操作，确保每个候选区域都能被转换至相同的空间维度。

（4）全连接层（实现分类器）。全连接层根据 RoI Pooling 层得到的特征，对每个候选区域存在的目标进行分类和位置细化，输出目标的类别与坐标。

Faster R-CNN 的优点是检测精度高，因为它有效地结合了卷积神经网络的特征提取功能和基于深度学习的分类器的功能。此外，该算法通过提出 RPN，实现了候选区域生成与分类检测的高效整合，从而在速度和精度之间取得了较好的平衡。

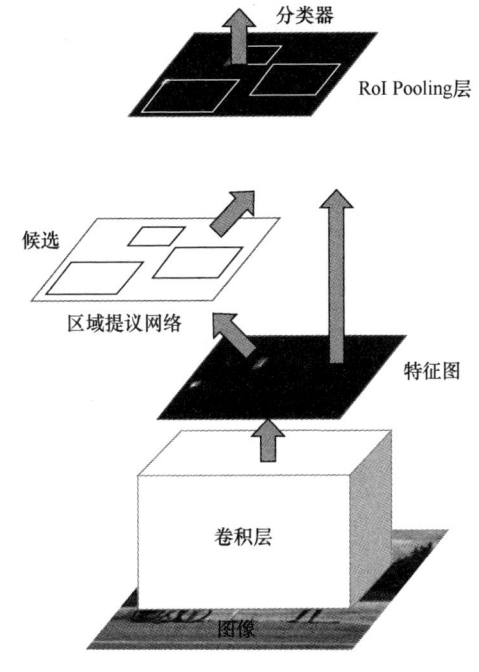

图 3-3　Faster R-CNN 模型的结构

2. 单阶段目标检测算法

单阶段目标检测算法不需要候选区域生成阶段，而是直接预测目标的类别和空间位置，代表算法有 YOLO 等。

YOLO 算法是一种流行的实时目标检测算法，由 Joseph Redmon 于 2016 年提出。其核心思想是将目标检测任务视为单一目标回归问题，通过摒弃 RPN，获得了较快的速度和较好的准确性。具体来说，YOLO 算法首先将输入图像划分为若干个网格单元，每个网格单元独立负责预测其中目标的边界框坐标和类别概率，网格大小则由所选的神经网络架构决定。YOLO 算法使用卷积神经网络作为主干网络，其训练过程通过优化一个复合损失函数实现，该函数考虑了边界框的置信度、坐标精度及类别概率的预测准确性。YOLO 算法实现过程如图 3-4 所示。

YOLO 算法以其优异的实时处理能力脱颖而出，即使在资源受限的设备上也能实现近乎瞬时的目标检测。YOLO 系列算法不断发展，YOLOv3、YOLOv7 和 YOLOv10 等变体相继问世，这些改进算法在提升检测精度和速度的同时，也在监控、自动驾驶、机器人和视频分析等领域得到了广泛的应用。

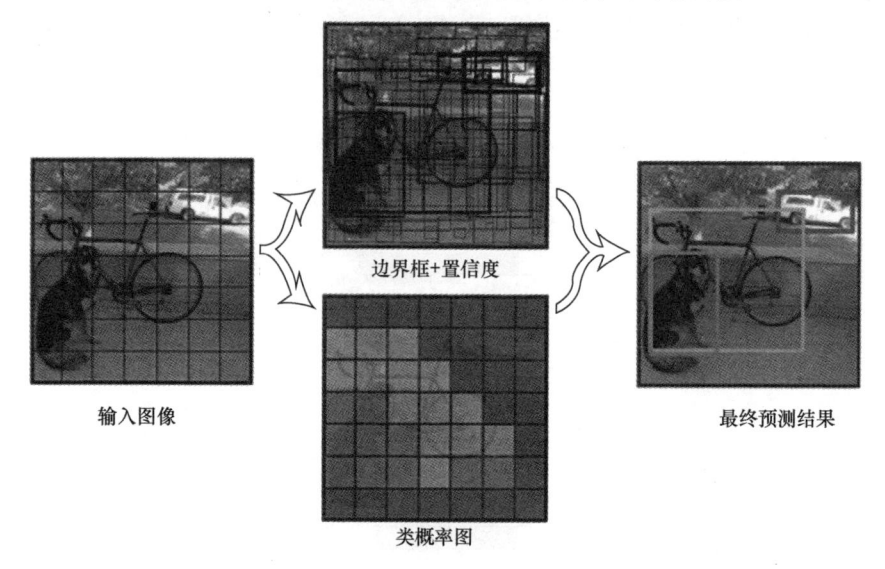

图 3-4　YOLO 算法实现过程

Transformer 的引入为目标检测领域的发展指明了一个新的方向。其中具有代表性的算法为 DETR（Detection Transformer）算法，该算法是 Facebook 公司于 2020 年提出的基于 Transformer 的端到端目标检测算法。作为 Transformer 在目标检测领域的代表算法之一，DETR 算法将目标检测任务视为一个集合预测问题，基于图像特征序列预测出固定数量的边界框和对应的类别标签。此外，DETR 算法通过添加位置编码信息，使 Transformer 模型能够更好地建模全局上下文关系，理解图像不同部分之间的关系。图 3-5 展示了 DETR 算法的网络架构，它首先通过 CNN 初步提取图像特征，然后通过 Transformer 进行最终的预测。

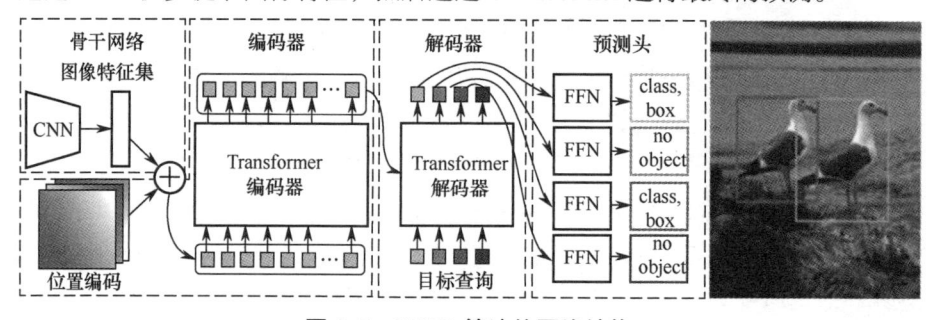

图 3-5　DETR 算法的网络结构

DETR 算法能够执行端到端的目标检测，而不需要复杂的 RPN 或锚框。同时，它可以处理图像中可变数量的物体，并能检测不同尺寸的物体。与之前的目标检测算法相比，DETR 算法在概念上也更简单，它巧妙地使用 Transformer

框架，直接将目标检测问题建模为一组预测任务。随着人们对 DETR 算法的广泛认可与深入研究，后续出现了许多基于 DETR 算法框架的改进算法，如 Deformable DETR、Efficient DETR 等，目标检测的准确度与速度不断提高。

3.2.2 关键点检测

图像关键点本质上是一种空间特征标识，其通过单一点的精确位置表征特定物体的关键结构点。在计算机视觉领域，关键点检测占据了核心地位，涵盖图像关键点检测、人脸关键点检测、人体姿态关键点检测等多个研究方向。目前，关键点检测算法主要有两类：基于坐标回归的关键点检测算法和基于热度图回归的关键点检测算法。

1. 基于坐标回归的关键点检测算法

基于坐标回归的关键点检测算法可以定位到图像中事先标记的关键点位置，依据图像的特征预测出关键点的空间坐标。此类算法普遍采用卷积层和全连接层相结合的网络结构。其中，卷积层负责对图像特征进行提取与精炼，全连接层负责将网络所提取的特征信息转换为关键点位置坐标信息。基于坐标回归的关键点检测算法流程如图 3-6 所示。

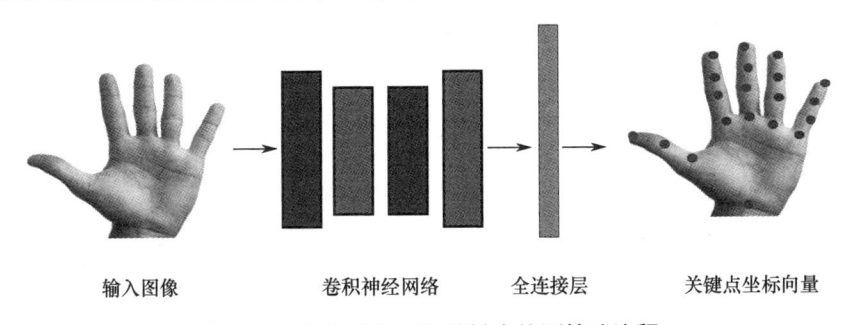

图 3-6 基于坐标回归关键点检测算法流程

Toshev 等首次提出了使用深度学习来定位人体关键点的 DeepPose 算法框架。该算法框架以 AlexNet 作为特征提取架构进行特征提取，并采用级联策略逐步细化关键点的位置。具体来说，该策略首先在初始阶段快速预测出关键点的粗略位置，再以这些粗略位置为中心，裁切出固定大小的矩形作为下一阶段的输入，通过这样的方式不断迭代，最终实现关键点的精准定位。

Tuilpin 等以沙漏网络为基础框架，设计了一种针对膝关节关键点的回归网络。该网络改变了沙漏网络的原始用途，从生成关键点热度图转变成直接预测关键点的坐标。其主要创新点在于改变了训练策略，即先利用较少的关键点对模型进行预训练，随后扩展至全部关键点，最后通过 Soft-argmax 直接回归出关键点的坐标。实验结果表明，该网络不仅有效提升了定位精度，还展现出了较强的泛化能力。

然而，基于坐标回归的关键点检测算法也有局限性，主要表现为正、负样本之间的数量差距过大，以及对图像中的噪声较敏感，使神经网络在训练时难以稳定地收敛，从而对最终的检测效果造成不利影响。

2. 基于热度图回归的关键点检测算法

基于热度图回归的关键点检测算法使用深度网络得到关键点预测热度图，再通过关键点拟合方法将热度图转换为精确的关键点坐标。此算法的核心在于为每个关键点生成与图像尺寸相匹配的高斯热度分布图，其中每个像素的亮度反映了将该像素作为关键点的可能性。基于热度图回归的关键点检测算法流程如图 3-7 所示。该算法不仅实现了高精度的定位，还利用损失函数直接监督热度图回归而非初始的关键点坐标，进一步优化了检测性能。

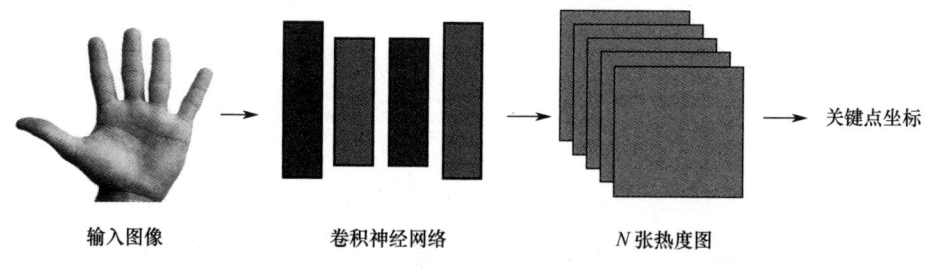

图 3-7　基于热度图回归的关键点检测算法流程

Newell 等提出了堆叠的沙漏网络用于单人姿态估计。该网络借鉴残差网络的设计理念，通过融合低层细节特征与高层语义特征，增强网络对关键点特征的学习能力。该网络通过串联多个沙漏模块，并在每个模块的输出热度图上实施中间监督与反向传播，实现了对热度图的逐步精细化。这种堆叠结构不仅取代了传统的单个深层神经网络，还通过中间监督解决了梯度消失问题。

与基于坐标回归的关键点检测算法相比，基于热度图回归的关键点检测算法在关键点检测任务中展现出了更优越的性能。

目前关键点检测技术在许多领域发挥着重要的作用。例如，在中医脉诊这一应用领域，Yang 等分别探索了基于坐标回归与基于热度图回归的脉口定位方法，在腕部近红外图像和 RGB 图像上取得了较好的性能，推动了智能脉诊设备的自动化进程；Huang 等针对手腕脉诊点定位任务，创新性地引入了时序注意力机制，结合回归与热度图方法，从红外视频中提取特征，提升了模型的定位精度，展示了计算机科学与医学交叉融合广阔的应用前景。

3.2.3 图像分割

图像分割技术是计算机视觉领域的一个关键研究方向，其在图像语义理解方面有着广阔的应用前景。该技术把复杂的图像分成若干个特定且具有独特性质的区域，每个区域均承载特定的信息内容。图 3-8 展示了一幅来自 Cityscapes 数据集的图像的分割结果。通过预先定义行人、路牌、汽车等基准类别，图像分割技术能够精准地将图像划分为一系列互不重叠的区域，从而帮助计算机视觉系统对图像场景进行解析。随着深度学习技术的发展，越来越多的图像分割方法被提出，其中具有代表性的方法包括 U-Net、"任何分割模型"（Segment Anything Model，SAM）等，接下来简要介绍这两种方法。

图 3-8 Cityscapes 数据集的图像的分割结果

1．U-Net

U-Net 架构由 Olaf Ronneberger 等于 2015 年提出，起初用于医学影像分割。针对医学训练数据非常有限的问题，作者提出了一种高效的数据增强策略以充分利用有限的标注数据，有效减弱了训练数据量过少对模型训练的影响。

图 3-9 直观地展示了 U-Net 的网络结构，采用编码器-解码器的结构设计。在编码器部分，通过层层递进的卷积与池化操作，逐步降低特征图的分辨率并捕捉图像的多尺度特征信息。在解码器部分，通过反卷积层进行上采样，逐步恢复特征图的分辨率，并将上采样后的特征图与编码器中对应层的特征进行拼接融合，实现了浅层细节和深层上下文信息的有效结合。这一设计有效提高了图像分割的精度。

U-Net 架构的网络结构简洁，参数量相对较少，可以应用于对实时性要求较高的分割场景。此外，U-Net 架构具有一定的灵活性和可扩展性，可以根据具体任务的需求进行改进和调整，如添加或修改网络层，以适应不同的分割任务。U-Net 架构的应用范围不限于图像分割，其在图像恢复等其他视觉领域同样展现出了广阔的应用前景。

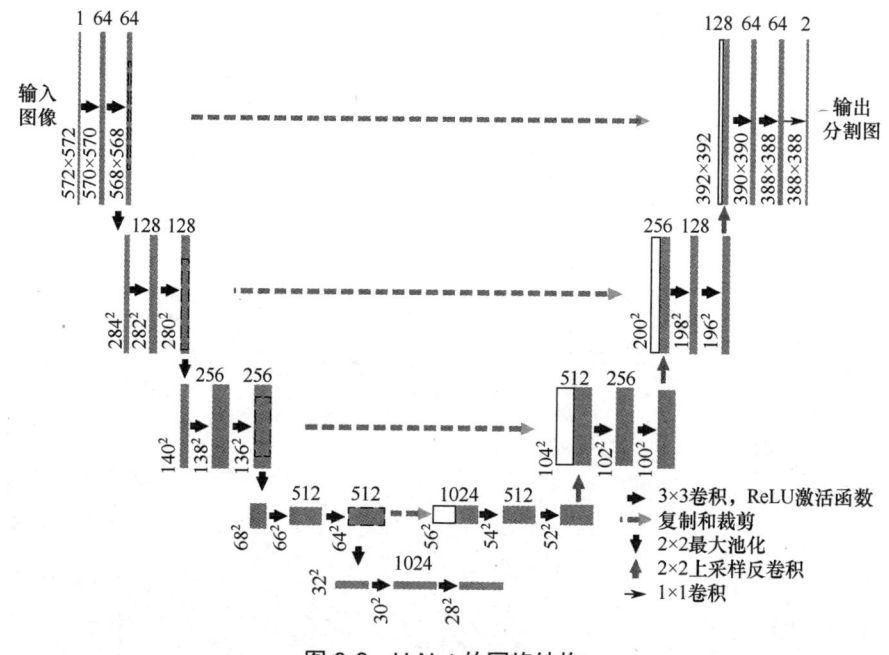

图 3-9　U-Net 的网络结构

2. SAM

SAM 是由 Meta AI 研究团队于 2023 年 4 月发布的重要成果，其借鉴了自然语言处理中预训练大型语言模型的辉煌成就，旨在建立图像分割领域的基础模型。

SAM 的任务是在给定提示（包括但不限于前景点/背景点、粗略的边界框、掩码标记、文本描述）的情况下，高效地进行图像分割。即便面对全新的、未见过的数据分布，SAM 凭借其强大的理解能力，也能够出色地完成图像分割任务。

SAM 架构由 3 部分组成：图像编码器、提示编码器和轻量级掩码解码器。其中，图像编码器和提示编码器分别负责对输入的图像与提示信息进行编码，掩码解码器则能够有效地将图像内容和提示信息进行融合，并将其转化为最终的分割掩码。此外，SAM 还开源了 SA-1B 这个庞大且高质量的数据集，该数据集包含超过 1100 万幅精心挑选的高分辨率图像及对应的 11 亿个高质量分割掩码，以帮助未来计算机视觉基础模型的开发。

综上所述，SAM 不仅为图像分割领域引入了一种全新的方法和思路，更为未来的研究和探索铺设了坚实的基石，意义深远。

3.2.4 图像生成

图像生成任务是指根据输入向量，利用算法生成新图像的过程，其在艺术创作、图像修复、游戏设计等诸多领域具有很大的应用潜力。此任务提供了一种创造新图像、合成逼真图像的方法，为各领域的研究和应用提供了有力的工具。图像生成任务可以通过不同的方法和模型实现，其中最流行的是基于深度学习的方法，包括变分自编码器、生成对抗网络、扩散模型等。

1. 变分自编码器

变分自编码器（Variational Autoencoder，VAE）是一种生成模型，用于学习数据的潜在表示并生成新的样本。它由编码器和解码器组成，编码器将输入图像映射为一个潜在空间中的特征，这个特征是对输入图像的压缩表示；解码器负责将潜在空间中的特征还原为原始输入图像，要求输出图像与输入图像尽可能相似。

与传统的自编码器不同，变分自编码器引入了一种概率化思想。具体而言，它假设潜在空间中的特征服从一个先验分布，通过编码器网络生成的潜在特征也遵循这一分布。这样做的目的是使潜在空间具有连续的、平滑的结构，有利于生成样本的控制和插值。

变分自编码器在图像生成、数据降维和特征学习等任务中都有广泛的应用。它不仅能够生成高质量的样本，还能够进行数据的控制和插值，具有很强的表现力和很大的灵活性。

2. 生成对抗网络

生成对抗网络（Generative Adversarial Network，GAN）是一种生成模型，由生成器（Generator）和判别器（Discriminator）组成。生成器负责生成逼真的样本数据，如图像、文本等。其接收一个随机噪声向量作为输入，并通过一系列神经网络层逐步生成输出样本。生成器的目标是生成与真实样本难以区分的合成样本。判别器是一个二分类器，用于区分生成器生成的合成样本和真实样本。其接收输入样本并输出一个概率值，表示该样本来自真实数据分布的概率。判别器的目标是正确区分真实样本和合成样本。

生成对抗网络的训练是通过对抗方式进行的。生成器试图生成更逼真的样本以欺骗判别器，判别器则试图准确地区分真实样本和合成样本。通过反复训练生成器和判别器，生成对抗网络可以学习到真实数据的分布特征，并生成逼真的样本。

生成对抗网络在图像生成、图像风格迁移等领域具有广泛的应用,其变体包含 Conditional GAN、CycleGAN 等。它们提供了一种强大的生成模型框架,能够生成高质量、多样化的样本数据,取得了令人瞩目的成果。

3. 扩散模型

扩散模型是一种新颖的生成模型,在图像生成任务中表现出了优异的性能,能够生成更加多样化的图像。与变分自编码器和生成对抗网络等生成模型不同,扩散模型在前向阶段对图像逐步施加噪声,直到图像变成纯高斯噪声;在逆向阶段学习从高斯噪声还原为原始图像的过程。扩散模型工作原理如图 3-10 所示。

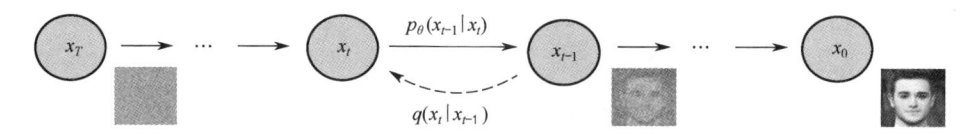

图 3-10 扩散模型工作原理

图中,x_0 表示原始图像;x_T 表示纯高斯噪声;x_t 表示第 t 个时间步的噪声图像;$p_\theta(x_{t-1}|x_t)$ 表示从 x_t 到 x_{t-1} 的转移概率,描述了从噪声图像逐步还原为原始图像的过程;$q(x_t|x_{t-1})$ 表示从 x_{t-1} 到 x_t 的转移概率,用于逐步向图像中添加噪声。

通过这种方式,扩散模型能够学习到图像数据的分布特征,并生成与训练数据相似的图像样本。近期热门的工作成果,包括 Stable Diffusion、DALL·E-2、DALL·E-3 等,都是基于扩散模型的架构,足见扩散模型在图像生成领域的巨大潜力。部分 DALL·E-3 扩散模型生成的图像如图 3-11 所示。

| 在一本古老的、饱经风霜的日记中,满是关于幻想中的野兽、怪物、植物的素描和文字。褪色的墨绿色墨水讲述了神奇的冒险故事,而高分辨率的绘图详细描述了每种生物错综复杂的特征。阳光透过附近的窗户,照亮了书页,揭示了它们古老的魅力。 | 一幅充满活力的20世纪60年代风格的海报,描绘了星际迁徙。用一艘复古火箭飞船将地球炸向远方,下面的小文字的含义是"探索新的世界,建立一个更光明的未来"。背景是由恒星和星座组成的旋转星系。 | 一只淘气的雪貂带着顽皮的笑容挤进一个大玻璃罐,周围是五颜六色的糖豆。罐子放在舒适的厨房的木桌上,温暖的阳光透过附近的窗户照射进来。 |

图 3-11 部分 DALL·E-3 扩散模型生成的图像

3.3 常用数据集

在计算机视觉领域，数据集在相关研究和应用中起着至关重要的作用。通过收集和标注真实世界的图像数据，人们可以构建应用于各种实际场景的数据集。这些数据集为计算机视觉算法的训练与开发提供了不可或缺的样本数据，使用具有丰富标注的、多样化的数据集，可以训练出更准确、更鲁棒和更通用的视觉模型。此外，数据集被广泛用于评估算法的性能和效果。在统一的数据集上进行评估，可以客观地比较不同算法的性能，并确定哪种算法更适合特定的任务。以下将简单介绍几个具有代表性的数据集。

3.3.1 ImageNet 数据集

ImageNet 数据集是一个大规模的图像数据库，是计算机视觉领域最知名的数据集之一。它由斯坦福大学的计算机视觉研究团队创建，并于 2009 年首次发布。ImageNet 数据集的目标是收集和标注世界上各种物体的图像，以促进计算机视觉算法的研究和发展。

ImageNet 数据集包含 14197122 幅带有注释的图像。自 2010 年以来，该数据集被用作 ImageNet 大规模视觉识别挑战赛（ImageNet Large Scale Visual Recognition Challenge，ILSVRC）的基准，用于图像分类和目标检测。公开发布的数据集包含一组手动注释的训练图像和一组测试图像（隐藏手动注释）。ILSVRC 的注释可以分为两类：①图像级别的注释，注明图像中是否存在某个物体类别；②目标级别的注释，注明一个紧密的边界框和类别标签。

ImageNet 数据集为计算机视觉领域提供了大规模、多样化的数据集，推动了算法的发展，并促进了研究社区的合作和知识共享。至今，许多优秀的计算机视觉算法都在 ImageNet 数据集上进行性能评估，以更好地展示算法的性能，并推动各类算法的竞争与进步。

3.3.2 COCO 数据集

COCO 数据集是由微软团队提出的一个广泛应用于计算机视觉领域的大型数据集，旨在推动目标检测、图像分割和图像理解等任务的研究与发展。

COCO 数据集的第一个版本于 2014 年发布，包含约 16.5 万幅图像，分为训练集（8.3 万幅）、验证集（4.1 万幅）和测试集（4.1 万幅）。2015 年发布了额外的测试集，包含 8.1 万幅图像，其中包括之前的测试集图像和 4 万幅新的图像。

根据社区的反馈意见，COCO 数据集于 2017 年将训练集与测试集的数量分别更改为 11.8 万幅和 0.5 万幅，新的划分使用相同的图像和注释。2017 年发布的测试集是 2015 年的测试集的子集。此外，2017 年还发布了一个新的未注释数据集，其中包含 12.3 万幅图像。

COCO 数据集在计算机视觉领域具有重要的意义。它是一个多任务的数据集，包含大规模、多样化的图像数据和精细的标注。通过 COCO 数据集，研究人员可以进行算法研究和性能评估，并促进相关领域的发展和创新。

3.3.3　Open Images 数据集

Open Images 数据集是谷歌团队发布的。在许多方面，Open Images 都是最大的带标注的图像数据集，可用于训练计算机视觉任务。Open Images 数据集包括 900 万幅图像，这些图像标注了 3600 万个图像级标签、1580 万个边界框、280 万个实例分割和 39.1 万个视觉关系。同时这些图像非常多样化，通常包含具有多个对象的复杂场景（平均每幅图像中包含 8.3 个对象）。该数据集的最新版本是 Open Images v7，其使用跨越 20638 个类别的 6140 万个图像级标签进行注释，涵盖图像分类、对象检测、视觉关系检测、实例分割和多模态图像描述等多个任务场景。

3.3.4　MSTAR 数据集

MSTAR 数据集由美国国防部高级研究计划局和空军研究实验室提出，其通过高分辨率的聚束式合成孔径雷达（Synthetic Aperture Radar，SAR）采集数据。该数据集包括静止车辆的 SAR 切片图像，涵盖多种车辆目标在不同方位角下的成像，以及大幅场景 SAR 图像，如森林、建筑和地面等，常用于目标检测和识别。此外，MSTAR 数据集中的混合目标数据包含 10 类军事目标的切片图像。该数据集中的数据分为标准工作条件数据和扩展工作条件数据，分别适应不同的训练和测试设置。

3.4　技术挑战与未来展望

不同于人类数百万年来进化的现代抽象语言，自然图像包含的信息非常丰富。其天然内禀的语义稀疏性、域间差异性和无限粒度性给多源知识融合的研究带来了极大的挑战。数十年来，国内外研究者一直在寻找图像的最优表示。从传统的方向梯度直方图（Histogram of Oriented Gradient，HOG）、SIFT 特征，到现代卷积网络的抽象表示，再到基于 ViT 的序列表示和联合语言的多模态表示，自然图像表示的语义和粒度逐渐精细化。这种精细化的图像表示为计算机视觉各个领域带来了极大的繁荣。秉承"压缩即智能"的理念，我们相信寻求图像最佳表示将成为未来多元知识融合中的关键难题。这种最佳表示依赖对海量图像数据的压缩学习和对图像高度抽象的理解，其至少应该具备以下几个特性：与自然语言语义的高度一致性、弥合不同图像域的差异性、对图像全部信息的高度压缩、与未知数据表示的高度一致性。基于这些特性的图像表示将与自然语言表示一样，能够帮助人们构建大一统的计算机视觉基座模型。此外，与自然语言语义的高度一致性将使人们有能力统一文本、语言和图像，向通用人工智能（Artifical General Intelligence，AGI）迈出关键的一步。

尽管计算机视觉领域目前尚未就自然图像的抽象表示达成一致，还未发展出计算机视觉的统一模型，但随着自然图像数据的高质量化发展、计算机算力的进一步提升、跨模态学习的不断深入和研究者对图像理解的进一步深化，我们有望在图像的统一抽象表示方面取得更大的成果。目前，结合语言和视觉的多模态研究成果已经开始逐步孵化成应用级产品，如 GPT-4V 等大型多模态模型目前所实现的功能令人惊艳。随着计算机算力的不断进化和模型基础结构的不断迭代，我们对实现更深层次的多源知识融合充满了信心。无数研究者的共同努力将使人类逐渐从人工智能的黎明迈向 AGI 的"黄金时代"，未来的人工智能应用将成为人类不可或缺的伙伴。

3.5 本章小结

本章首先介绍了图像知识表征的定义，随后阐述了传统的图像知识表征方法和基于深度神经网络的图像知识表征方法。在此基础上，系统地介绍了图像知识抽取任务的常见视觉任务，包括目标检测、关键点检测、图像分割、图像生成等，最后介绍了几个常用的数据集。

参考文献

[1] SWAIN M J, BALLARD D H. Color indexing[J]. International Journal of Computer Vision, 1991, 7(1): 11-32.

[2] LOWE D G. Object recognition from local scale-invariant features[C]//IEEE International Conference on Computer Vision. Kerkyra: IEEE, 1999: 1150-1157.

[3] LONG J, SHELHAMER E, DARRELL T. Fully convolutional networks for semantic segmentation[C]//IEEE/CVF International Conference on Computer Vision and Pattern Recognition. Piscataway: IEEE, 2015: 3431-3440.

[4] LECUN Y, BOTTOU L, BENGIO Y, et al. Gradient-based learning applied to document

recognition[J]. Proceedings of the IEEE, 1998, 86(11): 2278-2324.

[5] HINTON G E, SALAKHUTDINOV R R. Reducing the dimensionality of data with neural networks[J]. Science, 2006, 313(5786): 504-507.

[6] GOODFELLOW I, POUGET-ABADIE J, MIRZA M, et al. Generative adversarial networks[J]. Communications of the ACM, 2020, 63(11): 139-144.

[7] HAN K, WANG Y, CHEN H, et al. A survey on vision transformer[J]. IEEE Transactions on Pattern Analysis and Machine Intelligence, 2022, 45(1): 87-110.

[8] LIU Z, LIN Y, CAO Y, et al. Swin Transformer: hierarchical vision transformer using shifted windows[C]//Proceedings of the IEEE/CVF International Conference on Computer Vision. Montreal: IEEE, 2021: 10012-10022.

[9] REN S, HE K, GIRSHICK R, et al. Faster R-CNN: towards real-time object detection with region proposal networks[C]//Advances in Neural Information Processing Systems. Montreal: IEEE, 2015: 91-99.

[10] GIRSHICK R, DONAHUE J, DARRELL T, et al. Rich feature hierarchies for accurate object detection and semantic segmentation[C]//IEEE/CVF International Conference on Computer Vision and Pattern Recognition. Piscataway: IEEE, 2014: 580-587.

[11] GIRSHICK R, DONAHUE J, DARRELL T, et al. Region-based convolutional networks for accurate object detection and segmentation[J]. IEEE Transactions on Pattern Analysis and Machine Intelligence, 2015, 38(1): 142-158.

[12] REDMON J, DIVVALA S, GIRSHICK R, et al. You only look once: unified, real-time object detection[C]//IEEE/CVF International Conference on Computer Vision and Pattern Recognition. Piscataway: IEEE, 2016: 779-788.

[13] REDMON J, FARHADI A. YOLOV3: an incremental improvement[J]. arXiv Preprint arXiv:1804.02767, 2018.

[14] WANG C Y, BOCHKOVSKIY A, LIAO H Y M. YOLOv7: trainable bag-of-freebies sets new state-of-the-art for real-time object detectors[C]//Proceedings of the IEEE/CVF Conference on Computer Vision and Pattern Recognition. Berlin: Springer, 2023: 7464-7475.

[15] WANG A, CHEN H, LIU L, et al. YOLOV10: real-time end-to-end object detection[J]. arXiv Preprint arXiv: 2405.14458, 2024.

[16] CARION N, MASSA F, SYNNAEVE G, et al. End-to-end object detection with transformers[C]//European Conference on Computer Vision.Berlin:Springer, 2020: 213-229.

[17] YAO Z, AI J, LI B, et al. Efficient DETR: improving end-to-end object detector with dense prior[J]. arXiv Preprint arXiv:2104.01318, 2021.

[18] TOSHEV A，SZEGEDY C. DeepPose: human pose estimation via deep neural networks[C]//IEEE/CVF International Conference on Computer Vision and Pattern Recognition. Piscataway: IEEE, 2014: 1653-1660.

[19] KRIZHEVSKY A, SUTSKEVER I, HINTON G E. Imagenet classification with deep convolutional neural networks[C]//Advances in Neural Information Processing Systems. Lake Tahoe, 2012: 1106-1114.

[20] NEWELL A, YANG K, DENG J. Stacked hourglass networks for human pose estimation[C]//European Conference on Computer Vision. Berlin: Springer, 2016: 483-499.

[21] YANG B, MENG K, LU H, et al. Pulse localization networks with infrared camera[C]//ACM International Conference on Multimedia in Asia. Singapore: ACM, 2021: 1-5.

[22] YANG B, MENG K, LU H, et al. SFCN: spoon fully convolutional networks for pulse localization[C]//IEEE International Symposium on Circuits and Systems (ISCAS). Piscataway: IEEE, 2022: 2861-2865.

[23] HUANG G, LU H, ZHU X, et al. 3DCNN-based palpation localization with temporal attention module[C]//IEEE International Conference on Image Processing (ICIP). Piscataway: IEEE, 2022: 871-875.

[24] CORDTS M, OMRAN M, RAMOS S, et al. The cityscapes dataset for semantic urban scene understanding[C]//IEEE International Conference on Computer Vision and Pattern Recognition. Piscataway: IEEE, 2016: 3213-3223.

[25] RONNEBERGER O, FISCHER P, BROX T. U-Net: convolutional networks for biomedical image segmentation[C]//18th International Conference on Medical Image Computing and Computer-Assisted Intervention. Berlin: Springer, 2015: 234-241.

[26] KIRILLOV A, MINTUN E, RAVI N, et al. Segment anything[J]. arXiv Preprint arXiv: 2304. 02643, 2023.

[27] MIRZA M, OSINDERO S. Conditional generative adversarial nets[J]. arXiv Preprint arXiv:1411.1784, 2014.

[28] ZHU J Y, PARK T, ISOLA P, et al. Unpaired image-to-image translation using cycle-consistent adversarial networks[C]//IEEE/CVF International Conference on Computer Vision. Venice: IEEE, 2017: 2223-2232.

[29] HO J, JAIN A, ABBEEL P. Denoising diffusion probabilistic models[C]// Advances in Neural Information Processing Systems. Burlington: Morgan Kaufmann Publishers, 2020: 6840-6851.

[30] BETKER J, GOH G, JING L, et al. Improving Image Generation with Better Captions[J].

Computer Science, 2023, 2(3): 8.

[31] DENG J, DONG W, SOCHER R, et al. ImageNet: a large-scale hierarchical image database[C]//IEEE/CVF Conference on Computer Vision and Pattern Recognition. Piscataway: IEEE, 2009: 248-255.

[32] LIN T Y, MAIRE M, BELONGIE S, et al. Microsoft COCO: common objects in context[C]//13th European Conference on Computer Vision, Zurich, Switzerland, September 6-12, 2014, Proceedings, Part Ⅴ 13. Berlin:Springer, 2014: 740-755.

[33] KUZNETSOVA A, ROM H, ALLDRIN N, et al. The open images dataset v4: unified image classification, object detection, and visual relationship detection at scale[J]. International Journal of Computer Vision, 2020, 128(7): 1956-1981.

[34] DIEMUNSCH J R, WISSINGER J. Moving and stationary target acquisition and recognition (MSTAR) model-based automatic target recognition: search technology for a robust ATR[C]//Algorithms for Synthetic Aperture Radar Imagery V. New York: SPIE, 1998: 481-492.

第 4 章
信号数据的知识获取

本章首先介绍信号数据的定义及特点，然后介绍信号数据的知识表征方法，接着深入描述信号数据知识抽取任务，最后介绍一些常用的数据集。为了更好地阐述这些概念，本章主要以生理信号数据中的脑电数据和音频数据为例，详细剖析并梳理各类方法的具体应用与实现细节。需要指出的是，这些方法具有通用性，也适用于其他类型的信号数据。

4.1 信号数据的定义及特点

信号数据是通过传感器收集的数据，用于监测特定环境或物体的属性、状态及其动态变化。传感器是一种能够将物理量（如温度、湿度、压力、光照等）转化为电信号或数字信号的设备，可以安装在各种设备、系统或环境中，用于收集所监测对象的有关信息。常见的信号数据有温度传感数据、位置传感数据、生物传感数据等多种类型，它们各自承载着不同领域的重要信息。随着物联网技术的发展，信号数据的应用范围日益扩大，深刻地影响着气象观测、地图导航、医疗健康等多个领域，展现出了巨大的价值与潜力。

位置传感领域最具代表性的系统是全球定位系统（Global Positioning System，GPS）。该系统凭借其精准的定位能力，广泛应用于各个导航系统中。GPS 主要包括空间段、控制段和用户段 3 个部分。通过卫星广播信号，每个 GPS 接收器能计算出目标的三维位置（纬度、经度、高度）和当前时间。此外，我国独立研发的北斗卫星导航系统（Beidou Navigation Satellite System，BNSS），以及用于船舶之间通信和导航的自动识别系统（Automatic Identification System，

AIS)等，均是位置传感技术领域的代表性系统，它们共同推动着定位技术的发展。

生物传感数据的典型代表为脑电信号，脑电信号常见的采集系统为国际标准导联系统，如图 4-1 所示。该采集系统通常由多个精密传感器（记录电极，表示为图 4-1 中的 19 个圆圈）构成。这些传感器各自独立运作，每个传感器（电极）收集的数据均是一组严格遵循时间顺序排列的观测值序列，即时间序列数据。若将每个传感器（电极）视为一个独立的数据通道，那么可以将脑电信号数据看作一个多维矩阵，其中横轴表示时间维度，纵轴对应不同的数据通道，从而形成了多通道时序数据。基于这种数据格式，信号数据具有以下几个特点。

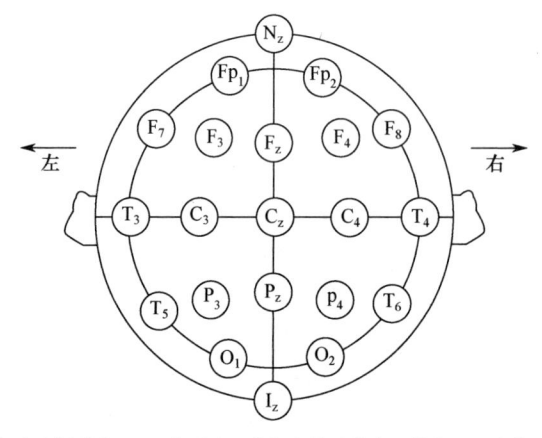

注：图中圆形上下两个圆圈 N_z、I_z 分别表示鼻根和枕后隆突；其他圆圈代表记录电极，其中下标为奇数表示该记录电极位于左脑，下标为偶数表示该记录电极位于右脑；下标为 z 表示该记录电极位于中心零点；F、Fp、T、O、P、C 代表不同的脑区，分别为额叶、前额叶、颞叶、枕叶、顶叶、中心部。

图 4-1 国际标准导联系统

1. 噪声大

信号数据中包含大量随机或不相关的干扰信号，这些干扰信号会对数据的准确性和可用性造成一定的影响。以脑电数据为例，其在采集过程中会受到内部干扰和外部干扰，导致背景噪声大。其中，内部干扰是指其他生物电信号的干扰，包括眼动、心电、肌电等信号的干扰；外部干扰由信号采集设备产生，如工频干扰、白噪声干扰等。

2. 多维度

信号数据通常具有多个维度，如时间维度、空间维度、特征维度等，这意味着数据并不只包含单一的数值或参数，而是包括多个特征或属性，以便更全面地描述监测对象或环境的状态。以脑电数据为例，其按照时间进行采样，且通常需要在受试者的头皮表面或脑深处放置或植入电极,这些电极涉及多个空间位置坐标。因此,脑电数据具有很强的时空属性,在分析过程中需要考虑时空关联,挖掘时间维度与空间维度之间的依赖性。

3. 数据量大、无标注

传感器通常以高频率生成数据,因此数据量大。这些数据可以在短时间内积累成大规模的数据集,需要进行有效的存储和处理。与之相对应,数据集中的样本或数据点往往是没有附带人工标注信息的。一方面是因为数据量过大,人工标注过于耗时;另一方面是因为理解信号数据通常需要一定的领域知识作为支撑,如理解脑电数据需要知晓各种波形与模式,这进一步提高了标注工作的难度与成本。

4.2 信号数据知识表征

信号数据知识表征是指将信号数据中的信息、特征和模式以某种形式表示出来,以便计算机或人类能够更好地理解和利用这些数据。信号数据通常包含大量的原始样本点,经过知识表征后,可以更容易地用于数据分析、机器学习、决策支持等。

传统的信号数据知识表征方法主要关注波形、频谱等特征,通常基于手工设计的算法和特征提取方法,并对不同的任务进行适当的调整和组合。然而,这些传统的知识表征方法在处理复杂的场景和大规模数据时存在一些限制,无法捕捉到信号数据中的高级模式或事件信息。随着深度学习技术的兴起,基于深度神经网络的信号数据知识表征方法逐渐取代了传统方法,并取得了更好的性能。接下来首先介绍传统的信号数据知识表征方法,接着介绍基于深度神经网络的信号数据知识表征方法。

4.2.1 传统的信号数据知识表征方法

传统的信号数据知识表征方法涵盖多种技术,旨在将原始的信号数据转化为可解释和有用的信息,具体包括波形图、功率谱估计、短时傅里叶变换和小波变换等方法。这些方法在信号数据的知识获取过程中扮演着关键的角色。

1. 波形图

波形图是一种图形表示方法,用于呈现时间域信号或波形数据。波形图通常将时间(横轴)与信号的幅度(纵轴)关联,以显示信号在不同时间点上的振幅或数值。图 4-2 为一个脑电波形实例。

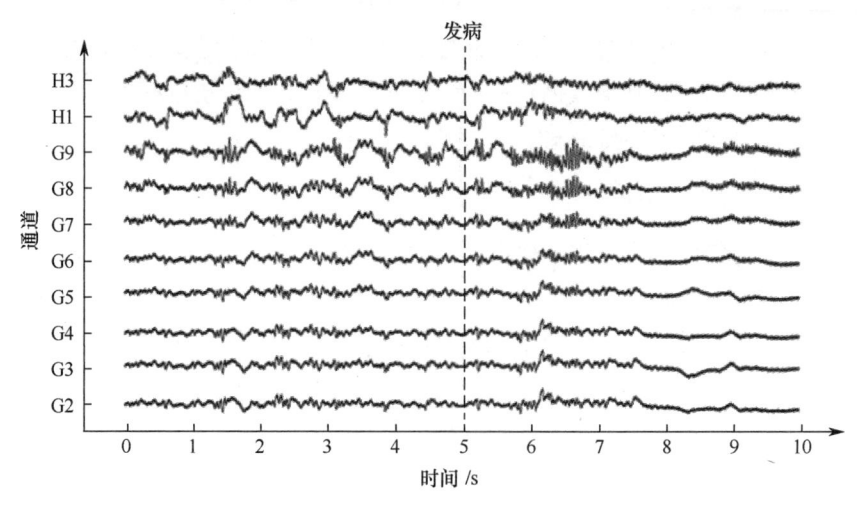

图 4-2　脑电波形实例

结合波形图可以进行时域特征分析，获取信号数据中的知识。例如，通过观察波形图，可以分析信号的特性，如振幅、频率、相位、持续时间、峰值、波形形状等，也可以进一步计算信号数据的统计信息，如平均值、中位数、方差、标准差、峰值、峰-峰值范围等。此外，通过观察波形图，还可以初步观察数据的趋势、周期性或季节性模式，发现数据中的规律、异常事件和重要事件，为进一步的数据分析和决策制定提供有用的见解。

2. 功率谱估计

功率谱描述了信号在不同频率上的功率或能量分布。它是信号的频域表示，通常称为功率谱密度（Power Spectral Density，PSD）。功率谱估计是一种信号处理技术，用于分析信号的频率特性，以确定信号中包含的频率成分及它们的强度，对于识别信号中的周期性模式、检测噪声等至关重要。

功率谱估计的一般步骤如下。

（1）窗函数选择。窗函数用于对信号进行分段处理，以减弱频谱泄露的影响。常见的窗函数包括汉明窗（Hamming Window）、汉宁窗（Hanning Window）、布莱克曼窗（Blackman Window）等。选择适当的窗函数是功率谱估计中的重要步骤。

（2）频谱估计。将信号分成多个时间窗口，并对每个窗口内的信号进行傅里叶变换或相关分析，产生每个窗口的频谱估计结果。

（3）功率谱计算。每个窗口的功率谱估计可以通过该窗口频率估计的模的平方得到。将每个窗口的功率谱估计结果取平均值，以获得信号的平均功率谱估计。通常，功率谱估计以功率谱密度的形式表示，描述了信号在不同频率上的功率分布。

（4）可视化与功率谱解释。通常，功率谱估计的结果会以图形的形式进行可视化，以便人们更直观地理解信号的频率特性。可以通过功率谱图对功率谱估计结果进行解释，识别主要频率成分、频率分布和特征。

根据功率谱估计的结果，可以进行信号分析、诊断、控制、预测或其他应用。不同的功率谱估计方法（如周期图法、Welch方法、自相关法等）的步骤可能有所不同，但总体流程大致相同。应根据信号的性质与分析的目的选择适当的功率谱估计方法和参数。

3．短时傅里叶变换

短时傅里叶变换（Short-Time Fourier Transform，STFT）是傅里叶变换的一个变种，用于分析信号的频率变化。STFT将信号分成多个时间窗口，并对每个窗口进行傅里叶变换，以获得信号在不同时间段内的频谱信息。STFT适用于分析信号的时变性质，如振动信号中的频率变化。

短时傅里叶变换的一般步骤如下。

（1）时间窗口分割。首先，选择一个固定长度的时间窗口（也称为帧），通常用汉明窗或其他窗口函数加权。然后，将这个时间窗口沿信号的时间轴滑动，覆盖整个信号。这个过程会产生一系列重叠的时间窗口，每个窗口包含信号的一小部分。

（2）傅里叶变换。对每个时间窗口内的信号进行傅里叶变换，将信号从时域转换到频域。每个时间窗口的傅里叶变换结果都表示了在该时间段内信号的频率分布。

（3）重叠和平滑。由于时间窗口通常是重叠的，可以通过将相邻时间窗口的频谱结果进行平滑或叠加消减边界效应。这有助于获得平滑的频谱估计。

（4）频谱结果分析。对于每个时间窗口，傅里叶变换的结果通常表示为复数形式的频谱，包括幅度和相位信息，从中可以分别提取幅度谱和相位谱以进行分析。

4．小波变换

小波变换（Wavelet Transform，WT）是一种信号处理技术，用于分析信号在时间和频率上的特性。与短时傅里叶变换不同，小波变换允许分析信号的局部特征，包括瞬时频率、时变性和信号的细节，在信号处理、模式识别和时间序列分析等领域具有重要的应用。

小波变换的一般步骤如下。

（1）基函数选择。小波变换使用一组被称为小波函数的特殊函数来分析信号。小波函数是波形的短时版本，具有有限长度。不同类型的小波函数（如 Daubechies 小波函数、Morlet 小波函数、Haar 小波函数等）可用于不同类型的信号分析。可以通过尺度参数和平移参数调整小波函数，从而允许分析信号的不同时间分辨率和频率分辨率。尺度参数决定了小波函数的宽度，平移参数决定了小波函数在信号中的位置。

（2）小波分解。将待分析的信号与选定的小波函数进行卷积，产生一系列小波系数，表示信号在不同尺度和不同位置的频率成分。小波分解将信号分解成不同尺度（频率）的频谱信息。较高的尺度对应低频成分，较低的尺度对应高频成分。

（3）小波重构。将小波系数反变换回原始信号空间，以重构近似的信号。重构的结果可能是原始信号的近似或压缩版本，具体取决于对小波系数的处理。

（4）结果分析。分析小波重构的信号，以了解信号的时频特性、检测事件、突发事件或特征，或者进行其他信号处理任务。

小波变换的灵活性使其成为分析非平稳信号和瞬时特征的有力工具。它还具有多尺度分析的能力，可用于提取信号的不同频率分量的时域和频域信息。不同的小波函数和尺度可用于不同的应用场景，以满足分析需求。

4.2.2 基于深度神经网络的信号数据知识表征方法

随着深度学习在序列数据上的成功应用，基于深度学习的信号数据处理研究逐渐兴起。相比传统的机器学习，深度学习可以自动提取特征，使研究者无须使用大量领域知识来手工设计特征。下面介绍几种常见的基于深度神经网络的信号数据知识表征方法。

1. 循环神经网络

循环神经网络（Recurrent Neural Network，RNN）是一种深度学习模型，专门用于处理序列数据或具有时间依赖性的数据。与传统的前馈神经网络不同，RNN 具有一种循环结构，可以通过保持内部状态保留序列信息，使其适用于时间序列分析和信号处理。

循环神经网络的一些关键特点和组成部分如下。

（1）循环结构。RNN 中包含循环连接，允许信息从一个时间步传递到下一个时间步。这使 RNN 能够处理可变长度的序列数据，如自然语言文本或时间序列。

（2）隐藏状态。RNN 在每个时间步都有一个隐藏状态，用于存储过去的信息，并将其传递到下一个时间步。隐藏状态是 RNN 学习的关键组成部分，它捕捉了序列中的时间依赖性。

（3）权重共享。RNN 在不同的时间步使用相同的权重参数，这种权重共享使 RNN 具有参数共享的特性，减少了模型的参数量。

（4）递归计算。RNN 的前向传播是逐个时间步进行的，从第一个时间步开始，依次计算隐藏状态并传递到下一个时间步，直到处理完整个序列。

基本的 RNN 受限于梯度爆炸和梯度消失问题，很难处理长期依赖关系，因此出现了一些变体，如 LSTM 和门控循环单元（Gated Recurrent Unit，GRU），引入门控机制可以改进信息的传递，控制梯度流动。

以 LSTM 为例，它包含一种被称为内部存储单元的结构，允许模型在不同时间步之间存储和访问信息。这个内部存储单元可以看作一个内存单元，它可以存储和读取信息，以帮助模型捕捉长期依赖关系。LSTM 引入了 3 个门控结构，以控制信息的流动和存储，分别是：输入门（Input Gate），决定将哪些新信息添加到内部存储单元中；遗忘门（Forget Gate），决定从内部存储单元中删除哪些信息；输出门（Output Gate），决定从内部存储单元中读取哪些信息以供输出。此外，与传统 RNN 不同，LSTM 有两个状态，即隐藏状态（Hidden State）和细胞状态（Cell State）。LSTM 的隐藏状态类似于 RNN 中的隐藏状态，而细胞状态用于存储信息。

除了标准的 LSTM，还有一些 LSTM 的变种和改进版本。例如，双向 LSTM 用于捕捉前向和后向的信息流；堆叠 LSTM 层用于提升模型的表示能力。这些变种扩展了 LSTM 的应用范围，并提供了更加强大的建模能力。LSTM 的结构特点使其适用于各种序列建模场景，在信号数据分析与预测任务中具有较好的性能。

2. Transformer

Transformer 是一种革命性的深度学习架构，最初用于自然语言处理任务，之后被扩展至其他领域。Transformer 于 2017 年被首次提出，主要特点是使用了自注意力机制来处理序列数据，取代了传统的 RNN 结构，使模型能够并行处理输入数据，从而大幅提高了训练速度。

Transformer 的主要特点和组成部分如下。

（1）编码器-解码器结构。Transformer 通常由编码器和解码器两个部分组成。编码器负责将输入序列编码为隐藏表示，解码器负责从编码的表示中生成输出序列。这种结构常用于序列到序列的任务，如机器翻译。

（2）位置编码。由于自注意力机制不考虑序列中元素的位置信息，

Transformer 引入了位置编码来为每个位置的输入添加位置信息，以保持序列中的顺序信息。

（3）多头自注意力机制。Transformer 的核心是自注意力机制，它允许模型在每个时间步都关注输入序列中的不同位置，从而捕捉不同位置之间的依赖关系。为了提高模型的表示能力，Transformer 使用多个自注意力头。每个头学习关注输入的不同方面，然后将这些头的输出进行组合，以生成最终的编码表示。

（4）残差连接。Transformer 使用了残差连接和层归一化（Layer Normalization）来帮助模型训练更深的网络，缓解了梯度消失问题。

Transformer 的出现大幅提升了序列数据处理的效能，后续在多源信号数据分析任务中涌现出了许多基于 Transformer 的变体，如 Autoformer，这些变体能够对电力数据、交通数据进行长期预测。

3. 自编码器

由于信号数据通常是大量的、无标注的，因此利用无监督学习模型或自监督学习模型学习输入数据的有效表示至关重要。自编码器（Autoencoder）的主要目标是将输入数据经过编码和解码尽可能地还原，同时通过限制编码的维度实现数据的压缩和特征学习。

自编码器具有许多变体，如变分自编码器、去噪自编码器、带掩码的自编码器等。其中带掩码的自编码器由 He 等于 2021 年首次提出，起初应用于图像领域，之后被扩展至其他模态数据领域，如视频、脑电信号等。

下面以文献[8]的研究为例，对基于自编码器的脑电信号知识表征进行介绍。其模型架构如图 4-3 所示。文献[8]针对现有情绪识别方法无法充分利用无标注和被损毁的脑电数据的问题，提出了一种具有多视角的自监督学习情绪识别方法。该方法利用重建掩蔽脑电通道的生成式自监督学习，挖掘大量无标注脑电数据，提高了基于脑电信号的情绪识别性能。

该方法的实施过程分为以下 3 个阶段。①在预训练阶段，利用基于 CNN-Transformer 混合结构的多视角掩码自编码器，通过随机掩蔽来自所有被试的无标注脑电数据的通道并重构被掩蔽的脑电通道数据，学习脑电数据的通用表征，得到特征提取器；②个性化校准阶段，使用来自特定被试的少量标注数据校准预训练后的特征提取器，得到情绪预测器；③个人测试阶段，利用校准后的情绪预测器从完整的或通道缺失的受损脑电数据中解码情绪，确定情绪分类结果。

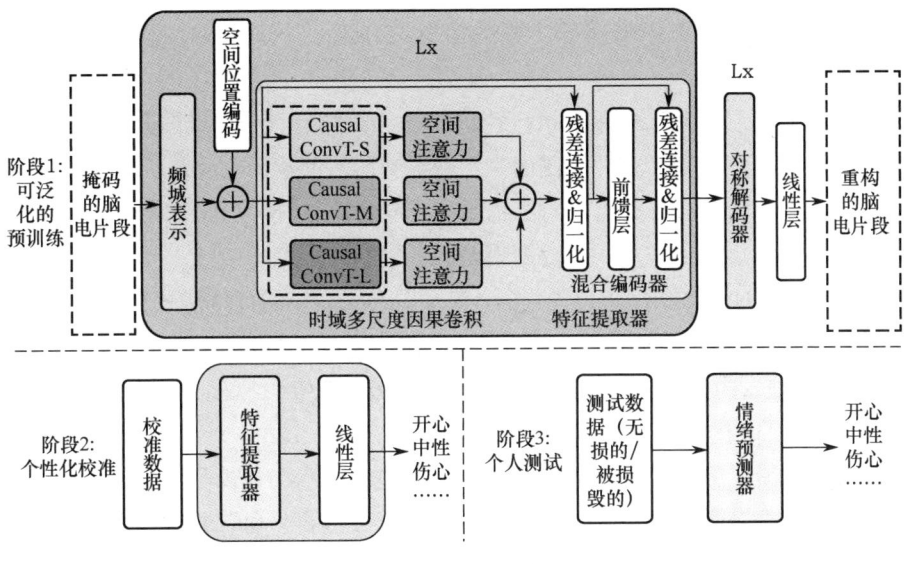

图 4-3　模型架构

4. 图神经网络

多个传感器分布在空间的不同位置，且并非彼此独立，而是具备一定的空间依赖关系。这种空间维度的信息与关联是信号数据知识获取过程中需要考虑的一个重要方面。一般来说，可以将多个传感器之间的关联建模为图，将每个传感器视为图中的一个节点，若两点之间存在边，则说明这两个传感器之间具有关联，边的权重大小代表了关联的强弱。基于这种抽象出来的数据结构，很容易使用图神经网络进行知识挖掘。

图神经网络（Graph Neural Network，GNN）是一种深度学习模型，专门用于完成基于图数据结构的机器学习任务。图数据通常由节点和边组成，节点表示实体，边表示节点之间的关系或连接。GNN 的目标是在图数据上学习有关节点和边的特征表示，以便完成各种任务，如节点分类、图分类、连接预测等。

GNN 的核心思想是通过在节点之间传递信息捕获图的结构信息。典型的 GNN 模型通常包括以下几个主要组件或步骤。

（1）节点表示。每个节点都有一个特征向量，表示该节点的属性。GNN 模型的第一步是为每个节点生成一个初始表示，通常将节点的特征向量作为模型输入。

（2）信息传递。这是 GNN 模型的核心步骤，用于在图上传递信息。在每一层中，每个节点都会聚合其邻居节点的信息，并更新自己的表示。这个过程可以迭代多次，以捕获不同范围的邻居信息。

（3）汇聚层。汇聚层将整个图的信息聚合到一个表示中，通常用于图分类任务。

（4）输出层。输出层用于执行特定的任务，如节点分类或图分类。输出层通常将最终的节点表示或整个图的表示映射到所需的输出空间。

（5）激活函数和正则化。与传统的神经网络模型一样，GNN 模型也可以引入激活函数和正则化技术，以提高模型的泛化能力。

不同的 GNN 模型存在一些差异，包括图卷积操作的具体形式、信息聚合策略及层数等。典型的 GNN 模型有图卷积网络（Graph Convolutional Network，GCN）、图注意力网络（Graph Attention Network，GAT）、图采样和聚合（Graph Sample and Aggregated，GraphSAGE）网络等。

总体来说，好的信号数据知识表征可以提供准确、鲁棒和语义丰富的特征表示，对完成各种基于信号数据的下游任务至关重要；可以帮助机器更好地理解和处理信号数据，提高任务的准确性、泛化能力和效率。

4.3 信号数据知识抽取任务

信号数据知识抽取任务涉及从信号数据中提取有用的信息和知识，包括信号分类、信号生成、长期预测和异常检测。信号分类是对信号数据进行归类，以便理解和利用；信号生成是通过处理和分析数据生成新的信号；长期预测是对数据进行分析和建模，以预测未来趋势和事件；异常检测是分析数据，发现异常情况，以进行风险控制和决策。这些任务在工业、医疗、音乐创作等多个领域具有广泛的应用。

4.3.1 信号分类

信号数据中存在一些研究者感兴趣的特定信号波形，这些波形对分类任务往往有重要价值。信号分类任务是一项在多个领域得到应用的通用任务，目的是利用标注好的训练数据确定某个时间序列属于预先定义的哪个类别。时间序列分类不同于常规分类，因为时序数据具有顺序属性。例如，在基于脑电数据的癫痫预警任务中，有效识别出癫痫发作前期的特征波（如尖波、棘波等），提前预警癫痫的发作，对于后续治疗有重要意义。下面具体介绍一项基于此任务的研究。

在临床实践中，癫痫波活动被认为是在大脑的不同区域之间传播的，但这种传播并不能被直接观察到，也不遵循任何已知的固定程序。实际上，癫痫发作并不一定会沿着大脑的解剖结构扩散，其传播路径可能会随着时间的推移发生巨大的变化。因此，如何捕捉并量化真实的癫痫发作网络是该研究面临的第一项挑战。由于数据采集的高频性与长达数十天的监测，通常会产生巨量的立体脑电数据，但其中通常只包含数十分钟的癫痫发作数据。因此，癫痫发作的低频性导致标签极度不平衡，这是该研究面临的第二项挑战。由于存在伪影、机械噪声、癫痫间期波的干扰等固有问题，如何克服这些问题是该研究面临的第三项挑战。

基于以上背景，文献[9]提出了一个数据驱动的癫痫波检测模型 BrainNet。为应对第一项挑战，该研究致力于找出潜在的癫痫发作网络，这个网络能够追踪癫痫波随时间扩散的过程。为此，BrainNet 采用结构学习算法和图神经网络相结合的方式，联合学习动态的扩散图并建模癫痫波的扩散模式。首先，学习得到一个以通道为节点的图结构，边的权重越大，表示两个通道之间越可能发生扩散。然后，由于癫痫波的持续时间有长有短，BrainNet 学习了两种类型的扩散过程。具体而言，跨时间段扩散自然地模拟了较长癫痫波在两个连续时间段之间的传播。同时，通过时间段内扩散捕获每个通道相同时间段内的快速信号扩散。图扩散模块按照跨时间段扩散、时间段内扩散的顺序交替执行两个扩散步骤。经过图扩散模块处理的表示直接输入判别器中参与癫痫波的预测。

为应对第二项挑战，BrainNet 采用了自监督学习方法。具体来说，该研究提出使用双向对比预测编码来预训练每个片段中每个通道的表示，以充分捕捉和利用正常脑电波的模式。与对比预测编码不同的是，双向对比预测编码通过令上下文特征中同时包含时间维度两个方向的语义信息，更有效地提升了模型的表示能力。因此，预训练模型借鉴了 Skip-gram 模型的思想预测两个方向的上下文。具体来说，使用预定义的多层卷积神经网络将原始立体脑电信号嵌入为局部特征。为了使模型具有提取双向信息的能力，采用带有专门设计的掩码矩阵的 Transformer 作为自回归模型，以获得全局上下文特征。

为应对第三项挑战，并使模型对噪声更加鲁棒，文献[9]提出了具有层次化框架的辅助学习任务，不仅在通道层面建模扩散过程，还在患者层面和脑区层面建模癫痫波的扩散，从而从更高的层面提供了一个更宏观的观察视角。具体来说，文献[9]首先采用最大池化操作聚合来自较低层次的表示以获得较高层次的表示，然后在高层次表示上通过图扩散模块获得各自的目标函数。

通过以上所有技术设计，模型最终具有捕获动态扩散过程与提高癫痫波检测任务准确性的能力。

4.3.2 信号生成

在信号数据中还存在一类特定任务——信号生成。这往往是由于某种信号采集困难，因此需要通过计算机算法创建符合真实数据分布的模拟信号或虚拟信号。例如，在脑电数据的两种模态中，头皮脑电数据具有易采集、无创、信噪比低等特点；而在立体脑电数据采集过程中，需要在患者颅骨上钻孔后插入电极，这样虽然具有较高的信噪比，但因为有创而导致其数据量稀少。因此，研究者们提出了一项任务——将头皮脑电信号转换为同步的颅内立体脑电信号。

针对该任务，文献[11]提出了一个两阶段解决方案。首先，确定若干个头皮脑电电极和若干个颅内立体脑电电极之间的映射关系。然后，设计合理的算法以建模头皮脑电与颅内立体脑电之间的复杂非线性关联。

具体来说，针对头皮脑电电极与颅内立体脑电电极之间映射关系的建立，首先使用两阶段匹配策略，同时考虑两种电极所记录的信号之间的相似性，以及两种电极之间的物理距离，确定最合适的一对一电极匹配关系，并要求所匹配的电极之间存在相关性，以保证生成任务的有效性。

然后，利用条件生成对抗网络完成从头皮脑电信号到颅内立体脑电信号的转换任务。为了更好地表征信号，使用幅度谱和瞬时频率谱作为信号的表征方式。为了保证生成的颅内信号保留与输入的头皮信号之间的关联性，文献[11]提出了谱相关注意力（Correlative Spectral Attention，CSA）模块。为了解决生成信号中的毛刺问题，文献[11]进一步提出了加权块预测（Weighted Patch Prediction，WPP）模块。

最后，文献[11]通过实验证明了生成的信号在时域和频域两个维度都对真实信号进行了大致还原。此外，文献[11]还为每位受试者进行了扰动实验，证明了模型能够捕捉到与癫痫发作相关的异常放电，学习到了医学相关的有意义特征。

4.3.3 长期预测

基于历史数据的长期预测是一项重要的信号数据知识抽取任务，在气象、交通、金融等领域具有重要应用。具体来说，给定一些过去的观测数据，期望模型能够对未来较长一段时间范围内的数据进行准确的预测，从而辅助进一步的决策。针对此类任务，目前有许多研究从改进 Transformer 模型的角度出发，致力于对多元时间序列长期依赖关系的建模与挖掘。

例如，文献[5]突破了将序列分解作为预处理的传统方法，提出了深度分解架构，能够从复杂的时间模式中分解出可预测性更强的组分。与此同时，基于随机过程理论，使用自相关机制代替逐点计算的注意力机制，实现了序列级连

接和 $O(L\log L)$ 复杂度，打破了信息利用瓶颈。

再如，文献[13]显式利用不同传感器之间的跨维度依赖关系，进一步提升了预测能力。具体来说，该文献首先通过一种叫作逐维度分段（Dimension-Segment-Wise，DSW）嵌入的方式，得到每一维度中每个分段的表示。然后使用两阶段注意力层，依次捕捉跨时间依赖关系和跨维度依赖关系。在跨时间阶段，直接对每个维度应用多头自注意力，捕捉同一维度时间片段之间的依赖关系，并将这一阶段的输出作为跨维度阶段的输入。在跨维度阶段，为了降低计算复杂度，设定少于维度个数的可学习向量作为路由器，首先将路由器作为多头自注意力中的查询向量（query），所有维度的向量作为键向量（key）和值向量（value），聚合来自所有维度的信息。然后使用所有维度的向量作为 query，聚合的信息作为 key 和 value，在各维度之间分配接收到的信息。通过这种方式构建所有维度之间的两两连接。

4.3.4 异常检测

异常检测也称为离群点检测或异常值检测，它是一项数据分析技术，用于识别与大多数数据不同的、不寻常或异常的观测值。基于信号数据的异常检测可以识别传感器产生的数据中的异常值或异常模式，对监测和维护设备、提高安全性和优化生产过程等具有重要意义。

下面以文献[14]提出的 GDN 模型为例，对这一任务进行介绍。GDN 模型框架如图 4-4 所示，分为 4 个步骤。首先使用一个高维向量来更好地表达每个传感器对应的观测数据。然后构建一个图结构来捕捉传感器之间的相关性，即计算某个传感器表示与其他传感器表示之间的余弦相似度，并选择相似度最大的 K 个传感器作为邻居，在两者之间构建一条边。接着利用与当前节点相关的邻居节点信息对其进行更好的向量表征，并基于更新后的图结构对未来序列进行预测。最后计算当前观测值与模型预测值之间的差距，若差距超过某一阈值，则认为该时刻该传感器的数据存在异常。

4.3.5 语音识别

语音识别是一项将语音信号转换为文本的任务，通常涉及将说话者的口头语言转换为相应的文本表示。语音识别在许多应用中发挥着关键作用，包括语音助手、语音搜索、语音转写、残障辅助、医疗文档录入等，是一项重要的人机交互技术。

Deep Speech 2 是一个端到端的语音识别系统，其框架如图 4-5 所示。Deep

图 4-4　GDN 模型框架

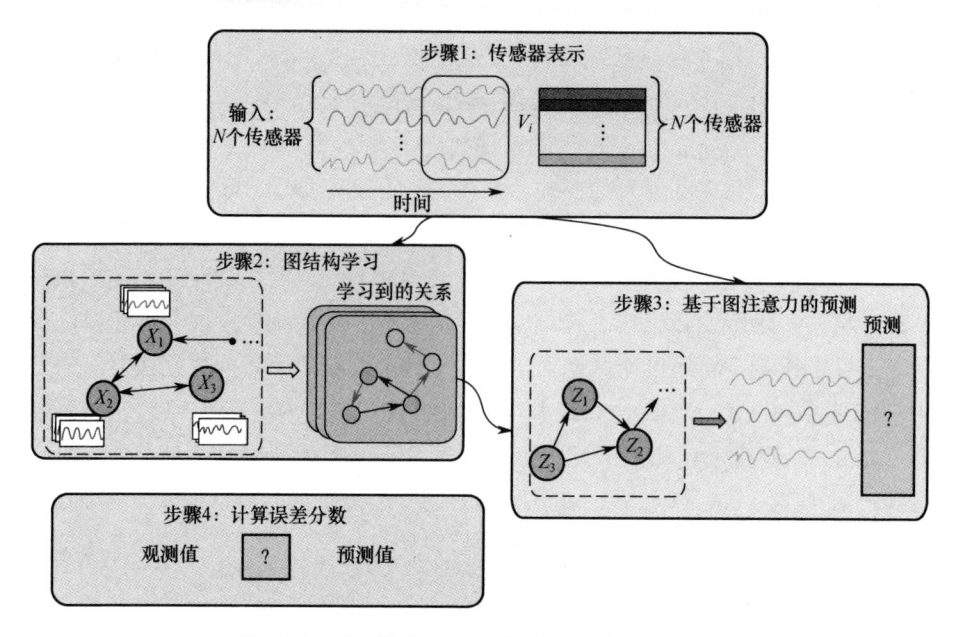

注：V_i 表示第 i 个传感器；Z_i 表示图中节点（传感器）聚合邻居信息后的表示；X_i 表示节点（传感器）的输入特征

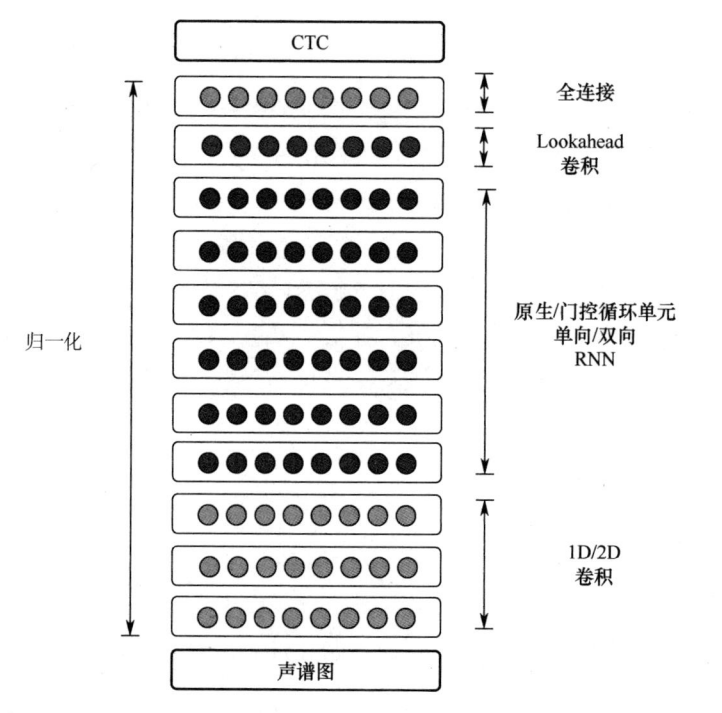

图 4-5　Deep Speech 2 系统框架

Speech 2 直接从原始音频数据中学习语音识别，而不依赖传统语音处理系统中手工设计的特征提取步骤。该系统使用 LSTM 网络对时序中的长期依赖关系进行建模，使用卷积神经网络在时间上局部地捕捉声音特征，同时采用基于连接时序分类（Connectionist Temporal Classification，CTC）的训练损失，允许模型直接学习从输入序列到输出序列的映射，而无须对齐标签和输入。此外，为了减轻过拟合现象，Deep Speech 2 引入了数据增强和正则化技术，通过随机变换和噪声注入生成更多的训练样本，从而提高了模型的鲁棒性。

4.4 常用数据集

收集和标注真实世界的信号数据，能够构建应用于各种实际场景的数据集。这些数据集提供了用于训练和开发面向信号数据知识获取算法的样本数据，使用具有丰富的标注和多样性的数据集，可以训练出准确性、鲁棒性、泛化性更高的模型。同时，这些数据集被广泛用于评估面向信号数据的知识获取算法的性能和效果，在统一的数据集上进行评估，可以客观地比较不同算法的性能，并确定哪种算法更适合特定的任务。

有许多数据集被广泛应用于算法研究和性能评估，以下简单介绍几个信号数据集。

4.4.1 UCI-HAR 数据集

UCI-HAR 数据集是一个被广泛用于人体活动识别研究的经典数据集，可用于机器学习模型和深度学习模型的训练与评估。该数据集由智能手机内置的加速度计传感器和陀螺仪传感器采集，目的是利用这些传感器数据自动识别和分类人体的 6 种不同活动。这 6 种不同的活动分别为站立（Standing）、坐下（Sitting）、躺下（Laying）、走路（Walking）、上楼梯（Walking upstairs）、下楼梯（Walking downstairs）。

4.4.2 SEED 数据集

SEED 数据集是由上海交通大学仿脑计算与机器智能研究中心公布的脑电信号情感分类数据集。该数据集选取了 15 个中国电影片段（其中包含积极情绪、中性情绪和消极情绪）作为刺激物，每个电影片段的时长约为 4min。实验中共有 15 名受试者（7 男 8 女），对每名受试者进行三次实验，每两次实验之间的间隔为一周。该数据集被广泛应用于基于头皮脑电的情绪分类任务性能评估。

4.4.3 ETT 数据集

ETT 数据集收集了 2016 年 7 月至 2018 年 7 月中国同一个省的两个不同地区的两个电力变压器数据，共包含 4 个子数据集：ETTm1、ETTm2、ETTh1 和 ETTh2。其中，ETTm1 数据集和 ETTm2 数据集中每个数据点每 15min 记录一次（用 m 标记），每个数据集包含 70080 个数据点；ETTh1 和 ETTh2 两个数据集每小时记录一次数据（用 h 标记）。每个数据点均包含 7 维特征，包括数据点的记录日期、预测值"油温"及 6 个不同类型的外部负载值。ETT 数据集作为多元时间序列预测任务的基础集合被广泛使用。

4.4.4 SWaT 数据集

SWaT 是由新加坡公用事业局协调的一个试验台。它是一个现实的现代信息物理系统的小规模版本。数据采集周期为 11 天，其中正常情况下 7 天，攻击场景下 4 天。该数据集被广泛用于评估面向信号数据的异常检测任务模型性能。

4.4.5 LibriSpeech 数据集

LibriSpeech 数据集是一个大规模的英语语音识别数据集，用于训练和评估端到端的语音识别系统。该数据集的语音数据是从公共领域的有声图书中提取的，这些图书由 LibriVox 志愿者录制，语音内容包括小说、诗歌、散文等不同类型的文学作品，有助于训练模型在各种语音特点和风格之间进行泛化。其中每条语音样本都有相应的文本标注，能够支持监督学习任务的评测。该数据集的时长约为 1000h，采样频率为 16Hz。

4.4.6 MTAD 数据集

MTAD 数据集是由全球 AIS 航迹数据经过栅格划分、自动中断和噪声添加处理构建的。该数据集包括训练集和测试集两大部分，共有航迹百万余条，其中训练集包含 5000 个场景样本，测试集包含 1000 个场景样本，每个场景样本均由几个至几百个航迹构成，涵盖多种运动模式、多种目标类型和长度不等的持续时间。

4.5 技术挑战与未来展望

随着物联网技术的快速发展，越来越多的信号数据被采集，如何有效获取信号数据中的知识，利用这些数据实现感兴趣的下游任务，是一个值得研究者们关注的问题。如 4.1 节所述，由于信号数据具有噪声大、维度多、数据量大且无标注等特点，如何在知识表征前对信号进行有效的去噪，保留其中与下游任务最相关的部分，如何利用时空维度与特征维度的信息，充分挖掘各种维度之间的关联，以及如何从大量的无标注数据中学习信号的内在模式，都是面向信号数据的知识获取面临的技术挑战。

大语言模型的出现与发展为应对上述挑战提供了可能的方案。目前已经有研究工作将大语言模型应用于通用时间序列分析任务和语音信号识别处理任务。此外，如何将信号模态与大型基础模型的不同模态对齐，运用高效的微调技术对大语言模型进行精细优化，使其更好地满足针对信号数据的下游任务，也是一个值得进一步考虑与探索的方向。

4.6 本章小结

本章首先概述了信号数据的定义和特点；其次介绍了传统的和基于深度神经网络的信号数据知识表征方法；再次详细介绍了信号数据知识抽取任务，包括信号分类、信号生成、长期预测和异常检测；最后介绍了一些常见的数据集，通过这些数据集可以快速使用和验证上述信号数据知识表征方法，从而更好地学习和利用信号数据的知识。

参考文献

[1] THOMSON D J. Spectrum estimation and harmonic analysis[J]. Proceedings of the IEEE,1982,70(9): 1055-1096.

[2] ALLEN J. Short term spectral analysis, synthesis, and modification by discrete Fourier transform[J]. IEEE Transactions on Acoustics, Speech, and Signal Processing,1977,25(3): 235-238.

[3] FARGE M. Wavelet transforms and their applications to turbulence[J]. Annual Review of Fluid Mechanics, 1992, 24(1): 395-458.

[4] HOCHREITER S, SCHMIDHUBER J. Long short-term memory[J]. Neural Computation, 1997, 9(8): 1735-1780.

[5] WU H, XU J, WANG J, et al. Autoformer: decomposition transformers with auto-correlation for long-term series forecasting[J]. Advances in Neural Information Processing Systems, 2021(34): 22419-22430.

[6] HE K, CHEN X, XIE S, et al. Masked autoencoders are scalable vision learners[C]// Proceedings of the IEEE/CVF Conference on Computer Vision and Pattern Recognition. Piscataway: IEEE, 2022: 16000-16009.

[7] FEICHTENHOFER C, LI Y, HE K. Masked autoencoders as spatiotemporal learners[J]. Advances in Neural Information Processing Systems, 2022(35): 35946-35958.

[8] LI R, WANG Y, ZHENG W L, et al. A multi-view spectral-spatial-temporal masked autoencoder for decoding emotions with self-supervised learning[C]//Proceedings of the 30th ACM International Conference on Multimedia. New York: ACM, 2022: 6-14.

[9] CHEN J, YANG Y, YU T, et al. BrainNet: epileptic wave detection from SEEG with hierarchical graph diffusion learning[C]//Proceedings of the 28th ACM SIGKDD Conference on Knowledge Discovery and Data Mining. New York: ACM, 2022: 2741-2751.

[10] HU M, CHEN J, JIANG S, et al. EISGAN: EEG-to-SEEG translation with generative adversarial networks[J]. Front in Neuroscience, 2022(16):971829.

[11] DENG A, HOOI B. Graph neural network-based anomaly detection in multivariate time series[C]//Proceedings of the AAAI Conference on Artificial Intelligence. Menlo Park: AAAI, 2021: 4027-4035.

[12] AMODEI D, ANANTHANARAYANAN S, ANUBHAI R, et al. Deep Speech 2: end-to-end speech recognition in English and Mandarin[C]//The International Conference on Machine Learning. New York: PMLR, 2016:173-182.

[13] ZHOU H, ZHANG S, PENG J, et al. Informer: beyond efficient transformer for long sequence time-series forecasting[C]//Proceedings of the AAAI conference on Artificial intelligence. Menlo Park: AAAI, 2021:11106-11115.

[14] MATHUR A P, TIPPENHAUER N. SWaT: a water treatment testbed for research and training on ICS security[C]//International Workshop on Cyber-physical Systems for Smart Water Networks (CySWater). Piscataway: IEEE, 2016: 31-36.

[15]崔亚奇，徐平亮，龚诚，等. 基于全球 AIS 的多源航迹关联数据集[J]. 电子与信息学报，2023, 45(2): 746-756.

第 5 章
视频数据的知识获取

在计算机视觉领域，视频数据的知识获取旨在提取和表示视频中的关键特征、结构与语义信息，以便计算机进行视频分析和理解。一个高质量的视频数据知识表征在计算机视觉任务中扮演着关键的角色，它可以从视频中提取关键特征和模式，这些特征能够表示视频的重要信息，如动作、对象、场景及时间序列中的语义内容等。通过准确的知识提取，计算机可以更敏锐地识别视频内容，从而在后续的视频处理任务中更好地区分和理解不同的动作、事件与情境。本章首先介绍视频知识的含义，然后介绍视频内容知识抽取任务，包括基础视觉理解任务和高层视觉语义抽取任务，最后介绍常用的数据集及其应用。

5.1 视频知识的含义

随着计算机计算能力的不断提升和深度学习技术的日益成熟，计算机视觉研究逐渐从图像识别和理解扩展到更接近人类感知世界的视频数据知识获取。视频数据是按时间排序的图像帧，具有明显的时空关联性，其在现代社会中扮演着重要的信息传递角色，并在生活中得到了广泛的应用，如视频监控、娱乐视频、在线教育视频等，成为互联网数据的重要载体。

面对海量的视频信息，鉴于其内容的丰富性和冗余性，需要借助计算机视觉和人工智能技术进行自动化分析，对视频内容进行高效且准确的理解，以支持视频剪辑、匹配和搜索等应用。本章以"视频数据的知识获取"为主题，探讨如何从视频数据中提取有用的信息和知识。

视频知识获取主要分为两个方面：基础视觉理解和高层语义分析。基础视觉理解包括动作分类和动作检测，主要是对视频中的行为和动作进行识别与分类，并对动作发生的时间和空间位置进行定位与跟踪。高层语义分析则包括人物关系识别、片段检索、长视频的分割与摘要、事件高亮片段检测等任务，主要是对视频中的人物关系、场景、动作及关键事件进行分析和理解。

5.2 视频内容知识抽取任务

视频内容知识抽取是计算机视觉领域的核心任务，主要目的是从视频中获取有关内容信息，使计算机能够理解和处理视频数据。其中，基础视觉理解是关键，它包括两个主要层次：时序动作分类和时序动作检测。

时序动作分类关注识别和分类视频中的不同动作或行为，将视频划分为不同的动作类别，如体育比赛中的投篮、传球等。这需要对视频中的动作序列进行建模和分类，与预定义的动作类别关联起来。该任务在视频内容理解中被广泛应用，如视频推荐、体育分析等。

时序动作检测不仅要识别动作类别，还要准确定位和跟踪动作在视频中的时间与空间位置。这通常需要结合目标检测和跟踪技术，以在视频中准确地定位和描述动作。此任务在视频监控、人机交互和自动驾驶等领域具有重要意义。

5.2.1 时序动作分类

时序动作分类是将视频结构化为某一类别的信息，用事先确定好的类别来描述视频。例如，在以人物为中心的视频中，可以将视频按照人物的动作类别进行分类。有简单的动作，如步行、挥手或站立；也有较为复杂且包含多个步骤的活动，如准备沙拉、洗蔬菜或切西红柿等。

现有针对时序动作的分类方法包括基于常规 2D 的卷积方法、基于双流结构的方法、基于 3D 的卷积方法和基于 Transformer 模型的方法。

1. 基于常规 2D 的卷积方法

2012 年，AlexNet 网络在图像识别领域获得 2012 年 ImageNet 大规模视觉识别挑战赛冠军。此后，一系列基于 2D 的卷积神经网络（如 VGGNet、NiN、GoogleNet、ResNet 等）相继被提出，并取得了前所未有的成绩。能否将这种网络结构迁移到视频分类任务中，一时备受关注。DeepVideo 是最早尝试应用卷积神经网络进行视频分类的代表性工作。该工作探索了多种方法来融合时间维度的信息，发现在网络的不同阶段均融合时序信息能够取得较好的实验结果。为了进一步提高运行效率，该工作提出了多分辨率网络架构。其中一个分支采用整张图大分辨率输入网络,另一个分支采用图像中心区域小分辨率输入网络,两个分支在网络后期进行信息融合。

DeepVideo 的整体网络架构如图 5-1 所示,图中 fovea stream 分支的输入分辨率是 178×178×3,context stream 分支的输入分辨率是 89×89×3。为了使两个分支输出特征图的大小相同,去掉 context stream 分支的池化层,最终特征图大小为 7×7×256。将两个分支的输出特征图合并后,进入全连接层。具体网络细节是 C(96,11,3) – N – P – C(256,5,1) – N – P – C(384,3,1) – C(384,3,1) – C(256,3,1) – P – FC(4096) – FC(4096)。其中,$C(d,f,s)$ 是卷积层,通道数为 d,卷积核大小为 $f×s$;N 是正则化层;P 是最大池化层;FC 是全连接层。

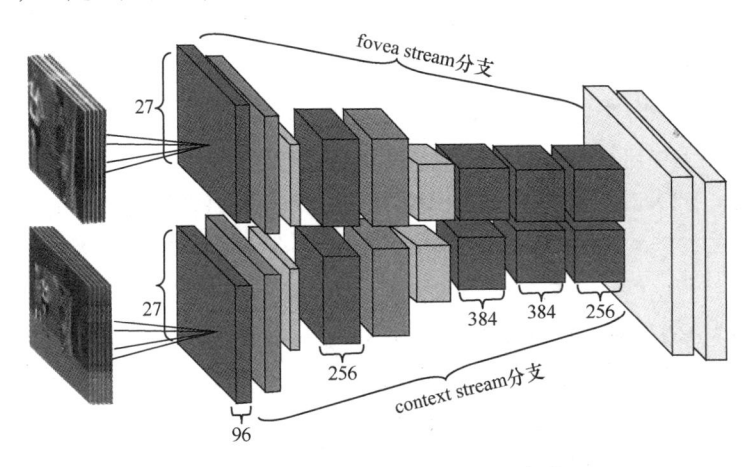

图 5-1 DeepVideo 的整体网络架构

2. 基于双流结构的方法

由于视频理解需要捕捉运动信息,因此寻找一种合适的方式来描述帧之间的时间关系有助于提高基于 CNN 的视频动作识别的性能。光流是一种有效的运动表示方法,可以为 RGB 图像提供运动信息。在关于双流网络的开创性论文中,第一条分支的输入为正常 RGB 图像,第二条分支输入视频光流信息以学习运动。这种方法虽然能够捕捉运动信息,但是有一定的局限性,即提取视频光流图耗时较长且需要一定的存储空间。

以时序分割网络(Temporal Segment Network,TSN)算法为例,对于一段视频 V,将其拆分成 K 个等长片段 $\{S_1,S_2,\cdots,S_K\}$,$(T_1,T_2,\cdots,T_K)$ 是从对应的片段中随机抽取的一小段,则可以建模

$$\text{TSN}(T_1,T_2,\cdots,T_K) = \mathcal{H}(\mathcal{G}(\mathcal{F}(T_1;W),\mathcal{F}(T_2;W),\cdots,\mathcal{F}(T_K;W))) \quad (5\text{-}1)$$

式中,$\mathcal{F}(T_k;W)$ 是对应网络学习到的特征,W 是网络的参数矩阵;$\mathcal{G}$ 是用于融合最终结果的函数;$\mathcal{H}$ 是 Softmax 函数。

3. 基于 3D 的卷积方法

3D 卷积在 2D 卷积的基础上,增加了一个时间维度卷积核,能够学习到帧间的动态关联关系。3D 网络提供了一种建模时间关系的方法,代表性工作包括 I3D、R3D、Non-local、SlowFast 等。这种方法也有一定的局限性:一方面,时间开销大,通常 16 帧或 32 帧无法建立长距离时间关系;另一方面,无法直接使用图像分类大规模数据集上预训练的模型,训练模型需要一定的周期。还有一些方法通过时间池化和 RNN 建模时间关系。

4. 基于 Transformer 模型的方法

从 2020 年开始,Vision Transformer 成为计算机视觉领域的主流骨干模型。Transformer 原本是面向自然语言处理任务的架构,其最早应用在谷歌提出的 ViT 模型中,在图像分类任务中取得了令人印象深刻的成果。VTN 和 TimeSformer 是两项聚焦于将自注意力迁移到视频领域的研究工作,两者的骨干网络和 ViT 模型类似。VTN 在预训练的 ViT 模型中添加了一个时间注意力编码器,大幅提高了模型的性能。TimeSformer 在空间和时间上分别形成自注意力,训练和推理速度优于卷积网络,在高分辨率和长视频流上其性能也表现优异。后续的代表性工作有 ViViT、VidTr、MViT、Video Swin Transformer 等。

在 ViT 的网络结构中,Transformer 编码器由多头自注意力(Multi-Head Attention,MSA)和多层感知机(Multi-Layer Perceptron,MLP)块的交替层组成。在每个块之前应用 LayerNorm(LN),在每个块之后应用残差连接。MLP 块中包含两个具有高斯误差线性单位(Gaussian Error Linear Unit,GELU)非线性的层。为了处理 2D 图像,将图像 $x \in \mathbf{R}^{H \times W \times C}$ 分块为 $x_p \in \mathbf{R}^{N \times (P^2 C)}$,块的大小为 (P,P)。E 是全连接层,E_{pos} 是位置编码,L 是层数。则有

$$\begin{cases} z_0 = [x_{\text{class}}; x_p^1 E; x_p^2 E; \cdots; x_p^N E] + E_{\text{pos}}, & E \in \mathbf{R}^{(P^2 C) \times D}, \ E_{\text{pos}} \in \mathbf{R}^{(N+1) \times D} \\ z'_\ell = \text{MSA}(\text{LN}(z_{\ell-1})) + z_{\ell-1}, & \ell = 1, 2, \cdots, L \\ z_\ell = \text{MLP}(\text{LN}(z'_\ell)) + z'_\ell, & \ell = 1, 2, \cdots, L \\ y = \text{LN}(z_L^0) \end{cases} \quad (5\text{-}2)$$

5.2.2 时序动作检测

视频分类任务关注整体,给出的是整个视频的内容描述,动作检测则关注特定的物体目标,要求同时获得目标的类别信息与位置信息。相比分类任务,检测任务给出的是对视频前景和背景的理解,我们需要从背景中分离出感兴趣的目标,预测动作的起始和终止时刻。相比视频分类,视频检测数据时长较长,更接近现实场景。很多视频检测方法来源于目标检测,预测目标的空间位置信

息外包围框和目标所属类别。

输入视频 $I = \{I_t \subset \mathbf{R}^{H \times W \times 3}\}_{t=1}^{T}$,其中 I_t 表示视频的帧,H 表示视频帧的高度,W 表示视频帧的宽度,T 表示视频的时序长度。视频特征 $F^{C \times T} = f(I)$ 是通过视频特征提取模块得到的,其中 C 表示每个视频片段特征的维度。很多时序动作检测算法来源于图像目标检测算法,不同之处在于前者需要对时间维度建模。

针对时序动作检测任务的主要方法可以分为 4 类:基于单阶段的时序动作检测方法、基于两阶段的时序动作检测方法、基于 anchor-free 的时序动作检测方法及基于 Transformer 的时序动作检测方法。

1. 基于单阶段的时序动作检测方法

受到单阶段目标检测算法单发多盒探测器(Single Shot Multibox Detector,SSD)和 YOLO 的启发,单发时间动作检测(Single Shot Temporal Action Detection,SSAD)和基于概念的时间卷积网络(Concept-based Temporal Convolutional Network,C-TCN)等时序动作检测方法被提出。此类方法首先对视频帧提取时空特征,然后进行提议(proposal)提取。在模型中使用金字塔结构,低层特征感受野小,用来检测时长较短的视频片段;高层特征感受野大,用来捕捉时长较长的视频片段。单元特征图的多个锚点(anchor)片段被用来评估视频中是否包含动作。因为高层特征丢失了部分细节信息,所以该类方法对小目标的定位性能一般,但该类方法可以同时进行定位和分类,运行速度较快。

2. 基于两阶段的时序动作检测方法

得益于目标检测算法 Faster R-CNN 中提出的 2D 感兴趣区域(Region of Interest,ROI)池化方法,区域卷积三维网络(Region Convolutional 3D Network,R-C3D)模型和自适应图卷积神经网络(Adaptive Graph Convolutional Neural Network,AGCN)模型进一步拓展到 3D ROI 池化层,能够从多尺度动作片段中学习到维度一致的特征。AGCN 使用内–外图注意力机制,分别学习内部工作提议远程依赖和不同动作提议的依赖关系。这类方法对于同一感受野使用不同尺度的锚点片段,可能会造成锚点片段和感受野不匹配的问题。为了缓解这个问题,TALNet 使用多塔卷积结构,对每个锚点片段使用特定的网络推理,以更好地利用动作的时间上下文进行提议生成和动作分类,并明确考虑多流特征融合,从而提高时序动作检测精度。

3. 基于 anchor-free 的时序动作检测方法

基于 anchor-free 的时序动作检测方法采用自底向上的策略,通常基于帧级别的边界概率或动作置信度分数来寻找可能的时序边界,以产生大量可靠的时序提案。此类方法没有预先在时间维度设定视频片段的长度，因此得到的动作提议片段较为准确。代表性方法 AFSD 使用基于显著性调优模块和新颖的边界池化为每个提议收集更有价值的边界特征。

4．基于 Transformer 的时序动作检测方法

基于 Transformer 的时序动作检测方法主要使用 Transformer 的长距离建模能力进行时序动作检测。相关方法有 AGT、RTD-Action、STAM 等，需要结合 3D 卷积抽取特征。近年来，基于 CLIP 多模态模型 ActionCLIP、CLIP4Clip，使用大规模的图-文匹配数据进行预训练，在视频理解任务上也取得了不错的性能。此类方法采用与 ViT 类似的网络结构。

视频动作分类和检测是视频知识获取的基础模块，是自动化处理海量视频数据的技术基础，为高层语义知识分析提供服务。

5.3 高层语义分析任务

高层语义分析是基础视觉理解的延伸，旨在深化对视频内容更深层次的语义理解，以便更准确地识别和描述视频中的对象、场景、人物、动作，从而实现知识获取（细粒度）的目标。通过基础视觉理解，可以得到视频的总体标签与其中细粒度物体目标的类别与位置信息。然而，这些信息通常缺乏语义上的区分度，如无法区别视频中出现的不同人物。因此，需要对基础视觉理解的结果进行高层语义分析，以增强信息在语义上的区分度。高层语义分析可以让人们更深入地了解视频内容，从而实现知识获取的目标。本节将详细介绍高层视觉语义抽取任务及典型方法，以帮助读者进一步理解和掌握面向视频数据的知识获取。

5.3.1 视频摘要生成与事件高亮片段检测

在日常生活中，监控视频等信息源通常以长视频的方式存在。然而，长视频通常包含冗余且连续的内容，如何从中分割出语义上完整且独立的视频片段是细粒度理解视频的关键。同时，在海量视频中存在大量低价值的信息，而提取视频中的高亮片段可以帮助人们更高效地获取重要信息。

1．视频摘要生成

具体来说，文献[4]引入了一个新的框架，用于自动生成视频人物摘要，并通过文本与视觉的模态融合提升摘要的质量。该任务可以定义为：给定包含多模态信息的原始视频和目标人物，从原始视频中自动抽取出包含目标人物的视频摘要。该框架主要由人物检测模块、人物重识别模块和关键帧聚合模块组成。

（1）人物检测模块。该模块的主要作用是无差别地检测出视频中出现的所有人物，逐帧预测人物出现的区域。可以将该模块看作对视频流数据进行的预处理。

（2）人物重识别模块。该模块的主要作用是在人物检测模块的基础上，判断每个候选人物出现的区域是否包含目标人物 q。具体来说，模型的输入为一对<目标查询 q，候选 g>，先对候选 g 包含的人物区域及附近的文本信息进行特征抽取，得到候选 g 的多模态特征，计算候选 g 与目标查询 q 之间的相似度。模型的输出为一个二元数组，判断目标人物和候选人物是否属于同一个人物，[1, 0]代表是，[0, 1]代表否。

（3）关键帧聚合模块。该模块的主要作用是根据人物重识别模块判断存在目标人物的关键帧，通过基于时序关联性的启发式方法，将零散的关键帧聚合为流畅的视频片段，最后形成面向目标人物的视频摘要。

2. 事件高亮片段检测

高亮片段是指视频中更能吸引用户注意力的片段，如电影和电视剧中情节高潮所在的片段，电影预告片或体育比赛的精彩集锦就可以视为对视频中高亮片段的剪辑。在海量在线视频中自动检测出高亮片段就是事件高亮片段检测。

如图 5-2 所示，模型首先从切分好的视频片段中提取图像帧与声音信号，作为模型的输入；然后分别从视觉模态和听觉模态中提取经过情感因素强化的多模态特征，并进行融合；再根据融合后的特征预测片段的重要性，作为其成为高亮片段的概率；最后根据预测结果选择出高亮片段。下面主要对多模态特征的提取与融合过程及高亮片段的预测方法进行介绍。

1）多模态特征的提取与融合过程

首先将不同的听觉特征进行模态内融合，然后将融合后的听觉特征与视觉特征进行跨模态融合，得到一个视频片段的整体特征。声音模态的主要作用是传递特定的情感内容，如表达人物的情绪、渲染气氛以配合特定情节等。提取声音中的情感特征可以帮助识别高亮片段。例如，当电影进行到故事高潮时，背景音乐传递的情感内容就会发生变化，可以根据这种变化检测到高亮片段。

（1）提取过程。

① 使用预训练的 3D 卷积网络提取视觉特征 $F_v \in \mathbf{R}^{H \times W \times C}$。

② 从声音信号中提取一些低级描述符 $A_l \in \mathbf{R}^{f \times t}$。低级描述符可以用来对声音中蕴含的情感状态（如愤怒、积极、平和等状态）进行分类。

③ 声音信号在频率域上的一种表现形式，频谱图 $A_s \in \mathbf{R}^{f \times t}$。频谱图被广泛

用于声音信号的分析与处理。

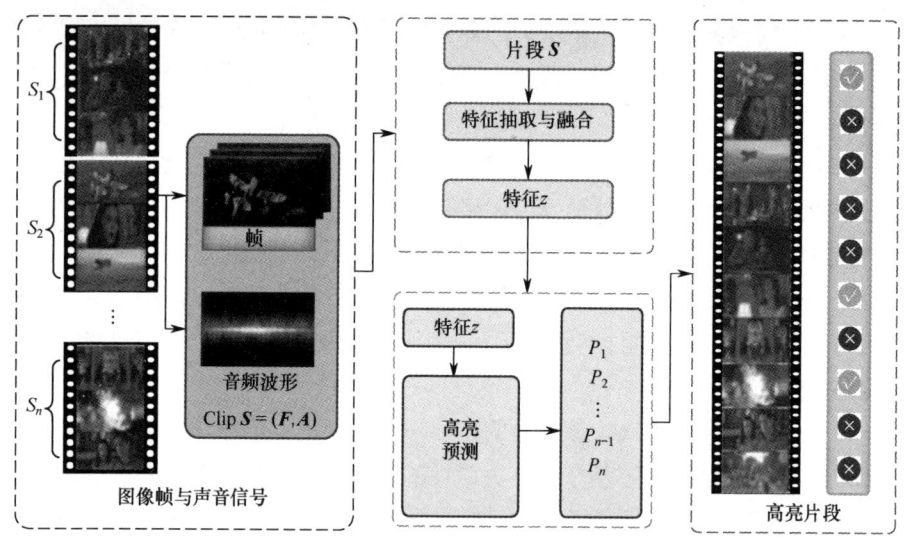

图 5-2 事件高亮片段检测流程

（2）融合过程。

使用协同注意力机制进行融合，得到融合特征 E，计算公式为

$$\begin{cases} L = A_s^T A_l \\ W_l = \text{softmax}(L) \\ W_s = \text{softmax}(L^T) \\ C_l = A_s W_l \\ C_s = [A_l; C_l] W_s \\ E = [A_s; C_s] \end{cases} \quad (5\text{-}3)$$

式中，L 代表亲和矩阵；$[a;b]$ 代表对 a 与 b 在垂直方向的拼接；W_s 与 W_l 均为注意力机制的权重矩阵；C_1 与 C_2 分别代表采用不同的注意力权重计算出来的粗粒度注意力上下文信息与音频特征对应的上下文信息。

在提取融合特征的基础上，加入情感因素以增强特征中听觉情感信息的作用。因此，使用一个在声音情感数据集上预训练的网络，从特征中提取声音情感特征 $F_{ae} \in \mathbf{R}^{H \times W \times C'}$。

$$\begin{cases} F_v \in \mathbf{R}^{H \times W \times C}, F_{ae} \in \mathbf{R}^{H \times W \times C'} \\ x = \text{vec}(F_v^T F_{ae}) \\ y = \text{sign}(x)\sqrt{|x|} \\ z = \dfrac{y}{|y|} \end{cases} \quad (5\text{-}4)$$

式中，x、y、z 为计算过程中的变量。

提取上述特征后，首先对不同的听觉特征进行进一步处理，仍然使用协同注意力机制进行融合；然后将融合后的听觉特征与视觉特征使用双线性池化机制进行融合，得到对输入片段的整体特征 z。

2）高亮片段的预测方法

模型将根据整体特征 z 判断预测输入片段是否为高亮片段。首先使用一种成对的预测方法，由于不同的视频内容可能差异较大，因此对于片段重要性的比较需要限制在一个视频内部。一个视频由若干高亮片段和普通片段组成，为了弥补这两种类型的输入数据之间的差异，要求对于任意一组高亮片段与普通片段的组合，模型的预测函数对前者的重要性评分都应该大于后者。

5.3.2 视频中的人物重识别与检索

视频中的人物重识别与检索是理解视频中目标人物的重要基础。人物重识别指利用计算机视觉技术判断视频序列中是否存在特定的人物。例如，在监控领域，由于监控摄像头清晰度的问题，很难通过捕捉清晰的人脸图进行身份认证，因此需要利用目标人物的全身特征进行辨别。同时，复杂视频中的人物检索是视频分析的重要任务，它要求从一段完整的视频中抽取出包含特定目标人物的全部出场片段，自动针对视频内容进行有效的信息抽取和理解，从而检索出目标人物，更好地帮助人们快速且准确地理解视频内容。

传统的人物检索方法往往基于视觉特征，很少利用视频中丰富的由图像与文本共同构成的高层次语义信息。事实上，视频中除了由视频帧构成的视觉特征，还包含大量不同类型的文本信息，如字幕和弹幕等。视觉特征与文本信息还可能共同揭示当前片段所蕴含的社交关系线索，从而在视觉特征质量较低时能够提供可靠的高层次语义支撑。

文献[6]提出了一种基于社交关系感知的多模态人物检索方法。具体来说，该方法采用图建模的方式，以待检索人物为节点，为当前视频场景生成完全图。与此同时，将人物之间的关系图谱先验融入建模图中，作为计算邻接矩阵各边权重的指引。最终根据关系图谱指引的邻接矩阵聚合各节点的特征，分类得到人物的身份信息。模型框架主要包括人物特征提取、场景分割、图建模及关系感知的特征集合等步骤。

（1）人物特征提取。为了对不同种类的特征及各特征抽取模型之间的效果进行探索，文献[6]所提方法实践了身体特征与脸部特征及其对应不同抽取模型的组合。具体来说，对于身体特征的提取，探索了以跨层次语义对齐和多层次因子分解两种模型结构作为特征抽取器进行实验；对于脸部特征的提取，尝试了以 FaceNet 和 ArcFace 两种模型结构作为特征抽取器进行实验。经过各种特征提取，该方法得到了身体特征和脸部特征。

（2）场景分割。复杂视频中的场景极具变化性，使同一人物身份的不同出场有非常大的视觉差异。文献[6]所提方法根据不同的视觉风格将视频切分为一系列片段，每个片段代表一个场景。位于同一场景的视觉风格将保持相对稳定，较好地利用了复杂视频中的时序信息。与此同时，对场景进行分割能将位于不同场景的社交关系语义分割开来，提升了语义信息的纯度。该方法记录下场景分割后所得到的每个场景的起止时间戳 (t_i^s, t_i^e)，并基于场景分割的起止时间，将帧集合 V 按照对应的时间戳划分到不同的场景中。

（3）图建模。得到相应的场景划分后，以图的方式建模每个场景。图中的节点代表人物，包括查询人物与候选人物；节点的特征为人物的视觉特征。图中的边包括查询人物节点之间的边、候选人物节点之间的边，以及查询人物节点与候选人物节点之间的边。连接两个代表人物的节点的边象征着所连接的两个节点 n_i 与 n_j 之间的社交关系 r_{ij} 及其概率 p_{ij}。对于查询节点之间的社交关系，可以由关系图谱直接得到。而对于候选节点之间的社交关系，由于其身份未知，可以结合视觉特征 e_v 与文本特征 e_t，采用支持向量机分类得到其社交关系，即

$$(r_{ij}, p_{ij}) = \text{SVM}(e_v \| e_t) \tag{5-5}$$

式中，视觉特征 e_v 是身体特征 e_b 与脸部特征 e_f 的组合；文本特征 e_t 由当前场景时间窗口内的所有弹幕、字幕通过 TF-IDF 或 Word2Vec 方法得到。

（4）关系感知的特征集合。通过上一步得到的图中边所代表的社交关系，结合关系图谱 G_r 完成邻接矩阵权重的计算。在为任意一条边计算其在邻接矩阵中的权重时，遵循的主要思想是：如果两个节点的邻居节点集合及这两个节点与邻居节点集合构成的社交关系集合（边的种类）之间有较高的重合度，则连接它们的边的权重应该尽可能大。

5.3.3 视频中的人物关系识别

识别视频中的人物关系（如社交关系）是理解视频的重要基础之一，它既可以帮助观众更好地理解视频的内涵，也可以支持许多视频相关的应用，如视频标注、视频检索和视觉问答等。尤其是在监控场景下，识别人物之间的关系对事件异常检测等下游任务有着重要的意义。

文献[7]提出了一种基于多模态表征的视频人物社交关系识别方法，通过融合多个模态的信息，并通过多个信息整合步骤弥补各个模态的不足，得到准确且具有可解释性的视频表征。该方法的框架如图 5-3 所示，具体可归纳为以下 3 个模块。

第 5 章 视频数据的知识获取

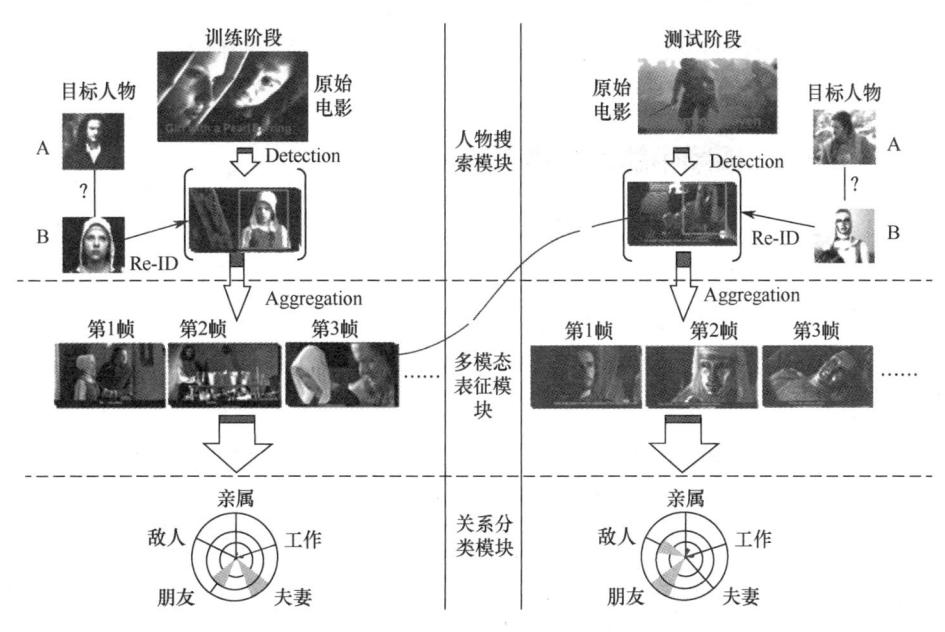

图 5-3 基于多模态表征的视频人物社交关系识别方法的框架

（1）人物搜索模块。对于一个目标人物对，首先利用人物检测和人物重识别技术搜索该目标人物对可能出现的所有视频帧。然后在每帧中只记录出现概率最高的感兴趣区域，如果没有检测到目标人物对，则概率为零。最后得到目标人物的潜在出场帧集合及其对应的人物出场概率。值得注意的是，考虑到多媒体视频往往以更复杂的形式呈现人物关系，如通过单方面行动或第三方陈述呈现人物关系，文献[7]并不限定人物必须共现，而是保留两个目标人物出现的所有潜在帧，这些潜在帧将被进一步处理并嵌入下一个模块。

（2）多模态表征模块。在表征环节，首先将潜在的视频帧聚合为视频短片段，以构成多模态嵌入模型的输入。具体来说，为了获得稳定的片段表征，文献[7]先通过滑动平均操作对目标人物的出场概率序列进行平滑处理。考虑到连续的视频片段可以提供比单帧更自然、更稳定的线索，从而有利于社交关系的推理，文献[7]基于一个全局阈值将这些潜在的视频帧聚合为片段，并进一步删除长度过短或分割过于冗长的片段，以提升数据的质量。随后，在多模态嵌入模块中，对于每个视频片段，首先将其送入一个多通道的特征提取网络中，分别提取出每个模态的特征，然后在一个协同的表征空间中对多通道的特征进行融合操作，并设计一个自注意力机制来进一步整合特征，最终得到视频片段的多模态表征。

（3）关系分类模块。将每个片段级视频表征送入社交关系分类模块。具体来说，利用两个全连接层通过一个 Softmax 层输出该片段在每类社交关系上的概率分布。所有视频片段的平均结果将作为最终的判断,即作为对两个目标人物之间社交关系的判断。

5.3.4 视频中的人物微表情分析

作为一种典型的心理应激微反应,微表情是一种自发的、不受个体意识控制的面部表情,其往往发生在有压力的或高风险的环境中,当个体尝试压制或隐藏其真实情感时出现。与常规表情(宏表情)不同,微表情只发生在人脸的局部区域,且运动强度极弱、持续时间极短(低于500ms),很难被察觉。微表情不可伪造,是人心理情感变化在面部的真实反映,所以视频中的人物微表情识别可用于非接触无感知的欺骗检测和情感分析,在司法审讯、抑郁症治疗、商业洽谈、国家安全等方面都有广泛的应用。

人物微表情分析主要面临以下几个挑战。①微表情运动强度微弱,持续时间短,包含情感的面部动作信息是极其稀疏和微弱的。②缺乏充足的微表情数据。微表情是一种自我压制的情感表达,不易诱发,采集和标注也很困难。③微表情数据存在严重的类别不均衡问题。个体情感表达的差异性及不同表情的易发性都存在很大的差异,这决定了数据在采集之初就很难做到类别均衡。④微表情数据通常需要借助高速相机进行采集,在利用高帧率进行数据采集时,不可避免地会产生大量的冗余帧,且高频设备在成像和拍摄过程中更容易产生噪声数据,这对提取和识别微弱的表情特征都是不利的。

文献[8]提出了一种基于孪生三维卷积神经网络和两阶段学习的微表情识别方法,其主要思想为:为了得到高层级的微表情时空特征,将模型学习微表情特征的过程分解为两个阶段,即先验学习阶段和目标学习阶段,如图5-4所示。同时,为了充分保留原始微表情的时空运动信息而又不引入冗余帧,提出了自适应构造方法生成微表情关键帧序列,对原始微表情视频进行描述,并利用对应的光流序列作为模型输入。此外,该方法还引入了Focal Loss来解决微表情类别不均衡导致的模型训练退化问题。

在先验学习阶段,根据样本标签的异同,将原始微表情数据划分成一个个"Same"和"Different"的样本对,并用它们来训练模型,完成区分"是不是"的二分类任务,从而让模型获得感知一般微表情特征的能力。在目标学习阶段,利用先验学习阶段获得的先验,即对应模型的特征提取层参数,进行目标模型参数的设定,利用原始的标签数据再次训练模型以获得提取高层级微表情特征的能力并完成目标分类。

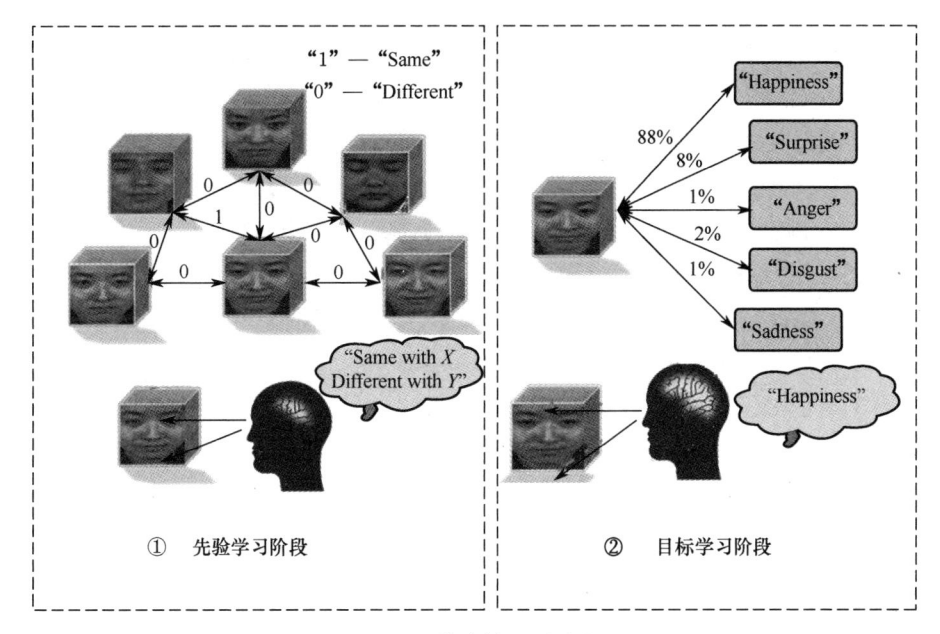

图 5-4 微表情识别流程

1. 先验学习阶段

此阶段的目的是训练一个三维卷积神经网络（SiamC3D）模型，获得提取微表情一般视觉特征的基本能力，并确保这种先验能很方便地迁移给目标学习阶段使用。SiamC3D 主要包括两个结构完全相同的子网络，两个子网络的参数是完全共享的，每个子网络均包括前端的特征提取层（SinC3D）和末端的推理层。其中，特征提取层包括多个三维卷积单元，每个三维卷积单元均包含依次设置的三维卷积层与最大池化层；推理层包括依次设置的 Flatten 层、全连接层、相似度度量层和分类输出层。

2. 目标学习阶段

此阶段的目的是在先验学习的基础上，继续训练模型提取的高层级微表情特征，并用于目标的微表情识别与分类。为了适应目标分类任务，此阶段增加了 Softmax 层。特别地，此阶段的训练数据为预处理后的原始数据集 D_{ori}。在每次学习过程中，对于输入的微表情样本，通过孪生三维卷积神经网络预测其属于第 k 类的概率。

5.3.5 视频中的片段检索

片段检索指在海量视频数据中找到所需的视频片段，根据给出的例子或特征描述，系统能够自动找到所需的视频片段点，实现基于内容的视频片段检索。

视频中的片段检索是细粒度理解视频的重要任务之一,可以让人们便捷且高效地从冗余的视频中找到所需的片段。

文献[2]提出了跨模态关系对齐的图卷积框架 CrossGraphAlign,通过分别构建文本关系图和视觉关系图建模查询文本与视频片段的语义关系,再通过跨模态关系对齐的图卷积网络评估文本关系图与视觉关系图的相似度,从而帮助人们构建更加精准的视频片段检索系统。

CrossGraphAlign 主要包含 3 个模块:文本关系图构建模块、视觉关系图构建模块和文本关系图–视觉关系图对齐模块。

(1)文本关系图构建模块。对于输入查询文本 L,文本关系图构建模块旨在将其解析为文本关系图 $G^L=(O^L,E^L)$。其中,$O^L=\{o_1^L,o_2^L,\cdots,o_n^L\}$ 表示文本中实体的特征集合;E^L 表示实体之间关系的特征集合,其可以表示为 $E^L \subseteq O^L \times R^L \times O^L$,其中 R^L 为实体之间的谓语动词。

(2)视觉关系图构建模块。完成文本关系图的构建后,仿照文本关系图进行视觉关系图构建。对于输入图像 V,视觉关系图构建模块旨在将其解析为视觉关系图 $G^V=(O^V,E^V)$。其中,$O^V=\{o_1^V,o_2^V,\cdots,o_n^V\}$ 表示视觉中实体的特征集合;E^V 表示视觉物体之间关系的特征集合,其可以表示为 $E^V \subseteq O^V \times R^V \times O^V$,其中 R^V 为视觉物体之间的谓语动词。在这里视觉关系特征并没有被显式地表达,但是它可以从数据中学习到合适的表达。

(3)文本关系图–视觉关系图对齐模块。构建文本关系图与视觉关系图后,将它们进行对齐,以利用文本关系图–视觉关系图来提升检索质量。首先改造朴素图卷积网络,定期对关系图进行信息更新。然后对文本关系图与视觉关系图进行特征表示,用于计算匹配度分数。具体而言,文献[2]提出了以关系为中心的更新和关系图特征嵌入。

① 以关系为中心的更新。对关系图进行信息更新可以使关系的特征表达更加丰富。对于节点 o_i,可以利用其邻接节点 $\{o_j | j \in \mathrm{adj}(i)\}$ 与邻接边 $\{e_{i,j} | j \in \mathrm{adj}(i)\}$ 的特征进行更新;对于边特征 $e_{i,j}$,可以利用其连接的首尾节点的特征进行更新。

② 关系图特征嵌入。完成信息更新后,分别更新文本关系图和视觉关系图的特征表达,并计算相应的嵌入向量。

将上述 3 个模块结合后可用于计算查询文本与视频片段的匹配程度。这些模块可以无缝衔接任何跨模态视频片段检索框架。借助 2D-Tan 时序视频处理方法,可以在每个查询文本与视频片段的计算中加入上述将 3 个模块相结合的方法。

5.4 常用数据集

本节将介绍视频动作分类、时序动作检测和视频检索三类数据集。这些数据集都是面向视频数据的知识获取而构建的，旨在帮助计算机从视频数据中提取有用的信息和知识。

5.4.1 视频动作分类数据集

对于视频动作分类任务，数据集通常通过以下过程构建。①定义一个视频动作列表，合并早期数据集的类别并增量添加新类别。②从视频源获取数据，如 YouTube 和电影，将视频标题、副标题匹配到动作列表中。③对于时序动作检测，需要标注出动作的开始位置和结束位置。④通过去重和过滤清理数据集。

常用的视频动作分类数据集如表 5-1 所示。

表 5-1　常用的视频动作分类数据集

数 据 集	发布年份	样本数/万个	平均时长	类别数/个
HMDB51	2011 年	0.7	约 5s	51
UCF101	2012 年	1.33	约 6s	101
Sports1M	2014 年	110	约 5.5min	487
ActivityNet	2015 年	2.8	[5,10]min	200
YouTube8M	2016 年	800	229.6s	3862
Charades	2016 年	0.98	30.1s	157
Kinetics400	2017 年	30.6	10s	400
Kinetics600	2018 年	48.2	10s	600
Kinetics700	2019 年	65	10s	700
Sth-Sth V1	2017 年	10.85	[2,6]s	174
Sth-Sth V2	2017 年	22.08	[2,6]s	174
AVA	2017 年	38.5	15min	80
AVA-kinetics	2020 年	62.4	15min,10s	80
MIT	2018 年	100	3s	339
HACS Clips	2019 年	155	2s	200
HVU	2020 年	57.2	10s	739
AViD	2020 年	45	[3,15]s	887

5.4.2 时序动作检测数据集

时序动作检测数据集和视频动作分类数据集有所重合，主要取决于数据集是否对目标进行检测框的标注及动作发生起止时间的记录。常用的时序动作检测数据集如表 5-2 所示。

表 5-2　常用的时序动作检测数据集

数　据　集	类别数/个	样本数/个	实例数/个	发　布　年　份
THUMOS2014	101	13320	3000	2014 年
ActivityNet	200	20000	7600	2015 年
MEXaction2	2	—	2000	2015 年
MUTITHUMOS	65	400	—	2017 年
Charades	157	10000	—	2016 年
AVA	80	430	—	2018 年

THUMOS2014 数据集包括行为识别和时序行为检测两个任务。它的训练集为 UCF10 数据集，包括 101 类动作，共计 13320 个分割好的视频片段。THUMOS2014 数据集的验证集和测试集分别包括 1010 个、1574 个未分割的视频。在时序行为检测任务中，只有 20 类动作的未分割视频是有时序行为片段标注的，包括 200 个验证集视频（包含 3007 个行为片段）和 213 个测试集视频（包含 3358 个行为片段）。这些经过标注的未分割视频可以用于训练和测试时序行为检测模型。

ActivityNet 数据集是目前最大的数据集，同样包括分类和检测两个任务。该数据集包含 200 个动作类别、20000 个（训练集+验证集+测试集）左右的视频，视频时长共计约 700h。

MEXaction2 数据集中包含两类动作：骑马和斗牛。该数据集由 3 部分组成：YouTube 视频、UCF101 数据集中的骑马视频和 INA 视频。其中，YouTube 视频和 UCF101 数据集中的骑马视频是分割好的短视频片段，可作为训练集；INA 视频为多段长的未分割视频，时长共计 77h，且被分为训练集、验证集和测试集 3 部分。训练集中有 1336 个行为片段，验证集中有 310 个行为片段，测试集中有 329 个行为片段。MEXaction2 数据集的特点是其中的未分割视频长度都非常长，被标注的行为片段仅占视频总时长很低的比例。

5.4.3　视频检索数据集

TACoS 数据集是在 MPII-Compositive 数据集的基础上建立起来的。它包含 127 个视频，每个视频都是关于烹饪任务的。每个视频都包含 2 种注释：起始时间和结束时间的动作标签、起始时间和结束时间的自然语言描述。该数据集包含 17344 个视频片段和对应的文本描述。

ActivityNet Captions 数据集由 19209 个视频组成，内容多样且开放。它最初是为视频字幕任务设计的,最近被应用到自然语言的视频片段定位任务中。

除了以上提及的常用数据集,每个任务都会有一些特定的数据集,如微表情生成任务会使用 CASME II 数据集,其他具体的应用可参考相关论文的实验部分。

5.5 技术挑战与未来展望

从整体趋势来看,面向视频数据的知识学习正逐渐从"所见即所得"的识别任务向更深层次的"画外之意"拓展。5.3 节初步探讨了如何从视频中挖掘人物关系和视频事件,从而获取更高层次的视觉语义信息。然而,相较于已经积累了长期研究成果与丰富语料数据的文本语义理解任务,视觉语义理解任务本就因工具和语料两方面的缺乏而存在瓶颈,视觉端信息"一图胜千言"的高语义密度更使这一任务困难重重。由此可见,如何从对动作、行为的识别拓展到对关系、事件的理解,进一步上升到对故事、情节的语义的深度理解,无疑将成为未来视觉知识学习领域需要解决的首要问题。而如何有效解读高密度视觉信息并摒弃无关噪声,也将成为这一知识获取过程中的核心技术挑战。

另外,大语言模型尤其是多模态大语言模型的发展,为面向视频数据的知识学习带来了新的技术路径。依托"见多识广"的特性,多模态大语言模型在视觉信息描述、视觉内容生成等方面取得了出色的成果,并在高层语义视频理解方面取得了一定的突破。不过,现有大语言模型在处理多模态信息时往往借助跨模态对齐并以文本为媒介进行学习。众所周知,图文模态不仅在语义密度上有较大的差异,其训练样本也会因为受到文字信息量的约束而丢失大量宝贵的视觉线索。目前已有关于如何直接面向视觉信号进行大模型训练的初步尝试,但其效果尚待进一步观察。显然,如何在充分发挥大语言模型优势的同时提升视觉阶段的学习能力,将是另一个值得进一步考虑与探索的方向。

5.6 本章小结

本章主要从基础视觉理解和高层语义分析两个方面阐述如何实现面向视频数据的知识获取。其中,基础视觉理解任务主要包括时序动作分类和时序动作检测,可以从视频数据中提取出基础的视觉信息。高层语义分析任务在此基础之上对视频中的人物进行语义分析,包括视频摘要生成与事件高亮片段检测、人物重识别与检索、人物关系识别、人物微表情分析、片段检索,可以从视频数据中提取出更加抽象的语义知识。

面向视频数据的知识获取有着广泛的理论研究和产业落地价值。随着自动驾驶、元宇宙等技术的进一步成熟，这些技术必将为视频理解领域带来新一轮革命化的发展。对于自动驾驶技术，面向视频数据的知识获取可以辅助车辆进行环境感知和决策；对于元宇宙等技术，面向视频数据的知识获取可以帮助人们构建更加真实、丰富的虚拟世界。因此，面向视频数据的知识获取将成为未来人工智能领域的一个重要研究方向。

参考文献

[1] CHEN J, LIU D, XU T, et al. Is sampling heuristics necessary in training deep object detectors?[J]. IEEE Transactions on Image Processing, 2021(30): 8454-8467.

[2] CHEN J, DU H, WU Y F, et al. Cross-modal video moment retrieval based on visual-textual relationship alignment[J].Scientia Sinica Informationis, 2020, 50(6): 862-876.

[3] XIA H F, ZHAN Y Z. A survey on temporal action localization[J]. IEEE Access, 2020(8): 70477-70487.

[4] ZHOU P L, XU T, YIN Z Z, et al. Character-oriented video summarization with visual and textual cues[J]. IEEE Transactions on Multimedia, 2020, 22(10): 2684-2697.

[5] HU L K, HE W D, ZHANG L, et al. Detecting highlighted video clips via emotion-enhanced audio-visual cues[C]//Proceedings of IEEE International Conference on Multimedia and Expo 2021 (ICME21). Shenzhen: ICME, 2021: 1-6.

[6] LI D, XU T, ZHOU P, et al. Social context-aware person search in videos via multi-modal cues[J]. ACM Transactions on Information Systems (TOIS), 2021, 40(3): 1-25.

[7] XU T, ZHOU P, HU L, et al. Socializing the videos: a multimodal approach for social relation recognition[J]. ACM Transactions on Multimedia Computing, Communications, and Applications (TOMM), 2021, 17(1): 1-23.

[8] ZHAO S R, TAO H Q, ZHANG Y S, et al. A Two-stage 3D CNN based learning method for spontaneous micro-expression recognition[J]. Neurocomputing, 2021(448): 276-289.

[9] SIGURDSSON G A, VAROL G, WANG X, et al. Hollywood in homes: crowdsourcing data collection for activity understanding[C]//Computer Vision-ECCV 2016: 14th European Conference, Amsterdam, The Netherlands, October 11-14, 2016, Proceedings, Part Ⅰ 14. Berlin: Springer, 2016: 510-526.

[10] WANG X, MA X, GRIMSON W E L. Unsupervised activity perception in crowded and complicated scenes using hierarchical bayesian models[J]. IEEE Transactions on Pattern Analysis and Machine Intelligence, 2008, 31(3): 539-555.

[11] DIBA A, FAYYAZ M, SHARMA V, et al. Large scale holistic video understanding [C]//Computer Vision-ECCV 2020: 16th European Conference, Glasgow, UK, August 23-28, 2020, Proceedings, Part V 16. Berlin: Springer, 2020: 593-610.

[12] PIERGIOVANNI A J, RYOO M. Avid dataset: anonymized videos from diverse countries[J]. Advances in Neural Information Processing Systems, 2020(33): 16711-16721.

[13] IDREES H, ZAMIR A R, JIANG Y G, et al. The thumos challenge on action recognition for videos "in the wild"[J]. Computer Vision and Image Understanding, 2017(155): 1-23.

[14] YEUNG S, RUSSAKOVSKY O, JIN N, et al. Every moment counts: dense detailed labeling of actions in complex videos[J]. International Journal of Computer Vision, 2018(126): 375-389.

[15] ROHRBACH A, ROHRBACH M, QIU W, et al. Coherent multi-sentence video description with variable level of detail[C]//Pattern Recognition: 36th German Conference, GCPR 2014, Münster, Germany, September 2-5, 2014, Proceedings 36. Berlin: Springer, 2014: 184-195.

第 6 章
多模态数据的语义表示与检索

本章介绍多模态数据的语义表示与检索相关的知识。首先明确界定跨模态检索任务的核心概念，然后详细描述多模态数据的语义表示方法。在此基础上，深入阐述基于传统方法和基于深度学习的跨模态检索。最后讨论常用的数据集和评估指标，同时展望未来的发展方向与研究趋势。

6.1 跨模态检索任务的核心概念

包括文本、图像、声音和视频等在内的多模态数据近年来在网络上实现了爆发式增长，一个普遍的现象是人们会使用不同类型的数据来描述同一事物或主题。这些异构的数据就是多模态数据。在多模态数据的众多应用领域，如何让使用者精确地搜索到其想要的数据是一项具有挑战性的工作。传统的检索方法一般是基于关键词的检索，该方法往往通过查询关键词的匹配程度进行评估，并返回排序的结果。这些检索方法一般是在同一模态数据的内部进行的。但是，随着多媒体信息的增加，用户想获得的数据不应该被局限于单个模态的数据。例如，拍摄某一未知物体的照片，想找到对应的描述和解释，现有的检索方法很难实现这一目标。因此，如何构建并发展一个可以支持多模态数据的跨模态相似性检索模型框架是科研工作和现实应用都急需解决的问题。

目前很多科研工作者对跨模态检索任务给出了自己的理解和定义。简单来说，跨模态检索就是使用一种类型的数据作为查询项，检索另一种类型数据中的相关数据项。而类型一般等同于模态。在关于多模态机器学习的总结中，一般把数据分为 3 种主要模态：文字（verbal）信息、视觉（visual）信息和声音

（vocal）信息，一般简称 3V。其中，文字信息包括单个单词、以单词之间的依赖为主要内容的语法结构等；视觉信息分为几个主要类别，分别是手势或肢体姿势等身体语言、眼神的变换和接触，以及面部表情；声音信息则包括由声调和音质组成的声音韵律部分、由笑声和抱怨声等组成的特别的发声。一个直观的例子是：一个用户可以使用文本去检索相关的图像或视频。

跨模态检索框架如图 6-1 所示。为了后续的检索，首先需要学习多模态的语义向量化表示，也就是对多模态数据进行特征提取，这涉及跨模态检索的核心目标：如何构建不同模态数据之间的相似性，并使相关的实例数据具有相近的特征表示，不相关的实例数据具有不同的特征表示。这里的难点在于不同模态的数据往往处于不同的特征空间，具有不同的特征分布特性。例如，文本信息更注重上下文的关联，而图像信息往往通过对区域特征的描述承载语义信息。这种不同模态特征的异构性一般被称为"异构性差异"或"多媒体差异"，更通俗的说法是"语义鸿沟"。

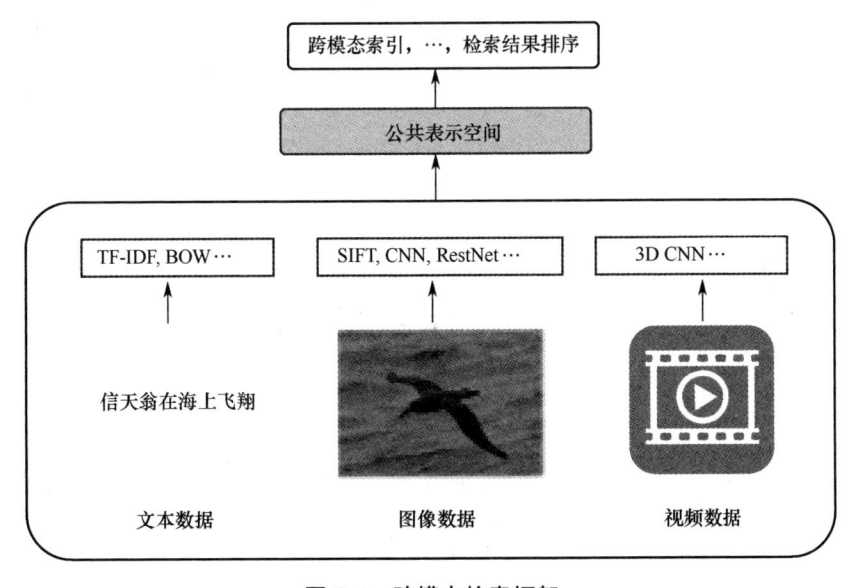

图 6-1 跨模态检索框架

跨模态检索方法的核心挑战为如何构建模态之间的语义相关性，并跨过模态特征空间中的这一鸿沟。现有的很多方法为解决这一问题提出了各自的方案，但是目前的主流方案都是针对不同模态的特征学习一个公共的特征空间，在这个公共的特征空间内衡量数据的相似性。也有一些方法尝试通过分析已知数据的关系直接计算跨模态的相似性，如基于图的方法和基于近邻分析的方法，但相关方案较主流方案少了很多。

通过以上分析，我们给出了一个跨模态检索任务的形式化定义。为了描述方便，我们以两个模态 X 和 Y 为例（可以扩展至多个模态）。设定数据库 D 中存在 n 对数据，每个数据对的形式为 $<x_i, y_i>$，$(1 \leqslant i \leqslant n)$，而 x_i 和 y_i 分别表示模态 X 和 Y 中第 i 个样本的特征表示。其中每个数据对 $<x_i, y_i>$ 所对应的标签为 $l_i = [l_{i1}, l_{i2}, \cdots, l_{iC}]$。当 $l_{iv} = 1(1 \leqslant v \leqslant C)$ 时，代表第 i 个数据对属于第 v 个类别；反之则不属于，其中 C 为类别的总数量。

跨模态检索任务旨在对模态 X 和 Y 通过 $f(x_i, \delta_x) \in \mathbf{R}^d$ 和 $f(x_i, \delta_y) \in \mathbf{R}^d$ 映射至公共特征空间，将不同模态的数据进行比较，并使相关实例数据在公共特征空间的相似性大于不相关实例数据在公共特征空间的相似性。这里 $f(\cdot)$ 代表映射函数，δ 代表参数。最终将某一模态的查询数据在公共子空间与另一模态的所有数据项计算相似度，并按照相似度的大小排序，得到最终相关联的检索结果。

6.2 多模态数据的语义表示方法

多模态数据的跨模态检索方案引起了广泛的关注，很多解决方案也被提出来尝试解决存在的问题。这些解决方案从很多角度进行了尝试。例如，有的基于传统统计分析，通过优化统计值学习公共子空间的投影矩阵；有的以神经网络的强大特征抽象能力为基础的基于深度学习的方案；有的根据监督信息的有无将机器学习划分为有监督学习、无监督学习、半监督学习、自监督学习。通常来说模型使用的信息越多，其效果越好。因为监督方法会使用标签信息来建立一个学习的约束和监督条件，从而使学习过程中不同类的实例学习的表达距离更远，同类的实例学习的表达距离更近，但是大量手工标注带来的成本问题不容忽视。一些方法通过排序的列表学习公共的表达，并将跨模态检索问题转化为学习排序的问题等。综合考虑上述各种解决方案，为了清晰地介绍相关工作，下文将现有多模态数据的语义表示方法按照语义表示的不同划分为实值表示学习和二值表示学习。本节将分别介绍实值表示学习和二值表示学习的特点与不同之处。

6.2.1 实值表示学习

对于具有相同或相近语义表示的不同模态的数据，我们希望模型能让它们共享一个接近的公共表示空间。而实值表示学习希望能够学习一个实值的公共表示空间，并在该空间内评估数据之间的相似度，如图 6-2 所示。

图 6-2　跨模态实值表示学习方法

6.2.2　二值表示学习

多模态数据量的急速增长对跨模态检索的效率提出了更高的要求。但基于实值表示学习的跨模态检索大多基于暴力的线性检索，导致大规模数据的检索效率非常低。

基于此，人们设计了二值表示学习（又称跨模态哈希方法），用来加速检索过程，并且被广泛应用于各种检索的应用中。但是原有的单模态哈希方法大多只设计单个模态的数据类型，如图像检索。单模态哈希方法中的代表性方法包括谱哈希方法、自学哈希方法、迭代量化哈希方法等。这些单模态哈希方法仅适用于学习一个同构特征表示的数据的哈希映射函数，在异构复杂的多模态数据中构建数据的哈希映射函数面临很大的挑战。

跨模态哈希方法的目的是同时生成多个模态的哈希码，并且这些模态的哈希码依然存在于同一个公共汉明空间中。跨模态哈希方法要求经过哈希函数映射后的模态数据依然能够保留不同模态数据之间的相关性，只有这样才能实现跨模态相似性的搜索。这需要同时对多个模态的数据进行特征建模，捕捉其中的公共语义特征并保存在最终映射的哈希码中，如图 6-3 所示。

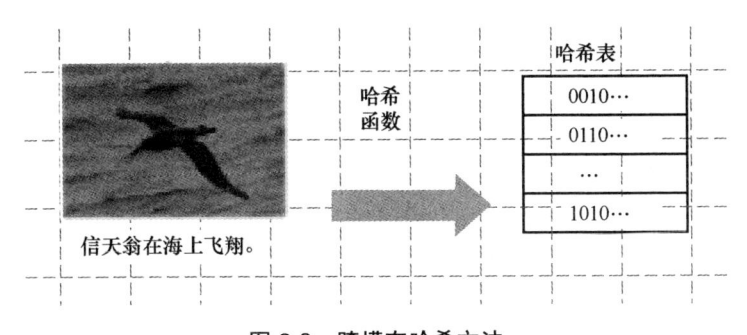

图 6-3　跨模态哈希方法

6.3 跨模态检索方法

6.3.1 基于传统方法的跨模态检索

在深度学习成为跨模态检索任务的主流方法之前，就有部分研究者研究了跨模态检索问题，并使用了一系列传统的方法。其中较为经典的方法大致可以分为两类：子空间学习方法和主题模型方法。这两类方法本质上都采用了传统统计分析的方法来学习空间的投影矩阵。本节将介绍这两类方法中的典型代表，帮助读者了解这两类方法的总体思想。对于部分方法，本节会介绍一些相应的变种方法来弥补原有方法的不足。

1. 子空间学习方法

完成跨模态检索任务最直观的方法就是将两个模态的数据放到同一个空间中，子空间学习方法由此诞生。子空间学习方法是跨模态检索方法中比较经典的一类，它将两个不同模态的数据映射到一个相同的空间，再通过比较这两个模态的数据之间的位置信息衡量它们的相似程度，并选择相似程度最高者作为检索结果。典型相关分析（Canonical Correlation Analysis，CCA）是子空间学习的重要方法，应用在跨模态检索任务中。该方法可以将两个不同空间中的数据分别通过一个映射获得相同的异构表示。例如，两个模态的原空间分别为 $\mathbf{R}^X$ 和 $\mathbf{R}^Y$，映射后的空间分别为 $\mathbf{U}^X$ 和 $\mathbf{U}^Y$，模型要完成的映射可表示为 $\mathbf{R}^X \to \mathbf{U}^X$ 和 $\mathbf{R}^Y \to \mathbf{U}^Y$。CCA 的核心思想是寻找合适的映射向量来最大化模态之间的相关性。例如，当映射为线性变换时，定义两个线性变换矩阵或向量 $w_x \in \mathbf{R}^X$，$w_y \in \mathbf{R}^Y$，通过以下公式最大化两个模态之间的相关性。

$$\max_{w_x \neq 0, w_y \neq 0} \frac{w_x^\mathrm{T} \boldsymbol{\Sigma}_{XY} w_y}{\sqrt{w_x^\mathrm{T} \boldsymbol{\Sigma}_{XX} w_x} \sqrt{w_y^\mathrm{T} \boldsymbol{\Sigma}_{YY} w_y}} \tag{6-1}$$

式中，$\boldsymbol{\Sigma}_{XX}$ 和 $\boldsymbol{\Sigma}_{YY}$ 是经验协方差矩阵，$\boldsymbol{\Sigma}_{XY}$ 是两个模态之间的交叉协方差矩阵。在通过该最优化问题获得 w_x 和 w_y 后，计算两个模态的数据 X 和 Y 之间的相似程度时，首先分别计算 X 和 Y 在 w_x 与 w_y 上的投影，即两个数据映射到同一空间的表示，分别记作 p_x 和 p_y。然后通过距离函数计算 p_x 和 p_y 之间的距离，距离越短，说明 X 和 Y 的含义越相似。在检索时，另一模态数据集中距离最近的数据为检索结果。

上述例子是 CCA 针对两个模态的线性方法，但在实际情况中，模态之间的关系往往是非线性的，因此要建立非线性映射。一种方法是使用核典型相关分析（Kernel Canonical Correlation Analysis，KCCA），其主要思想是，对于两个模态的数据，先使用一个非线性核函数将其映射到高维空间，然后使用和 CCA 一致的方法最大化模态之间的相关性。

偏最小二乘法（Partial Least Squares，PLS）和 CCA 一样，也是对不同模态的同一数据进行关联映射的方法，因此也被用于跨模态检索任务中。和 CCA 将两个模态的数据映射到一个公共空间不同，PLS 通过找到某一模态数据集合和另一模态数据集合的映射关系，将某一模态的数据映射到另一模态的空间。和 CCA 相比，PLS 对更高维度的样本具有更好的鉴别效果。模态之间的关系定义为

$$\begin{cases} X = TP^T + E \\ Y = UQ^T + F \end{cases} \quad (6\text{-}2)$$

式中，T、U 是通过将 X 和 Y 分别在方向 P、Q 上投影得到的潜在变量矩阵；E、F 分别是 X 和 Y 对应的残差矩阵（或误差项），它们表示 X 和 Y 中无法通过潜在变量矩阵 T、U 解释的部分。

在跨模态检索任务中，X 和 Y 分别表示两个模态的数据集合，PLS 的基本思想是找到一组方向 P 和 Q，使 X 和 Y 在该组方向上相关性最强。PLS 通过最大化两个不同模态的数据集合 X 和 Y 之间的协方差生成归一化的向量 p 和 q，如下所示。

$$\begin{cases} \max[\text{cov}(t, u)^2] = \max([\text{cov}(X_p, Y_q)^2]) \\ \text{s.t.} \|p\| = \|q\| = 1 \end{cases} \quad (6\text{-}3)$$

式中，t、u 分别是 T 和 U 中的向量；p、q 分别是 P 和 Q 中的向量。得到 T、U、P、Q 后拟合 $U = T\beta$，即可得到 X 和 Y 之间的关系，即 $Y = UQ^T = T\beta Q^T = XP\beta Q^T$，完成跨模态检索任务，其中 β 是回归系数。

2. 主题模型方法

子空间学习方法基于数据的底层特征对多模态数据之间的相关性进行最大化，但无法获取高层的语义信息。例如，RGB 图像可以通过 3 个矩阵的形式表示，该表示包含图像的底层特征信息，如图像的轮廓、边缘、颜色、纹理等，但是对于图像所表达的内容，或者说高层的语义信息（如这张图像代表什么动物），子空间学习方法无法进行判断。为了对高层语义进行更好的判断，并提升模型的可解释性，有研究者提出了主题模型方法。该类方法将底层特征空间映射到一个主题空间，即数据高层语义信息表示的空间。该类方法主要应用于一些特定的跨模态领域任务，如数据注释等。主题模型方法主要使用隐含狄利克雷分布（Latent Dirichlet Allocation，LDA）。LDA 起源于自然语言处理领域，是一种词袋模型，它认为文档中每个词都由一个或几个主题生成，对于一个由很

多词组成的文档，可以根据所出现的单词推测出某个主题的概率分布。例如，有 3 个主题，即"科学""体育""艺术"，对于一篇体育相关的文章，它的主题分布向量可以是{"科学": 0.1,"体育": 0.8,"艺术": 0.1}；LDA 也可以通过一个主题分布和其中的单词生成一篇文档，如通过分布{"科学": 0.1, "体育": 0.1, "艺术": 0.8}生成一篇艺术相关的文档。

LDA 中定义了两个狄利克雷分布，一个是文档到主题的分布，另一个是主题到单词的分布。其中，文档到主题的分布在上述例子中已经说明，主题到单词的分布和文档到主题的分布类似。例如，在"体育"主题中，单词分布向量可以是{"乒乓球":0.45, "篮球": 0.45, "化学": 0.1}。定义了两个分布后，根据这两个分布的参数 α 和 β，通过如下概率函数随机生成一篇文档。

$$P(W,Z,\theta,\varphi;\alpha,\beta) = \prod_{j=1}^{M} P(\theta_j;\alpha) \prod_{t=1}^{N} P(Z_{j,t};\theta_j) \prod_{i=1}^{K} P(\varphi_i;\beta) \prod_{j=1}^{M} P(W_{j,t};\varphi_{zj,t}) \quad (6\text{-}4)$$

式中，W 是语料库，代表文档集合中的词汇；Z 是主题的索引，表示文档中每个词的主题分配；θ 是文档的主题分布，定义了文档中每个主题的比例；φ 是主题的词分布，定义了每个主题下各个词的概率。将该概率函数分成 4 段来看。首先，$\prod_{j=1}^{M} P(\theta_j;\alpha)$ 表示根据参数为 α 的文档到主题的分布获取一篇文档。例如，获取的是体育相关的文档，主题分布是{"科学": 0.1, "体育": 0.8, "艺术": 0.1}，也就是式（6-4）中的每项 θ_j。然后，根据 $\prod_{t=1}^{N} P(Z_{j,t};\theta_j)$ 随机生成若干个主题。在上文的例子中，生成的"体育"主题会多于其他主题。接着，获取所生成单词的概率分布，根据 $\prod_{i=1}^{K} P(\varphi_i;\beta)$，也就是参数为 β 的主题到单词的分布，获取每个主题生成每个单词的概率。例如，"体育"主题的概率是{"乒乓球":0.45, "篮球": 0.45, "化学": 0.1}，"科学"主题的概率是{"乒乓球":0.1, "篮球": 0.1, "化学": 0.8}。最后，生成组成文档的单词，对于之前选出的每个主题，根据主题到单词的概率生成一个单词，最后将单词组成一篇文档，完成文档生成任务。LDA 的目的就是尝试获取一组 α 和 β，使生成的文档接近真实存在的文档。

在多模态检索任务中，总体思想为学习多模态数据之间的联合概率分布。其中谱相关 LDA 是一种应用于数据注释的主题模型，该模型假设每个图像的主题必然对应一个文本主题，通过各主题之间的关系寻找图像和注释之间的关系。谱相关 LDA 的具体计算步骤如下。

（1）抽取一个主题分布 $\theta \sim \text{Dir}(\theta|\alpha)$。

（2）对于每个图像区域 $r_n, n \in \{1,2,\cdots,N\}$：

① 抽取主题 $z_n \sim \text{Mult}(\theta)$。
② 抽取单词 $r_n \sim p(r|z_n, \mu, \sigma)$。
（3）对于每个文本单词 $w_m, m \in \{1, 2, \cdots, M\}$：
① 抽取主题 $y_m \sim \text{Unif}(1, 2, \cdots, M)$。
② 抽取单词 $w_m \sim p(w|y_m, z, \beta)$。

其中，θ 是主题分布；Dir 是狄利克雷分布；Mult 是多项分布；α 和 β 是狄利克雷参数；z 是潜在主题；p 是多元高斯分布；μ 和 σ 是多元高斯分布参数；Unif 是均匀分布。谱相关 LDA 的联合概率分布表示为

$$p(r, w, \theta, z, y) = p(\theta|\alpha) \left(\prod_{n=1}^{N} p(z_n|\theta) p(r_n|z_n, \mu, \sigma) \right) \left(\prod_{m=1}^{M} p(y_m|N) p(w_m|y_m, z, \beta) \right)$$

(6-5)

6.3.2 基于深度学习的跨模态检索

1. 基于粗粒度的深度学习的跨模态检索方法

基于粗粒度的特征提取一般指将整个实例作为一个整体来提取特征，并不会区分实例内部各区域之间的关系。而基于粗粒度的深度学习的跨模态检索面临的问题是图像、文本等多模态数据之间底层数据特征的异构性导致了语义鸿沟，从而对检索造成了一定的困难。此外，跨模态检索不仅要考虑检索精度，还要考虑检索效率，跨模态数据检索效率的提升目前依然是一个热门的研究领域。考虑到兼顾跨模态检索的检索精度和检索效率，目前较为流行的方法可以分为两类：基于实值表示的非哈希方法和基于二值表示的哈希方法。基于实值表示的非哈希方法通常具有更高的准确率，其重点关注跨模态数据的语义匹配问题。此类方法通过深度学习得到一个语义公共表示空间，在该公共表示空间中，不同模态的数据通过实值表示。基于二值表示的哈希方法将不同模态的数据映射到公共的汉明空间。这类方法将跨模态数据通过学习映射为二进制哈希码，在映射的过程中会导致一定程度的语义损失，但是由于生成的是二进制哈希码，所以可以很好地提升检索效率。

1）基于实值表示的非哈希方法

基于实值表示的非哈希方法通过对不同模态数据的学习并生成稠密的特征表示，可以有效缩小跨模态数据之间的语义鸿沟，从而提高检索精度。该类方法采用深度学习方法对不同模态数据的特征进行建模，并提取出深层次的语义特征，从而有效解决跨模态数据的特征异构性问题；同时强调跨模态数据模态之间的语义对应关系，通过缩小模态之间的语义鸿沟提高跨模态数据匹配的准确性，进而提高检索精度。

为了寻求共同的空间表示，Zhen 等提出了深度监督跨模态检索（Deep Supervised Cross-Modal Retrieval，DSCMR），其目的是消除跨模态数据之间的模态差异，同时保持不同类别数据的语义区分度。该方法寻找了一个共同的表示空间，在这个空间中，不同模态的样本可以直接进行比较。DSCMR 通过最小化样本在标签空间和公共表示空间的判别损失监督模型学习区别性特征；同时最小化模态不变性损失，并采用权重共享策略消除多媒体数据在公共表示空间中的跨模态差异，学习模态不变性特征。该学习策略使成对的标签信息和标签分类信息被尽可能充分地利用，从而有效地学习跨模态异构数据的公共表示，同时缩小不同模态之间的异构性差距。DSCMR 的目标函数由标签空间判别损失、公共空间判别损失和模态不变性损失共同构成。DSCMR 的整体架构如图 6-4 所示。

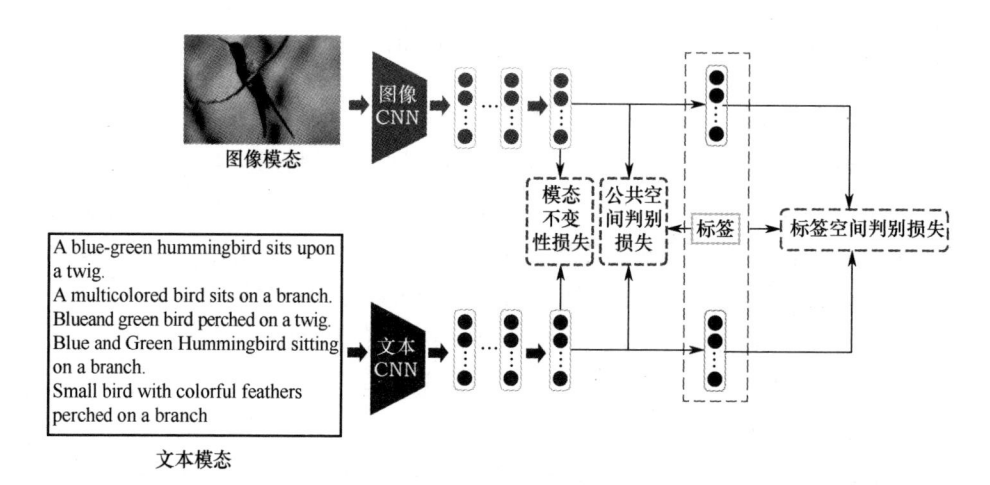

图 6-4　DSCMR 的整体架构

从图 6-4 中可以看到，DSCMR 包括两个子网络，即图像 CNN 和文本 CNN，分别适用于图像模态和文本模态，它们以端到端的方式进行训练。对于图像模态，深度神经网络的卷积层与 19 层的 VGGNet 相同，在 ImageNet 上进行预训练。首先在 FC7 层生成 4096 维特征向量作为图像的原始高层语义表示。然后由几个全连接层进行公共表示学习，得到每个图像的公共表示。对于文本模态的公共表示学习，则使用由谷歌新闻中的数十亿个单词进行预训练的 Word2Vec 模型。首先将每个文本都表示为一个矩阵特征向量。然后将文本矩阵特征输入与句子 CNN 结构相同的卷积层，生成文本的原始高级语义表示。以类似的方式在后面接入多个全连接层学习文本的公共表示。为了确保两个子网络可以学习图像模态和文本模态的公共表示空间，强制这两个子网络共享最后一层的权值。

这可以直观地为来自同一类别的图像样本和文本样本生成尽可能相似的表示。假设公共空间中的公共表示最适合分类，将参数矩阵 P 的线性分类器连接到这两个子网络中，利用标签信息学习鉴别特征，这样可以很好地学习跨模态的相关性，同时提取判别特征。

DSCMR 的目标是学习数据的语义结构，即学习一个公共空间，其中来自同一语义类别的样本应该是相似的，即使这些数据可能来自不同的模态；来自不同语义类别的样本应该是不同的。为了学习多媒体数据的鉴别特征，要尽量减少标签空间和公共表示空间的鉴别损失。同时，通过最小化每个图像–文本对的表示之间的距离，减少跨模态差异。在实验结果上，DSCMR 在所有 4 个数据集上都显著优于传统的对等方法和基于深度学习的方法。具体而言，DSCMR 在 Wikipedia、Pascal Sentence、NUS-WIDE-10k 和 XMediaNet 数据集上的平均精度均值（Mean Average Precision，mAP）得分分别比当时的 4 种次优方法高 0.018、0.038、0.020 和 0.050。

基于实值表示的非哈希方法的另一个典型方案是对抗性跨模态检索（Adversarial Cross-Modal Retrieval，ACMR）。在 ACMR 之前，基于深度学习的跨模态检索方法通常只关注数据中成对的信息，数据集中不同模态的信息以成对的方式存储，同一对中的跨模态数据的相似性最高。这些方法忽视了数据中模态相同、语义不同的数据，无法完全保留跨模态的语义结构。ACMR 把对抗的思想引入跨模态检索中。对抗思想因 GAN 的发布而引起了人们的广泛关注，对抗即两个部分相互抗衡。以警察和小偷为例，小偷希望制造出能以假乱真的假币来欺骗警察，警察希望分辨出真币和假币从而使自己不被欺骗，小偷和警察都为了各自的目的而不断提高自己的能力。在彼此的监督下，小偷的铸假币技术越来越精湛，警察的分辨能力也不断提高。ACMR 把不同模态的数据映射到公共子空间，旨在生成一个用来迷惑模态分类模块的与模态无关的特征；模态分类则希望能够根据特征区分不同的模态。在 Wikipedia、Pascal Sentence、NUS-WIDE-10k 和 COCO 4 种常用的跨模态检索数据集上的实验结果表明，ACMR 在有效子空间表示方面具有优势，显著优于当时最先进的跨模态检索方法。

具体来说，由于不同模态的数据具有不同的统计特性，需要先把不同模态的数据映射到公共子空间再进行操作。对于图像模态数据，从深度卷积神经网络中提取图像特征来代表图像是一种常用的方法，ACMR 使用从 VGGNet 的 FC7 层提取的维度为 4096 的向量来代表图像特征。对于文本模态数据，使用常用的词袋向量和 TF-IDF 加权方案来表示文本，文本向量的维度与具体的数据集相关。然后把图像模态数据和文本模态数据映射到公共子空间，希望在公共子空间产生与模态无关的特征来迷惑模态分类模块，使模态分类模块感到混淆。

模态分类模块的主要任务是根据特征对模态进行区分，生成特征模块和辨别特征模块。两个模块在相互对抗下不断学习，分别提高各自的性能。当模态分类模块无法分辨出特征来自哪个模态时，就说明特征提取模块将不同模态的数据学习到了同一空间。这种方法学习到的特征可以保证不同模态内语义相同的数据相互靠近。

然而，仅保证在公共子空间中不同模态内语义相同的数据相互靠近远远不够，还需要利用标签预测和结构保持方法。标签预测的目的是区分不同语义的数据特征，方法是利用数据集中的标签信息构建一个分类器，根据生成的数据特征对标签进行预测。结构保持方法为了确保语义相同的跨模态数据特征的一致性，会缩小所有模态数据中具有相同标签的数据特征之间的距离，扩大语义不同的相同模态数据之间的距离。受到基于排序的跨模态检索方法的启发，ACMR 加入了三元组约束方法。由于数据整体规模较大，因此 ACMR 不是在整个数据集规模上生成三元组，而是在每个批量数据中进行三元组采样。

基于实值表示的非哈希方法能够较好地对数据进行表示，因此通常具有更高的精度。但是，当数据量较大时，基于实值表示的非哈希方法需要存储较多的数据，占用较大的空间，检索效率也会下降。

2）基于二值表示的哈希方法

无论是传统跨模态检索方法还是基于实值表示的非哈希方法，都是基于特征提取模块直接得到的特征向量进行建模和检索，并实现跨模态检索的。随着多媒体数据量的爆炸式增长，多模态数据往往以十万级别、百万级别乃至亿级别的规模出现，这要求在对多模态数据进行检索的过程中保证检索精度，同时对检索的效率和速度提出了更高的要求。在众多检索方法中，基于二值的哈希方法由于存储成本低、高效、检索速度快等特性，能更好地适用于大规模数据集，因此受到了人们的广泛关注。

基于二值表示的哈希方法通过将原始特征空间的特征向量映射到二进制编码（汉明）空间节省存储空间并提高检索速度，在映射过程中需要保证数据之间的相似性。随后通过计算查询数据和数据库中被查询数据的哈希码之间的汉明距离进行相似度排序，最终得到检索结果。汉明距离的计算速度比欧氏距离和余弦距离等度量方式快，并且当数据以二进制编码代替实值编码进行存储时，检索任务对存储量的需求降低。

哈希函数的学习主要分为降维和量化两个部分。其中，降维是指将原始空间的信息映射至一个低维的空间表示，如将图像原始像素空间的信息映射至一个低维（如数十维）的空间表示；量化是指将原始特征进行线性或非线性变换，并对特征空间进行二进制分割，得到哈希码。正如前文所说，不同形式（模态）的数据表示之间存在一定的语义鸿沟，缩小语义鸿沟也是基于二值表示的哈希方法需要解决的主要问题。一般解决方案分为两种，一种是学习统一哈希码，使相同语义的数据对共享一个哈希码，另一种是尽可能使用标签等监督信息以缩小具有相关性实例的哈希码之间的距离。

基于二值表示的哈希方法由于能够加速检索过程而被广泛应用于各类检索任务中，但是大多数只涉及单个模态的任务。Zhang 等提出了使用多个数据源的复合哈希方法，并将其引入多模态检索任务中，同时使学习到的哈希码尽可能保留原空间中的相似性。在后续工作中，保留相似性是跨模态哈希检索面临的关键挑战。现有的基于二值表示的哈希方法一般分为数据独立方法和数据依赖方法。顾名思义，数据独立方法一般不考虑数据自身和数据之间的关联性对哈希函数的影响；数据依赖方法的关键在于使用训练数据来学习一个最合适的哈希函数。考虑到跨模态检索的效果和方法的普遍性，下面先大致介绍传统的数据独立方法，再重点介绍数据依赖方法。

1）数据独立方法

数据独立方法即基于手工特征的数据独立的哈希学习方法。早期人们提出了许多监督式多模态哈希方法，这些方法都是利用语义标签来提升检索精度的，但大多数方法训练时间较长，复杂度较高，导致其无法适应并扩展至大规模数据集。因此，Zhang 等提出了一种语义相关最大化（Semantic Correlation Maximization，SCM）方法。这种方法将语义信息与大规模数据集建模的哈希学习过程有机结合起来，因此不需要直接计算成对相似性矩阵就可以利用所有监督信息来进行线性时间复杂度的训练。同时，在 SCM 学习过程中不需要设定任何超参数和停止条件。以上特点使 SCM 方法在精度和可扩展性方面比前人的方法都有了明显的提升。更进一步，为了研究图像和文本的检索问题，Lin 等于 2015 年提出了语义保持哈希（Semantics-Preserving Hashing，SePH）方法，受到了国内学者的广泛关注，跨模态检索领域也因此被学术界广泛关注。SePH 方法同样将数据的语义相似性作为监督信息，并将待学习的哈希码之间的所有汉明距离对转换为另一个概率分布，并通过 Kulback-Leibler（KL）散度在汉明空间中学习的哈希码近似这个分布。随后使用采样策略的核逻辑回归，学习从视图特征到哈希码的非线性投影。

一般来说，跨模态检索哈希方法会学习一个统一等长的哈希码，这样更易于学习，同时使数据之间更容易进行对比计算。但是等长的哈希码可能会影响不同模态数据自身特性的保留。出于这个原因，Liu 等尝试使用不等长的哈希码对异构数据进行建模。这种方法打破了等长哈希码的限制，并且提出了一个矩阵因子分解哈希（Matrix Tri-Factorization Hashing，MTFH）框架。该框架可以无缝地应用在各类检索任务中，也可以应用在成对或不成对的多模态数据中。特别需要注意的是，MTFH 框架首次提出了学习不同长度的哈希码并进行比较，是一个高效的、无松弛的离散优化算法，可以在很大程度上减少哈希码学习中产生的量化误差（在将实值转换为二值哈希码的过程中难免会导致向量之间相似度的变化）。

除了上述具有代表性的工作，基于手工特征的数据独立的哈希学习方法还有非对称监督一致性和特定性哈希（Asymmetric Supervised Consistent and Specific Hashing，ASCSH）方法。该方法尝试利用不同模态之间的内在相关性并充分利用监督信息，以提升哈希码的区分能力，同时降低计算成本，给人们带来了很多启发。

以上这些方法大多关注依赖手工特征的模态之间语义关系的发现，使特征提取和哈希码学习两个过程相互独立，难免会对学习到的哈希码的有效性造成影响。

2）数据依赖方法

数据依赖方法即基于深度学习的数据依赖的哈希学习方法。与基于手工特征的数据独立的哈希学习方法相比，深度学习技术所提取的特征能更好地保留原有的语义，并且可以与哈希码的学习过程相结合。因此，近年来基于深度学习的数据依赖的哈希学习方法受到了学术界的广泛关注。将深度学习和哈希学习结合起来并应用于跨模态检索任务中，不但可以提升检索效率，还能更好地适应大规模数据集并保证检索精度。接下来将重点介绍由 Jiang 等提出的深度跨模态哈希（Deep Cross-Modal Hashing，DCMH）方法。该方法首次提出将基于深度学习的数据依赖的哈希学习方法与跨模态检索任务结合起来，并验证了其可行性，同时提出了一个直接学习生成离散哈希码的方法，区别于以往的先学习一个实值向量再将其哈希化的方法，可以减少量化误差带来的精度损失。整体来说，DCMH 将特征学习和哈希学习集成到一个端到端的框架中，其中涉及图像和文本两种模态的数据，具有优秀的图文检索性能。图 6-5 展示了 DCMH 的基本框架。

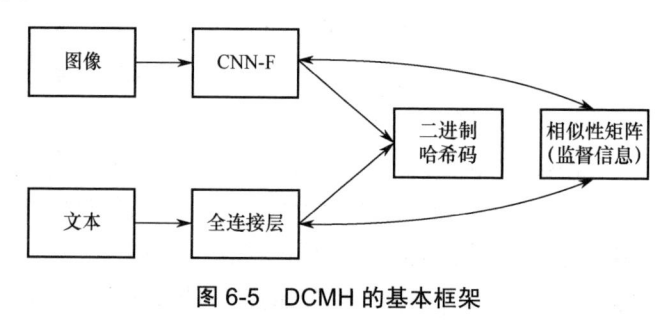

图 6-5　DCMH 的基本框架

由于 DCMH 是一个端到端的结构,在训练过程中每个部分都可以向其他部分提供反馈。DCMH 将哈希码作为要学习的特征,通过深度网络对不同模态的数据进行特征提取,并对特征进行计算,直接得到最终的哈希码。要实现这一目标,DCMH 需要做好以下几项工作。①构建端到端的框架。②设计一个合适的目标函数,利用监督信息来促进模型的训练,减小语义鸿沟带来的影响。③直接学习一个离散的哈希码。下面将依次介绍这几项工作。

第一项工作:构建端到端的框架。首先,为了提取图像模态的数据特征,DCMH 采用了快速卷积神经网络(Fast CNN, F-CNN),这个网络包括 5 个卷积层和 2 个全连接层,这 7 层都使用 ReLU 作为激活函数。DCMH 在这 7 层后额外增加了一个哈希码长度的全连接层用于生成学习到的图像特征,而这一层使用恒等函数作为激活函数。为了学习文本的特征向量,DCMH 首先将文本表示为由词袋(Bag of Word, BOW)表示的向量。然后将 BOW 向量作为一个全连接层网络的输入,同样在最后额外增加了一个哈希码长度的全连接层用于生成学习到的文本特征。这两层的激活函数分别为 ReLU 函数和恒等函数。这里的图像和文本特征学习网络并不是唯一的,在后续的工作中也可以尝试使用 VGG19 或其他神经网络代替上述网络。

第二项工作:设计一个合适的目标函数。该目标函数分为 3 部分,分别代表不同的学习目标。DCMH 整体目标函数如式(6-6)所示。

$$
\min_{\boldsymbol{B},\boldsymbol{B}^x,\boldsymbol{B}^y,\theta_x,\theta_y} J = -\sum_{i=1}^{n}(\boldsymbol{S}_{ij}\theta_{ij}^{xy} - \ln(1+\mathrm{e}^{\theta_{ij}^{xy}})) + \\
\gamma(\|\boldsymbol{B}^x - \boldsymbol{F}\|_F^2 + \|\boldsymbol{B}^x - \boldsymbol{G}\|_G^2) + \qquad (6\text{-}6) \\
\eta(\|\boldsymbol{F}\cdot\boldsymbol{1}\|_F^2 + \|\boldsymbol{G}\cdot\boldsymbol{1}\|_G^2)
$$

式中,$\boldsymbol{B}$ 是二值哈希码矩阵;$\boldsymbol{B}^x$ 和 $\boldsymbol{B}^y$ 分别是针对图像模态与文本模态生成的二值哈希码矩阵;θ_x 和 θ_y 分别是图像模态与文本模态的网络参数;$\boldsymbol{S}_{ij}$ 是跨模态相似性矩阵,值为 1 表示图像 i 和文本 j 相似,值为 0 则表示不相似;θ_{ij}^{xy} 是图像特征和文本特征之间的相似性计算值,定义为 $\boldsymbol{F}_i^{\mathrm{T}}\boldsymbol{G}_j/2$;$\boldsymbol{F}$ 是图像网络得到的特征向量;$\boldsymbol{G}$ 是文本网络得到的特征向量;$\boldsymbol{F}\cdot\boldsymbol{1}$ 和 $\boldsymbol{G}\cdot\boldsymbol{1}$ 分别表示 $\boldsymbol{F}$、$\boldsymbol{G}$ 的一行;$\mathrm{e}^{\theta_{ij}^{xy}}$ 是相似性指数函数,用来调整模型学习的相似性;其他超参数(γ 和 η)的分析和设定不是本节的重点,不再赘述。

式(6-6)中等号右边的第一项是跨模态相似性的负对数似然函数。通过优化这一项,相似性矩阵 $\boldsymbol{S}_{ij}$ 所提供的监督信息能够有效地保留图像特征和文本特征之间的跨模态相似性。具体来说,通过最小化负对数似然函数(等价于最大化似然函数),使 $\boldsymbol{F}_i$ 和 $\boldsymbol{G}_j$ 之间的相似性(通过内积计算)在 $\boldsymbol{S}_{ij}=1$ 时最大,在

$S_{ij} = 0$ 时最小，这也是优化第一项可以保留图像特征和文本特征之间跨模态相似性的原因（具体的推导过程请参照文献[15]给出的公式，这里不再赘述）。

式（6-6）中等号右边的第二项是为了在将图像数据和文本数据转换为哈希码时，尽可能保留跨模态相似性，这样可以减少量化损失。具体来说，由于 $B^x = \text{sign}(F)$，$B^y = \text{sign}(G)$，可以认为 F、G 分别是 B^x 和 B^y 的可连续替代。因为此前通过式（6-6）中等号右边的第一项保留了 S_{ij} 中的跨模态相似性，所以二进制的离散哈希码（以下简称"二进制码"）B^x 和 B^y 也被期望能保留 S_{ij} 中的跨模态相似性，即可以实现跨模态哈希的目标。

式（6-6）中等号右边的第三项用来确保生成的哈希码具有分布平衡性，以最大化每个二进制位的信息量。具体来说，哈希码是由+1和-1组成的二进制表示（二值哈希码）。第三项的目标是确保每个二进制位中+1和-1的数量在整个数据集中尽可能接近，从而避免某个二进制位始终倾向于输出单一值（+1或-1），导致信息损失。这种平衡性约束有助于最大化每个二进制位所能提供的有效信息。

第三项工作：直接学习一个离散的哈希码。为了直接计算得到而不是直接使用松弛的方式得到离散的哈希码，DCMH 在训练阶段使用交替学习的策略来优化图像、文本的网络参数和最终的哈希码。

DCMH 首次尝试构建一个基于深度哈希的端到端跨模态检索模型，该模型具有很强的通用性，也被后续的研究者集成。然而，尽管 DCMH 是一个具有突破性的深度哈希方法并取得了优异的性能，但是它并没有很好地处理数据的模态内关联性及不同模态的哈希码和特征之间的联系。下面介绍两个受到 DCMH 启发的具有较大意义并取得突出成果的方法。

一是成对关系深度哈希（Pairwise Relationship Deep Hashing，PRDH）方法。PRDH 的整体框架与 DCMH 基本一致，它的主要创新是整合了不同类型的成对约束，以更好地反映模态内和模态间数据哈希码的相似性。例如，利用矩阵的方式来约束生成的哈希码。此外，PRDH 还引入了额外的去相关性约束，以增强哈希码位与位之间的独立性，使哈希码可以携带更多的语义信息。以上创新大幅提高了数据的利用率，并在实验中实现了更好的检索性能。

二是自我监督对抗哈希（Self-Supervised Adversarial Hashing，SSAH）方法。SSAH 相比 DCMH 引入了自我监督和对抗学习等机制。DCMH 使用一个名为 LabNet 的全连接深度神经网络来从语义多标签注释中提取特征，从而将标签信息转化为自我监督的语义信息，使用提取出的标签语义信息作为桥梁可以更好地弥补不同模态之间的语义相似性。虽然 LabNet 可以保留跨模态相似性，但无法弥补不同模态的异构特性带来的语义鸿沟。为此，SSAH 设计了两个辨别器分别应用于图像和文本的特征学习网络进行对抗学习，这两个辨别器会将输入的特征向量分类为 0 或 1。虽然对抗学习的引入使不同模态的哈希码与原始数据之间的关系更紧密，但是对抗网络的不稳定性和复杂度会影响哈希学习的过程。不过，与前人的方法相比，SSAH 方法提供了一个可供研究的新思路，但训练过程的稳定性和复杂度仍然需要改进。

以上介绍的方法大多沿用了 DCMH 的相似性评价标准，即根据多标签注释中的相同标签来确定实例之间的相似性。具体而言，这种相似性通过成对多标签相似性矩阵（Pairwise Multi-Label Similarity Matrix，PMLSM）表示，简写为 S。具体来说，在学习阶段，S_{ij} 表示对应的实例 x_i 和 x_j 是否相关，如果两个实例具有相同的标签，则 $S_{ij}=1$。然而，大多数现有的跨模态哈希检索方法假设标签注释可靠地反映了它们对应的实例之间的相关性，而在实际应用中并非如此。因为现有的多标签无法标注出类别的重要程度，即认为各个类别同等重要。图像的低级标注和高级语义理解之间存在语义鸿沟。

图 6-6 直观地展示了一个跨模态检索的例子，给定两个具有相同标签的图像和一个查询文本，现有的方法认为这两个图像与查询文本完全相关。但很明显，图像（a）与查询文本相关，而图像（b）与查询文本不相关。

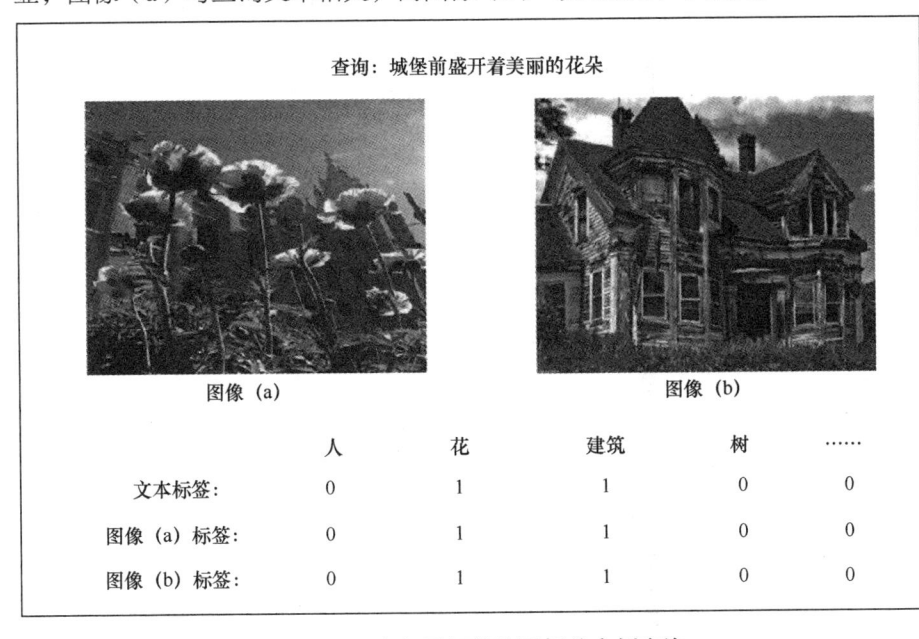

查询：城堡前盛开着美丽的花朵

	人	花	建筑	树	……
文本标签：	0	1	1	0	0
图像（a）标签：	0	1	1	0	0
图像（b）标签：	0	1	1	0	0

图 6-6 具有相同标签的不相关实例查询

这种对相关性的不准确判断会误导模型学习不相关实例之间的相似性。而基于传统 PMLSM 的相似度度量在测试阶段也被用作度量检索结果相关性的评判标准，这导致所有现有方法的评判标准都是不准确的。Li 等提出了一种新的跨模态哈希检索方法，称为双向强化引导哈希的有效的跨模态检索（Bidirectional Reinforcement Guided Hashing for Effective Cross-Modal Retrieval，Bi-CMR）方法。该方法最先发现了"标签注释能够可靠地反映实例相关性"这一不准确的假设与人类的直觉相冲突的事实。为了验证该假设存在的比例和严重程度，该方法首先对现有的数据集进行了评估，发现现有的数据集中都或多或少存在一定比例的不相关实例对被错误地判断为具有相关性。

随后该方法通过使用双向强化学习的方式减弱这一假设的负面影响。具体来说，在前向学习过程中，突出具有代表性标签的语义，即通过模态内的语义信息学习增强多标签网络学习到的多标签哈希码，并进一步调整相似性矩阵。在反向学习过程中，利用语义增强后的多标签哈希码和调整后的相似性矩阵来更好地指导跨模态实例的匹配，从而生成更高质量的哈希码。Bi-CMR 解决了如何根据原始的多标签更准确地评估实例之间的相关性和如何对模型的训练进行准确监督的问题，证明了拥有更多公共标签注释的实例对的相似度可能比拥有较少公共标签注释的实例对更高，在实验中取得了超过其他基线方法的结果，并进行了有效的验证。

除了上述主流跨模态哈希检索方法，还有统一哈希码检索方法，但这些方法都受困于数据增量带来的重新训练问题，因此相关工作较少，这里就不过多地讨论了。

现有的哈希方法有很好的性能。但由于技术的不断发展和现实需求的日益增加，这些方法逐渐暴露出了很多缺点，极具改进的空间。未来的研究应该关注以下几个方向：如何更好地结合对抗网络和注意力机制等模块；如何减少二值化过程中的语义损失，并减少通过离散方式直接计算出来的哈希码带来的计算成本；现有的统一哈希码检索方法依然没有取得突破性进展，因此数据增量问题依然是有待解决的难点。

2. 基于细粒度的深度学习的跨模态检索方法

基于细粒度的深度学习的跨模态检索方法相比基于粗粒度的深度学习的跨模态检索方法，更多地考虑了不同模态之间细节信息的对应。它的整体思路是，首先把不同模态的数据分成若干个片段，充分考虑每个片段的细节信息；然后利用深度学习网络对不同模态之间的信息进行交互，挖掘更高级的语义信息，学习数据之间的关系（具有相似性或不具有相似性）。下面以基于细粒度图像和文本的跨模态交互为例，详细阐述特征提取和细粒度信息交互。

1)特征提取

随着深度学习技术的发展,计算机视觉和自然语言处理任务取得了很大的进步,用来提取图像和文本的特征向量的方法被广泛应用。良好的图像和文本特征向量能够促进图像与文本进行更好的细粒度交互,更容易学习到视觉和文本的共享高级语义表示,从而有利于消除跨模态检索中异构数据造成的语义鸿沟。在基于细粒度的深度学习的跨模态检索中,将整个图像分成若干个区域,将文本划分成单词的形式。这样一个图像或文本由若干个区域或单词组成。

(1)图像特征提取。在基于细粒度图像与文本的跨模态检索任务中,采用计算机视觉中的目标检测方法进行图像特征提取。Anderson 使用 Faster R-CNN 模型实现了自下而上的注意力计算,同时在 Visual Genomes 数据集上进行了预训练。训练后的模型能够预测属性类和实例类,能提取到具有语义的图像特征。其中,属性类包括"粉色的""调皮的""开心的"等,实例类包括"小猫""天空""操场""道路"等。这个模型最终输出的图像特征表示被应用于很多下游跨模态任务的图像特征提取模块。另外,为了获得图像的特征表示,需要对检测结果进行处理。具体来说,需要为每个检测类别设置非极大值抑制(Non-Maximum Suppression,NMS)的交并比(Intersection over Union,IoU)阈值和类别置信度阈值。首先,非极大值抑制通过比较候选区域的 IoU 抑制冗余的候选框,保留那些对检测结果最具代表性的区域。然后,根据类别置信度阈值筛选出置信度较高的区域,表示这些区域更有可能包含目标物体。最后,从这些高置信度的候选区域选择前若干个感兴趣区域作为图像最终的特征表示。

(2)文本特征提取。文本的表示可以分为句子级别的表示和单词级别的表示。不同于粗粒度跨模态检索的做法,细粒度跨模态检索选取的是单词级别的表示。通常采用双向门控循环单元(Bidirectional Gate Recurrent Unit,Bi-GRU)提取文本表示。对于一个包含 n 个单词的文本,首先对每个单词 w_j 学习到一个连续的嵌入向量 $e_j = W_e w_j$,其中 $\forall j \in [1,n]$,W_e 是一个词嵌入矩阵,w_j 是可学习参数。然后采用 Bi-GRU 增强单词的上下文语义信息,如式(6-7)所示。其中,$\vec{h}_j$ 是前向传播的隐藏状态,$\overleftarrow{h}_j$ 是后向传播的隐藏状态。最后将当前时刻前向传播的隐藏状态和后向传播的隐藏状态进行求和再平均,求出单词表示 t_j,如式(6-8)所示。最终,文本的特征表示由单词级别的表示组合而成。在此过程中,需要确保单词特征的维度和图像区域特征的维度一致,以便后续能够在多模态任务中进行有效的对齐和融合。另外,也可以使用大规模预训练语言模型进行文本的特征提取。

$$\begin{cases} \vec{h}_j = \mathrm{GRU}(\vec{e}_j, \vec{h}_{j-1}) \\ \overleftarrow{h}_j = \mathrm{GRU}(\vec{e}_j, \overleftarrow{h}_{j-1}) \end{cases} \quad (6\text{-}7)$$

$$t_j = \frac{\vec{h}_j + \overleftarrow{h}_j}{2} \quad (6\text{-}8)$$

2）细粒度信息交互

（1）模态间信息交互。人们在判断图像和文本是否匹配时，更多地关注图像和句子中的显著部分，如图像中显著的对象、关系和属性，以及文本中的一些重要名词和形容词等。这些显著部分是根据人类的先验知识得到的，但是在图文数据集中并没有被标注。图像与文本的数据种类丰富，数量很大，需要花费大量的精力和成本去完成数据集的标注。因此，捕获视觉和语言之间的交互，推断图像区域与文本单词之间的潜在对应关系，是实现可解释性的图像和文本跨模态匹配的重要步骤。

基于注意力机制的跨模态交互正是一种挖掘图像区域与文本单词之间的潜在对应关系的工具。Lee 等提出了堆叠交叉注意力网络（Stacked Cross Attention Network，SCAN）模型，利用堆叠交叉注意力机制实现图像和文本的跨模态匹配。它充分利用模态间语义的相关信息，平等地考虑了图像中某个区域与文本中所有单词之间的关系，利用存在的潜在关系得到更好的特征表示，最后考虑图像和文本是否匹配。

在跨模态注意力机制中，首先考虑所有图像区域和文本单词之间的关系。这种关系又称图像区域和文本单词的相似性矩阵，常常采用余弦相似性表示。对得到的相似性矩阵进行 Softmax 函数归一化处理，得到相似性矩阵 S。Softmax 函数输出的值越大，表示图像区域和文本单词之间的交互性越强；反之越弱。

接下来对图像区域和文本单词进行交互。为了充分考虑图像和文本中的细节信息，将交互过程分为从图像到文本的交互和从文本到图像的交互，这两部分是完全对称的。以下详细介绍从文本到图像的交互。将相似性矩阵 S 与各个区域特征向量相乘，再进行聚合，得到一个基于单词的图像表示，如图 6-7 所示。

以上操作能够实现图像到文本和文本到图像的信息传递。对于异构数据的处理，也能以一种模态数据为中心，采用另一种模态数据靠近，消除模态差异性。跨模态注意力机制在细粒度跨模态交互中取得了很大的成功。

Messina 采用多个 Transform 结构分别对图像数据和文本数据进行处理，并对图像数据和文本数据进行共享参数层的交互处理，得到图像和文本的匹配得分。该方法取得了很好的效果，但是也存在一些不足，如忽略了模态内信息对图像和文本匹配的影响，只考虑了局部信息的语义，没有考虑全局信息的影响。

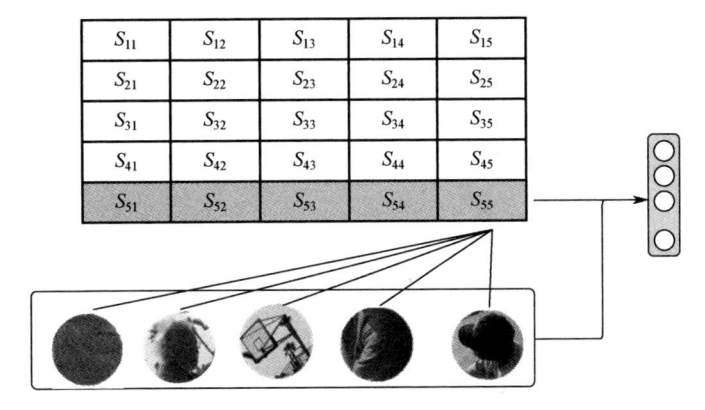

S_{11}	S_{12}	S_{13}	S_{14}	S_{15}
S_{21}	S_{22}	S_{23}	S_{24}	S_{25}
S_{31}	S_{32}	S_{33}	S_{34}	S_{35}
S_{41}	S_{42}	S_{43}	S_{44}	S_{45}
S_{51}	S_{52}	S_{53}	S_{54}	S_{55}

图 6-7　图像区域与文本单词的交互

（2）模态内和模态间信息交互。既考虑模态内信息又考虑模态间信息的情形大致分为两种，一种是在采用跨模态注意力机制时考虑模态内和模态间的信息，另一种是在度量相似性时考虑模态内和模态间的信息。

采用跨模态注意力机制时，Zhang 等提出了上下文感知注意力网络，通过聚合全局上下文信息及模态内和模态间的信息，选择性地关注重要的局部片段。与以往方法不同，上下文感知注意力网络并非平等地使用所有可用信息，而是优先考虑最关键的部分。在建立模态间关系时，上下文感知注意力网络结合模态内部的信息和模态间的交互特性，推导出每个片段在不同模态中的关联性权重。该方法虽然很好地使用了模态内的信息，突出了重要的局部信息，但是没有很好地考虑模态内信息之间的关系。

在度量相似性时，一些研究者不再仅依赖显著对象的对应关系来对齐图像和文本，而是关注模态内部信息之间的一致性。为此，研究者们提出了一些基于场景图的方法，将局部信息构建为场景图，以支持跨模态的匹配。然而，这些方法可能导致信息丢失。因此，另一些方法采用图卷积网络（GCN）来对相似性向量进行推理，不再将图像和文本的相似性视为一个常量，而是表示为一个相似性向量。通过这种方式，GCN 可以根据局部信息的关系来推导出一个新的相似性向量，兼顾模态内和模态间的信息关系。这里存在一个挑战，即交互模型虽然性能好，但不能生成离线特征。因为每个新查询都需要与数据库中所有的样本进行推理，而不是直接采用度量相似性的方法计算图像和文本之间的相似性，这一点不适合工业界。

在选取目标函数时，选择最大排序损失函数，排序损失函数能够使匹配的图像-文本对的相似性得分远远大于不匹配图像-文本对的相似性得分，如式（6-9）所示。

$$L(S(q,v,w_q,w_v,w)) = \sum_B \max(0, 1 - s(q,v^+,w_q,w_v,w) + s(q,v^-,w_q,w_v,w)) \quad （6-9）$$

式中，S 表示相似性矩阵，包含所有样本对（如图像-文本对）之间的相似性得分，矩阵中的每个元素表示一个图像-文本对的相似性程度；s 表示一个特定样本对的相似性得分；q 表示查询样本（通常是文本或图像），用于在相似性计算中与数据库中的其他样本进行匹配；v 表示一个候选样本（通常是数据库中的样本），用于与查询样本 q 进行相似性匹配；w 表示排序损失函数中的权重参数，用于调整损失函数的计算方式；w_q 表示查询样本 q 的权重；w_v 表示候选样本 v 的权重，用于在损失计算中调整候选样本的影响；v^- 表示一个负样本（不匹配的样本），其会产生最大的损失，因为其与查询样本 q 的相似性较高，但实际上不匹配；v^+ 表示一个正样本（匹配的样本），其与查询样本 q 具有较高的相似性；B 表示批量的大小。

6.4 跨模态检索的数据集

6.4.1 NUS-WIDE 数据集

NUS-WIDE 数据集是由新加坡国立大学多媒体检索实验室创建的图像文本数据集，其中图像主要来自 Flickr 网站。该数据集包含 269648 幅图像，每幅图像包含 81 个真实的标注标签类别和 100 个文本注释。这些图像涵盖了大量的场景，因此可应用于多种场景的多模态数据集。

特别地，由于 NUS-WIDE 数据集是一个多标签的图文数据集，每个图像-文本对都有多个标签，支持探索多标签分类算法的性能和效果。同时，由于标签是由 Flickr 网站的用户标记的，因此反映了真实用户标记图像的行为，也因此产生了一定的噪声和不一致性。

NUS-WIDE 数据集可以应用于跨模态检索、多标签分类等多项任务。同时，该数据集具有较大的规模和较高的多样性，对分析社交媒体图像和理解用户生成内容等任务也很有价值。

6.4.2 COCO 数据集

COCO 数据集是微软公司构建的以场景理解为目标，从复杂的日常场景中获取图像内容的大型视觉数据集。该数据集包含 123287 幅图像，每幅图像至少包含 5 句对应的语句描述。该数据集包含 80 个不同的类别，涵盖了日常生活中广泛的物体，如人、动物、交通工具、食物等。这使该数据集能够适用于多种复杂的场景任务，并能提升算法在实际应用中的泛化能力。同时，该数据集所包含的图像的背景信息相对复杂，目标数量比较多，目标尺寸更小，因此在该数据集上执行的相关任务更难，尤其是检测任务。

COCO 数据集有 5 种类型的标注，分别是物体检测、关键点检测、实例分割、全景分割和图像标注。该数据集支持目标检测、图像分割、图像生成、图文检索等复杂任务，因此在计算机视觉领域具有重要的意义和广泛的应用。

6.4.3 Flickr30k 数据集

Flickr30k 数据集采集于 Flickr 网站，包含 31783 幅图像和 158915 个文本注释，其中每幅图像对应 5 个文本注释，为图像内容提供了多样的文本视角描述，使该数据集适用于图像-文本对齐任务，如图像标注和文本检索。同时，该数据集中的图像捕捉了真实世界中的各种场景，包括日常生活、社会活动和自然风景等，扩大了该数据集的应用场景。

该数据集通常用于图像描述生成研究（通过图像内容生成自然语言描述）、图像-文本跨模态检索和图像-文本对齐等任务。

6.4.4 MUGE 数据集

MUGE 数据集是业界首个大规模中文多模态评测基准，由阿里巴巴达摩院联合浙江大学、阿里云天池平台联合发布，中国计算机学会计算机视觉专委会协助推出。目前该数据集用于测评图像描述、图像-文本跨模态检索及基于文本的图像生成 3 类多模态理解和生成任务。

MUGE 数据集的提出旨在解决当前中文多模态领域下游任务数据集匮乏的问题，为广大研究者提供一个平台和评测基准，以评估算法模型的有效性。与传统测评基准相比，MUGE 数据集的覆盖面更广，涵盖理解和生成两大类任务，并首次纳入了基于文本的图像生成。未来，MUGE 数据集将持续扩充多模态任务和数据规模，为研究人员和开发者提升算法模型的效果提供支持。

6.4.5 WuDaoMM 数据集

WuDaoMM 数据集是 WuDaoCorpora 开源数据集的一部分，专注于图文多模态预训练。目前该数据集由文本、对话、图像-文本对、视频-文本对 4 部分组成，其中包含 6.5 亿个图像-文本对，为 Wenlan、Cogview 等大规模中文多模态预训练模型提供了充实的数据。该数据集涵盖了强相关数据 5000 万对和弱相关数据 6 亿对。目前，北京智源人工智能研究院已经开放了基础版数据集

WuDaoMM-base，该数据集通过对强相关数据按照类别均衡抽取而成，包括 19 个大类，涵盖了能源、表情、工业、医疗、风景、动物、新闻、花卉、教育、艺术、人物、科学、大海、树木、汽车、社交、科技、运动等领域。每个类别的数据量为 7 万～40 万条。

6.5 跨模态检索的评估标准

6.5.1 mAP

在跨模态检索等多标签图像分类任务及目标检测任务中，mAP 作为一个重要的评估标准来评估任务精度。由于任务中的检索结果并不是唯一的，因此不能使用普通的分类标准，需要使用 mAP 才能更准确地评估任务的检索结果。

mAP 是多个查询的精度均值（Average Precision，AP）的平均值，因此需要首先计算每个查询的 AP，然后对其求平均值。在检索任务中，AP 一般指不同召回率（Recall）上精度的平均值，但为了快速返回结果，在计算 AP 时往往不再考虑召回率。接下来通过一个例子直观地解释 mAP 的计算方式。

如图 6-8 所示，在第一次查询返回的 5 个结果中，第 1 个、第 3 个、第 5 个结果为数据库中与查询图像 1 相似的图像，因此第一次查询的精度均值为：AP=（1/1+2/3+3/5）/3≈0.76。对多次查询所得到的 AP 求平均值就得到了 mAP。

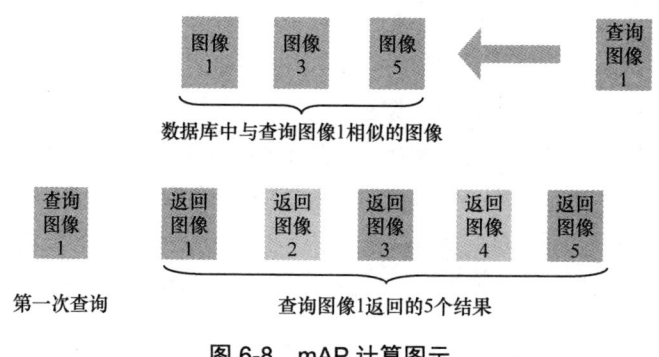

图 6-8 mAP 计算图示

正如该例子中所展示的，在 mAP 的计算过程中，既需要考虑查准率（准确率），又需要考虑查全率（召回率）。只有在保证查询精度的前提下尽可能多地返回正确结果，才能获得较好的 mAP，这也是 mAP 被广泛应用的原因。

6.5.2 Precision-Recall

精确率–召回率（Precision-Recall，PP）作为重要的评估指标，一般体现在

PR 曲线上，是度量检索任务效果好坏的重要指标之一。具体来说，就是以精确率（Precision）作为纵坐标轴、以召回率（Recall）作为横坐标轴画出一条曲线。对于预测分类问题的评估，通常采用混淆矩阵，如表 6-1 所示。

表 6-1 混淆矩阵

	预测为正类	预测为负类
实际为正类	TP	FN
实际为负类	FP	TN

其中，TP 表示实际为正类，预测也为正类；FP 表示实际为负类，预测为正类；FN 表示实际为正类，预测为负类；TN 表示实际为负类，预测为负类。Precision 表示实际为正类且被预测为正类占所有被预测为正类的比例，即 Precision = TP/(TP + FP)；Recall 表示实际为正类且被预测为正类占所有实际为正类的比例，即 Recall = TP/(TP +FN)。

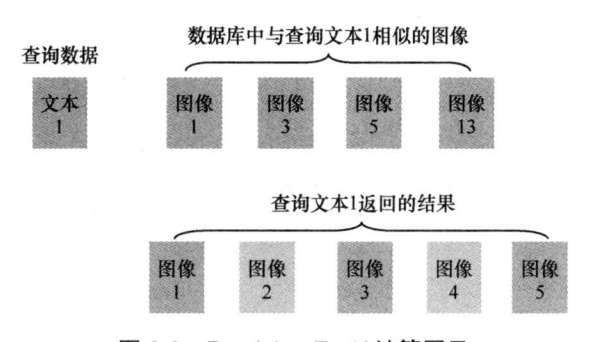

6.5.3 Precision-TopK

Precision-TopK 用于衡量预测的 TopK 个数据中预测正确的数量的占比。下面通过一个例子解释 Precision-TopK 的计算。

如图 6-9 所示，查询数据为文本 1，数据库中与文本 1 相似的数据为图像 1、图像 3、图像 5 和图像 13，查询文本 1 返回的结果为图像 1、图像 2、图像 3、图像 4 和图像 5，则 Precision@3=2/3，Precision@4=2/4，Precision@5=3/5，即为返回的结果中前 TopK 个中正确的数据个数除以 TopK。Precision-TopK 的取值范围为 0～1，取值越大，检索效果越好。

图 6-9 Precision-TopK 计算图示

Precision-TopK 可以衡量返回的结果中正确数据所占的比例，但是没有涉及返回结果列表中数据的顺序。

6.5.4 Recall@K

在基于细粒度图像与文本的跨模态检索任务中，最常用的评估指标是前 K 处的召回率，记为 Recall@K，可以简写为 R@K，具体如式（6-10）所示。

$$\begin{cases} \text{Recall}@K = \dfrac{1}{n}\sum_{i=1}^{n} R(\text{cor}_i, K) \\ R(\text{cor}_i, K) = \begin{cases} 1, \text{cor}_i \in \{y_1, y_2, \cdots, y_K\} \\ 0, \text{cor}_i \notin \{y_1, y_2, \cdots, y_K\} \end{cases} \end{cases} \quad (6\text{-}10)$$

式中，n 表示测试集样本的数量；$R(\text{cor}_i, K)$ 表示正确检索样本 cor_i 是否在前 K 个相似性得分最高的结果中，若在，则其值为 1，否则为 0。

通俗点说，Recall@K 也称为查全率，其会返回相似性得分排序中的前 K 个结果，并计算这些结果中检索到的正确个数和实际所有检索到的正确个数的比率。一般选择 $K=1,5,10$，即 Recall@1,Recall@5,Recall@10，作为评价指标。其中，1、5、10 分别代表 Top1、Top5、Top10 的检索结果。下面以图像到文本的检索中的 Recall@5 为例，对式（6-10）进行详细的解释。计算某幅图像与所有候选文本的相似性得分，选取相似性得分最高的前 5 个文本作为候选结果，并计算这 5 个候选结果中正确的候选样本占测试集中所有正确样本的百分比。

6.6 跨模态检索任务的典型应用

随着跨模态检索的研究不断深入，方法不断成熟，越来越多的研究者开始探索如何把跨模态检索应用到人们的现实生活中。本节将介绍跨模态检索任务的两个典型应用及实现。

6.6.1 跨模态食谱检索

民以食为天，食物与人们的日常生活息息相关。当看到一张令人垂涎三尺的食物图像时，人们希望能够获得该食物的食谱从而把它做出来。融合自注意力机制的跨模态食谱检索就满足了人们根据食物图像来查询食谱的需求，极大地提高了查询的效率。跨模态食谱检索是跨模态检索的典型应用，通过食物的图像模态信息检索食谱，即文本模态信息。

跨模态食谱检索的难点在于食谱是一种特殊的文本，包含标题、原材料和对原材料的处理过程，并不直接描述图像中显示的原材料的状态，需要模型深入理解食物图像中显示的原材料和食谱中处理过程之间的关系。同时，食谱文本长度较长，食谱中的原材料在食谱中的时序呈树形结构，对同一原材料的描述可能相隔一定的距离，传统的食谱检索采用线性的方法处理文本数据，无法有效捕捉食谱的含义。可以采用 Transformer 来处理食谱文本，对食谱进行编码，利用 Transformer 的自注意力机制来更好地提取食谱的语义，将食谱的标题作为环境变量，因为食谱的标题是对食谱做的一个良好的人工标注。为了完成跨模态食谱检索这一任务，人们构建了一个大规模中文食谱数据集，包含超过 17 万个食谱及对应的食物图像。

食谱通过文本编码模块进行处理，文本编码中包括标题、原材料和处理过程 3 个编码器，把 3 个编码器编码的结果进行拼接，得到食谱的文本特征。实物图像通过图像编码模块进行处理，使用常用的图像卷积网络 ResNet50 进行图像特征的提取，利用在 ImageNet 上预训练的参数对 ResNet50 网络进行参数初始化。把实物图像和食谱都映射为特征表示之后，可以在公共空间中处理特征，让匹配的文本特征和图像特征尽可能相似。计算损失函数时，把数据构建成三元组来处理。

6.6.2　跨模态人脸检索

对于人脸的数据描述包括图像模态和视频模态，对这两种模态的检索就是跨模态人脸检索，其在日常生活中有着实际的应用价值。以打击犯罪这一应用场景为例，利用人脸图像模态查询人脸视频模态，得到嫌疑人的身份证照片后，自动从海量视频模态中检索和嫌疑人相关的视频片段，再对检索出的视频片段进行详细分析，可以大幅降低人工审查的工作量。利用人脸视频模态查询人脸图像模态，获得嫌疑人的人脸视频模态信息后，从身份信息库中检索该嫌疑人的身份证图像，从而获得该嫌疑人的身份信息，便于下一步工作的开展。

传统的人脸视频数据的处理方法是把视频当成逐帧的图像，分别与图像数据计算相似度，然后对所有帧的相似度取平均值作为图像数据和视频数据的整体相似性。这种方法没有考虑视频中包含的时序信息，同时当存在大量视频数据时会导致巨大的计算量。基于异构哈希网络的跨模态人脸检索为每个视频数据生成一个对应的特征向量，把异构的人脸图像模态数据和人脸视频模态数据映射到公共空间，在公共空间，图像数据和视频数据的相似性可以通过特征进行衡量。为了实现较快的检索速度和较低的存储空间，利用非线性哈希函数生成二值表示，利用 Fisher 损失、Softmax 损失和三元排序损失作为损失函数来提高检索性能。

跨模态食谱检索和跨模态人脸检索是跨模态检索的典型应用。相信随着跨模态检索方法的不断发展，会出现越来越多的应用，为人们的生活提供极大的便利。

6.7 技术挑战与未来展望

随着数据量的爆炸性增长和人们对多模态应用的广泛需求,多模态语义表示及其相关的检索任务取得了显著的成果。然而,现有的方法面临一系列技术挑战,例如,如何实现原生的多模态预训练。传统多模态预训练方法往往单独为每个模态(如图像、文本、音频)训练独立的组件,然后将它们拼接在一起。这种方法虽然在某些特定任务上表现良好,但在处理概念性和复杂推理等更高层次的任务时表现不佳。因此,基于海量多模态数据设计原生多模态预训练模型,从而使模型更好地捕捉不同模态之间丰富的关联性,提高模型的泛化能力,是一个值得研究的方向。

构建统一的多模态大模型也是一个重要的研究方向。现有的多模态大模型在训练和应用时存在分散性,缺乏统一的模型。未来的研究应该致力于构建一个具有良好的语义理解能力的多模态大模型,该模型不仅可以适用于多种任务,如检索、生成、推荐等,而且能够统一表示多模态数据,提高模型的通用性。在数据方面,大多数多模态任务依赖的多模态数据集是互相独立的。具体来说,现有的多模态下游任务的数据集大多基于独立的多模态数据集进行训练,这类数据集往往存在一定的数据倾斜问题,使训练出来的模型泛化能力较弱。未来的研究应该致力于构建真实的、规模更大的、更全面的、面向多个任务的高质量多模态数据集,以更好地支撑多模态领域的技术发展。

我们期待通过原生多模态预训练构建更具泛化能力和潜在语义理解能力的模型。这将推动多模态大模型的发展,使其能够在更广泛的任务中取得优异的表现。同时,通过构建统一的多模态大模型,实现模型的高效训练和应用,将为多模态研究提供更加便捷的工具。最终,通过构建高质量的多模态数据集,我们将能够更全面地理解和利用多模态数据,推动多模态研究迈向更深入的阶段。

6.8 本章小结

本章首先基于多模态数据跨模态检索的定义,介绍了两种多模态数据的语义表示方法:实值表示学习和二值表示学习。然后介绍了基于传统方法和基于深度学习的跨模态检索方法,将基于深度学习的跨模态检索方法划分为粗粒度和细粒度两种,并介绍了这两种方法使用的模型。随后介绍了跨模态检索任务中常用的数据集和评估标准。最后从跨模态检索所面临的挑战和应用两个方面对该领域进行了总结与展望。

参考文献

[1] BALTRUŠAITIS T, AHUJA C, MORENCY L P. Multimodal machine learning: a survey and taxonomy[J]. IEEE Transactions on Pattern Analysis and Machine Intelligence, 2018, 41(2): 423-443.

[2] PENG Y, HUANG X, ZHAO Y. An overview of cross-media retrieval: concepts, methodologies, benchmarks, and challenges[J].IEEE Transactions on Circuits and Systems for Video Technology,2017, 28(9):2372-2385.

[3] 陈宁，段友祥，孙歧峰. 跨模态检索研究文献综述[J]. 计算机科学与探索，2021，15（8）：1390-1404.

[4] WANG J, LIU W, KUMAR S, et al. Learning to hash for indexing big data: a survey[J]. Proceedings of the IEEE, 2016, 104(1): 34-57.

[5] HOTELLING H. Relations between two sets of variates[J]. Biometrika, 1936, 28(3/4): 321-377.

[6] BLEI D M, NG A, JORDAN M I. Latent Dirichlet allocation[J]. Machine Learning Research Archive, 2003(3): 993-1022.

[7] ZHEN L L, HU P, WANG X, et al. Deep supervised cross-modal retrieval[C]// Proceedings of the 2019 IEEE Conference on Computer Vision and Pattern Recognition, Long Beach, Jun 16-20, 2019. Piscataway: IEEE, 2019: 10394-10403.

[8] MIKOLOV T, SUTSKEVER I, CHEN K, et al. Distributed representations of words and phrases and their compositionality[C]//Proceedings of the 26th International Conference on Neural Information Processing Systems. Reno, NV: NIPS, 2013: 3111-3119.

[9] WANG J, LIU W, KUMAR S, et al. Learning to Hash for indexing big data: a survey[J]. Proceedings of the IEEE, 2015, 104(1): 34-57.

[10] ZHANG D, WANG F, SI L. Composite Hashing with multiple information sources[C]// Proceeding of the 34th International ACM SIGIR Conference on Research and Development in Information Retrieval, Beijing, Jul 25-29, 2011. New York: ACM, 2011: 225-234.

[11] ZHANG D Q, LI W J. Large-scale supervised multimodal Hashing with semantic correlation maximization[C]//Proceedings of the 28th AAAI Conference on Artificial Intelligence, Québec City, Jul 27- 31, 2014. Menlo Park: AAAI, 2014: 2177-2183.

[12] LIN Z J, DING G G, HU M Q, et al. Semantics-preserving Hashing for cross-view retrieval[C]//Proceedings of the 2015 IEEE Conference on Computer Vision and Pattern Recognition, Boston, Jun 7-12, 2015. Washington: IEEE Computer Society, 2015: 3864-3872.

[13] LIU X, HU Z K, LING H B, et al. MTFH: a matrix tri-factorization Hashing framework for efficient cross-modal retrieval[J]. IEEE Transactions on Pattern Analysis and Machine Intelligence, 2021, 43(3): 964-981.

[14] MENG M, WANG H T, YU J, et al. Asymmetric supervised consistent and specific Hashing for cross-modal retrieval[J].IEEE Transactions on Image Processing, 2021(30): 986-1000.

[15] JIANG Q Y, LI W J. Deep cross-modal Hashing[C]//2017 IEEE Conference on Computer Vision and Pattern Recognition(CVPR). Honolulu: IEEE Computer Society, 2017: 3270-3278.

[16] MESSINA N, COCCOMINI D A, ESULI A, et al. Transformer-based multi-modal proposal and Re-Rank for Wikipedia image-caption matching[J]. arXiv Preprint arXiv: 2206.10436.

[17] ZHANG Z, ZHSNG Y, ZHAO L, et al. Context-aware attention network for image-text retrieval[C]//Proceedings of the IEEE/CVF Conference on Computer Vision and Pattern Recognition (CVPR). Piscataway: IEEE, 2020: 3536-3545.

[18] 林阳，初旭，王亚沙，等. 融合自注意力机制的跨模态食谱检索方法[J]. 计算机科学与探索，2020，14（9）：1471-1481.

[19] 董震，裴明涛. 基于异构哈希网络的跨模态人脸检索方法[J]. 计算机学报，2019，42（1）：73-84.

第 7 章
多模态知识图谱的融合

7.1 多源知识图谱融合的定义

知识图谱以符号化的方式描述真实世界中的实体及其属性和相互关系,并将它们组织成事实三元组的结构。时至今日,知识图谱已成为各类知识驱动人工智能方法的宝贵资源,涵盖社交网络、生物医学、地理信息、电子商务等众多主题,在语义搜索、智能问答、推荐系统、大数据分析等领域应用广泛。

知识图谱可能由不同的机构和个人构建,同时,构建知识图谱的数据可能有各种来源,导致不同的知识图谱之间存在多样性和异构性。例如,对于不同的相关领域(甚至相同领域),通常存在多个不同的实体指称真实世界中的相同事物。

知识图谱融合旨在将不同的知识图谱融合为一个统一、一致、简洁的形式,为使用不同知识图谱的应用程序之间的交互建立互操作性。知识图谱融合常见的研究内容包括本体匹配(也称为本体映射)、实体对齐(也称为实例匹配、实体消解)、实体链接及真值发现(也称为真值推断)等。知识图谱面临的核心挑战主要包括大规模、异构性、低资源等。

知识图谱融合是知识图谱研究中的一个核心问题。知识图谱融合研究有助于提升基于知识图谱的信息服务水平和智能化水平,推动人工智能、自然语言处理、语义网、数据库等相关领域的技术进步,具有重要的理论价值和广泛的应用前景,可以创造巨大的社会效益和经济效益。

图 7-1 展示了一个知识图谱融合的常见流程。

预处理主要包括预先对输入的知识图谱进行清洗和后续步骤的准备。清洗主要是为了解决输入的质量问题;后续步骤的准备通常使用分块技术,通过对索引的合理设计，避免计算复杂度在匹配环节达到知识图谱规模的平方级别。这里的一个关键问题是对分块大小和数量的权衡，应在尽量不丢失可能结果的前提下使分块尽可能小。

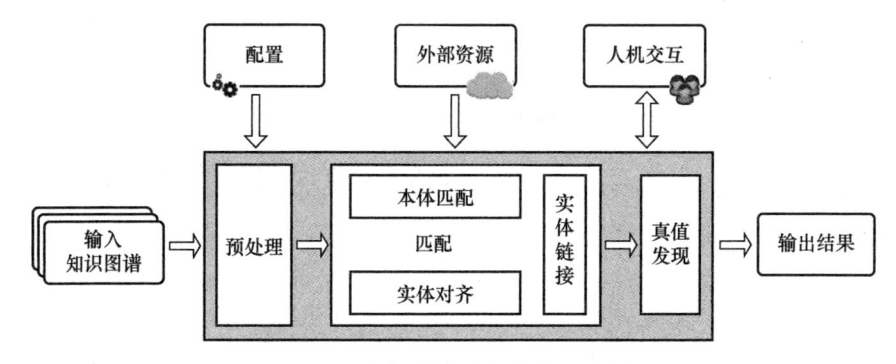

图 7-1　知识图谱融合的常见流程

根据匹配对象的不同，匹配一般分为**本体匹配**、**实体对齐**和**实体链接**等。本体匹配侧重发现知识图谱模式层的等价或相似的类、属性或关系；实体对齐侧重发现真实世界相同个体的实例；实体链接则将自然语言文本中的实体链接到知识图谱中的实体节点。如何从语义上消解对象之间的异构性是匹配环节待解决的关键科学问题。

在匹配的基础上，真值发现的主要目标是从不一致的数据中推测出真值，以实现多源异构知识的关联与合并，最终形成一个一致的结果。该步骤的关键在于综合判断数据源的可靠性和数据值的可信度。

7.2　多模态知识图谱融合方法

受限于篇幅，本节仅介绍知识图谱融合方向的近期研究动向和一些代表性技术方法，更早的工作请参见《知识图谱发展报告（2018）》及其他研究综述。

7.2.1　本体匹配

本体匹配的目标是建立不同本体概念之间的语义映射。近年来，关于本体匹配的研究进展不多。早期的一些代表性工作包括 RiMOM、Falcon-AO 等。值得一提的是，LogMap 获得了 2021 年语义网科学联盟颁发的"近十年最具影响力论文奖"。LogMap 是一个高度可扩展的本体匹配系统。它可以高效地匹配包含数万个（甚至数十万个）类别的本体，也可以利用复杂的推理和修复技术来降低逻辑不一致性，还可以在匹配过程中支持用户的可视化干预。近几年，LogMap 还将表示学习技术集成到本体匹配任务中。

7.2.2 实体对齐

1. 基于表示学习的实体对齐

近年来，以知识图谱表示学习为基础的实体对齐方法逐渐成为主流。基于表示学习的实体对齐框架主要包含 2 个模块：表示学习模块和对齐模块。其中，表示学习模块将单个知识图谱嵌入向量空间，大多数工作采用基于几何运算的模型，也有工作使用图神经网络等；对齐模块使用先验知识或人工标注得到少量先验对齐进行训练，再使用常用的向量度量函数对齐实体的表示，或者寻找全局最优的集体实体对齐结果，还有一些工作采用迭代的方式不断选择新发现的实体对齐来扩充训练样本。表示学习模块与对齐模块之间存在两种典型的交互方式：一种是将不同的知识图谱嵌入统一的向量空间；另一种是学习不同知识图谱向量空间之间的映射关系。

Dual-AMN 是近期的一个代表性实体对齐方法，其在降低模型计算复杂度的情况下保持了对知识图谱内和知识图谱间信息的建模。具体来说，Dual-AMN 设计了一个基于关系型注意力的卷积层用于捕捉单个知识图谱内的结构信息。针对知识图谱间的对齐信息，Dual-AMN 设置了一组代理向量隐式地表示图谱之间的对齐关系，并通过代理匹配注意力机制捕捉关系。

除了面向常规实体对齐场景的方法，还有一些研究工作尝试考虑更具挑战性的新场景。DiNGAl 首次提出了动态实体对齐任务，改变了常规场景中知识图谱是静态的这一假设，认为知识图谱中的事实是动态演变的，因此表示学习模型需要针对不断变化的图结构信息对实体表示进行更新。针对该挑战，DiNGAl 先基于拓扑无关的掩码门控机制得到静态的实体表示，再采用局部更新策略对动态过程中受影响的实体表示进行修正。由于在动态过程中会出现新的先验对齐，DiNGAl 将这部分新的对齐作为正例进行训练，从而对所有实体表示进行更新，避免了从头训练的开销。

知识图谱中的事实具有时效性，而现有的实体对齐方法完全忽视了时间信息。针对该问题，TEA-GNN 提出了面向时序知识图谱的实体对齐任务，使用开始时间戳和结束时间戳表示时间信息，并基于图神经网络将不同知识图谱中的实体、关系、时间戳嵌入统一的向量空间。TEA-GNN 首先为关系和时间戳分配不同的正交矩阵用于获得实体的邻居信息，然后在聚合时使用一种时间感知的注意力机制来区分不同邻居的重要性。为了进一步集成时间信息，TEA-GNN 还将实体表示和相邻的时间表示之和进行拼接，从而得到最终的实体表示。

2. 基于人机协作的实体对齐

基于人机协作的实体对齐通过付出较小的人工代价获得丰富的标注数据，从而提高模型的性能。

常见方法是先构建实体对标签的推断结构，然后由用户标注推断效用最大的未知实体对，并进行推断。Power 计算每对实体在不同属性上的相似度并将它们拼接成相似度向量，通过向量划分算法构造偏序结构，让用户标注偏序中前驱和后继总数最多的实体对。Rem 将实体对用对齐好的关系连接构成实体消解图，再基于实体对之间的关系建立概率传播模型，通过错误容忍的真值推断策略和最优化问题选择算法最大化收益期望。

近年来，一些工作尝试将深度神经网络和人机协作方法相结合。DATL 基于迁移学习初始化模型参数，并根据深度模型输出的熵挑选出候选对齐用于标注。ActiveEA 提出了一种结构感知的不确定性采样策略，用于度量每个实体的对齐不确定性及对周围邻居的影响程度。考虑到有些孤立实体在对应知识图谱内不存在可与之对齐的实体，ActiveEA 还设计了一种孤立实体识别器，从而减少因对这部分实体采样而造成的偏差。

RAC 进一步探索了深度强化学习与主动学习技术的结合。RAC 设计了 3 种查询策略：基于度数、基于 PageRank 值和基于信息熵。考虑到不同迭代轮次中不同查询策略的重要性有所不同，且一种查询策略不能满足所有数据集的需要，RAC 采用多臂老虎机策略自适应地混合 3 种查询策略，并挑选出最优查询供人工标注。

3. 多模态实体对齐

考虑到图像特征可以在一定程度上帮助消歧，近期一些工作引入了图像模态，并将多种模态的信息进行融合，基于多模态的实体对齐逐渐成为一个新的研究热点。

MMEA 较早地在实体对齐中考虑了图像特征空间，其总体框架如图 7-2 所示。MMEA 主要包含两个模块：多模态知识嵌入模块和多模态知识图谱融合模块。多模态知识嵌入模块用于获得实体在不同模态下的向量表示，其中使用 TransE 生成结构特征，使用 VGG16 获得图像特征。MMEA 还额外考虑了数值型属性，并利用径向基函数神经网络生成该模态的向量表示。在多模态知识图谱融合模块，MMEA 认为每个模态下的向量表示都来自不同的特征空间，因此设置了一个公共特征空间，并要求不同模态下的向量表示与公共空间下的向量表示尽可能接近，以实现不同模态信息之间的互补。

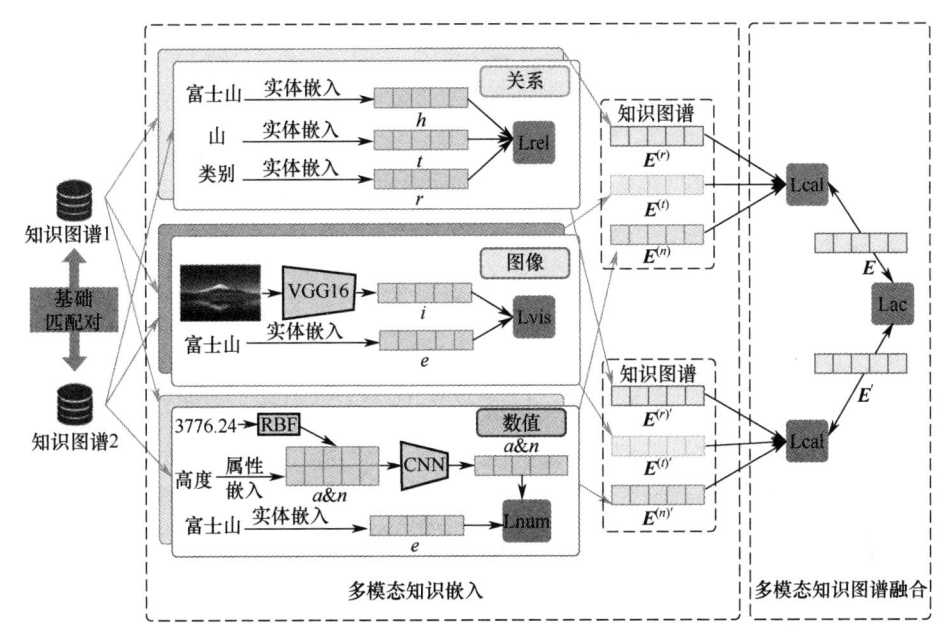

图 7-2　基于多模态的实体对齐方法 MMEA 的总体框架

EVA 采取了与 MMEA 类似的建模思路，使用 ResNet-152 对图像特征进行初始化，并基于 HMAN 得到关系特征与属性特征。进一步地，EVA 设计了一种基于注意力机制的多模态加权策略以实现多模态信息融合。此外，EVA 还探索了多模态技术在无监督实体对齐场景下的性能，实验结果表明仅利用图像相似度生成初始实体对的性能能够逼近有监督场景下的表现。

7.2.3　实体链接

实体链接通常建立在实体识别任务之上，需要预先识别文本中的命名性实体的提及文本，然后根据该提及枚举知识图谱中可能的候选实体，并用排序的方式从中挑选出最符合当前语境的实体作为链接结果。由于自然语言的多样性和模糊性，实体的表述往往具有较大的歧义，这使实体链接方法通常需要处理"一词多义"和"多词同义"两种歧义性问题。"一词多义"是指同一个实体名称可以表示多个实体。例如，给定自然语言文本"苹果发布了最新的手机产品 iPhone 13"，实体链接方法需要将其中的"苹果"链接到实体"苹果（企业）"，而非实体"苹果（水果）"。"多词同义"则是指一个实体可以用多个名称来表示。例如，"自然语言处理"和"NLP"都可以用来表示"自然语言处理（领域）"这个实体。

一个完整的实体链接方法通常包括以下 3 个步骤。①候选实体生成，即根据已识别出的实体提及，从海量的实体集合中选出有限数量的候选实体，可以划分为基于字符串匹配、基于资源扩展别名及基于先验概率计算 3 种方法。②候选实体排序，即结合上下文语境，对实体提及和候选实体进行相似度判断，并按照相似度得分进行排序，可以划分为基于统计的方法和基于深度学习的方法。③不可链接提及预测。由于知识图谱的不完备性，部分实体在知识图谱中并不存在，因此需要判断实体提及是否链接到了不存在的实体。下面介绍近期的一些代表性方法。

CHOLAN 使用 Transformer 编码器来进行端到端的实体链接。CHOLAN 认为现有的预训练模型（如 BERT）虽然在大型语料库上进行了预训练，但是在具体任务中仍需要考虑额外的上下文信息。CHOLAN 首先利用 BERT 识别输入句子中的提及，然后利用工具 Falcon 和 DCA 为每个提及生成知识库中的实体候选，最后将实体提及、句子、实体候选及 Wikipedia 中关于实体的描述信息拼接起来输入另一个 BERT，从而预测出链接的实体。

REL 利用先进的命名实体识别模型 Flai 来识别实体提及。针对候选实体生成，REL 首先利用 Wikipedia 和 CrossWikis 的超链接数量来预估每个提及−实体对的先验概率；然后根据该概率选取排名靠前的实体作为候选实体；之后利用相似度度量函数，从提及的附近单词中选取相似度最高的几个实体作为候选实体；最后基于先验的重要程度、上下文相似度及文档中其他实体链接的一致性，对所有候选实体进行排序与消歧。EntQA 将提及检测和实体消歧两个子任务的顺序进行颠倒，并将整个链接任务建模为一个开放域问答任务。EntQA 采用检索器−阅读器（Retriever-Reader）框架，利用知识图谱中实体的标题和描述来建模实体。Retriever 模块计算文本片段和实体之间的相似性评分，快速生成多个候选实体；Reader 模块以文档、文本片段和候选实体为输入，建模候选实体对应提及的概率及该候选实体为正确实体的概率，进而预测出实体链接结果。

7.2.4　真值发现

真值发现一般通过冲突检测、真值推断等技术消除知识融合过程中的冲突，再对知识进行关联与合并，最终形成一个一致的结果。如何处理多源数据中的冲突是真值发现的主要研究问题。例如，不同数据源可能对珠穆朗玛峰的高度有不同的描述，其中有些描述可能是不准确的，需要推断。常见的方法包括 3 类。第一类是迭代方法，如 TruthFinder、Investment 和 ACCU，其将数据源纳入考量，迭代评估数据源的可靠性与数据值的可信度直至收敛。第二类是优化方法。例如，文献[23]通过最小化整体的加权推断误差，使真值向可靠性高的数据源所提出的值靠近，同时距离较远的数据源会在优化过程中被分配较小的权重作为其可靠性。第三类是概率图模型，如 SimpleLCA 和 OKELE，其对影响数据源可靠性的潜在因素进行假设，并利用贝叶斯网络等模型对随机变量及其依赖关系进行建模。迭代方法和优化方法中的一系列计算规则及概率图方法中的各种影响因素需要人为设置，常常不能真实反映各种场景下的潜在数据分布与影响。

近年来，一些工作运用深度学习探索真值推断问题。CASE 基于数据源–数据值、数据源–数据源及真值–数据值之间的关联构建异构信息网络，将真值发现建模成异构信息网络的表示学习问题，即通过节点的表示拟合节点之间边的存在性。同时，CASE 根据数据源的表示来建模它们在不同目标上数据值的相似性，并使用 Beta 分布解决数据稀疏性问题。最终，CASE 利用已知真值进行半监督学习得到网络元素的表示，将与真值的表示最接近的数据值选作真值。

BAT 将数据源和推断目标及其之间的关联建模成二分图，基于图自编码器和数据源之间的关联性得到数据源的初始特征，基于预训练文本或图像信息编码器得到带推断目标的初始特征。BAT 先通过注意力机制计算节点之间的关联性，再使用图卷积网络聚合这些信息得到数据源，推断目标和边的信息，最后基于图卷积网络聚合的信息预测推断目标的真值，并通过真值进行训练。

此外，还有一些工作针对批量或流式数据研究快速更新数据源可靠性和实体真值的方法。EvolveT 注意到同一推断目标在不同时间点的真值之间具有关联性，因此引入了马尔可夫模型，即下一时刻的真值可以通过当前的真值和一个固定的转移矩阵确定。EvolveT 基于卡尔曼滤波与平滑器设计了一种线性时间的在线参数估计算法，可以快速高效地估计真值。

7.3 工具软件和评测数据集

1. 工具软件

就本体匹配而言，一些常见的本体匹配工具和系统可以从 OAEI（Ontology Alignment Evaluation Initiative）网站上获得。面向实体对齐，OpenEA 是一个最新的基于表示学习的实体对齐开源软件库。OpenEA 目前集成了 12 种代表性实体对齐方法，同时使用了一个灵活的软件架构，可以较容易地集成大量现有的表示学习模型。另一个类似的开源软件库是 EAkit。面向真值发现，CrowdTruthInference in Crowdsourcing 集成了 17 种真值推断算法，支持"是或否"判断、单项选择和数值估计 3 种类型任务的真值推断。

2. 评测数据集

标准的评测数据集对知识图谱融合十分重要，它们提供了一个横向比较各种方法性能优劣的平台。随着知识图谱融合研究的蓬勃发展，除了传统的 OAEI 评测数据集，还出现了一些新的数据集，简单介绍如下。

（1）DBP15k 数据集。针对实体对齐，DBP15k 数据集包含 3 个基于多语言版本 DBpedia 构建的跨语言数据集，分别是中文到英文、日文到英文及法文到英文。每个跨语言数据集均包含 6.5 万~10.5 万个实体，同时构建了 1.5 万组标签用于让另外 3 种语言与英文实体对齐。

（2）DYW100k 数据集。DYW100k 包含两个从 DBpedia、Wikidata 和 YAGO3 数据集中抽取出来的大规模数据集，即 DBP-WD 和 DBP-YG，包含 100 万组标签用于实体对齐。由于上述这些数据集缺乏悬挂实体，一个新的基于多语言版本 DBpedia 的实体对齐数据集 DBP 2.0 被构建。

（3）DBP 2.0 数据集。DBP 2.0 数据集把 DBpedia2016-101 作为原始数据源，并与 DBP15k 相同，构建了中文到英文、日文到英文及法文到英文的跨语言数据集。该数据集首先采样两个子图，它们的实体都基于语言间链接，并随机删除源图和目标图中不相交的实体集，使它们的对应物悬空。当被删除的实体在两个知识图谱中不相交时，被删除的实体的比例符合每个知识图谱中未对齐的实体的比例。

实体链接技术的重要性和实用性得到了工业界与学术界的广泛认同，研究者通过 AIDA、AQUAINT、ACE 等评测竞赛构建了 AIDA CoNLL-YAGO、TAC KBP 等数据集，催生了 TagMe、Dexter、AGDISTIS 等优秀的开源实体链接框架。

7.4 技术挑战与未来展望

预训练语言模型在自然语言处理领域取得了巨大成功。受此启发，针对大规模知识图谱进行预训练成为未来的一个潜在研究方向，预训练得到的知识同样可以迁移至下游诸多任务中。例如，在实体对齐中，大规模知识图谱的表示学习可以得到实体的通用知识信息，在一定程度上缓解了下游实体对齐中知识不充分的问题，如实体缺失部分模态信息。同样，在多语言实体链接中，预训练得到的高资源语言知识可以间接帮助低资源语言的实体链接。然而，对相关技术的探索也存在一定的挑战。例如，如何利用知识图谱融合技术对异构的知识图谱进行融合从而在更大规模的知识图谱上开展预训练很值得研究。

知识图谱融合的研究问题近年来有了一些新设定。例如，知识可能会随着时间的推移发生变化，未来的工作可以考虑面向流式数据的动态实体对齐和真值发现技术，得到更多准确的事实，用来补充动态知识图谱。又如，可以考虑利用动态知识图谱表示学习技术为动态真值发现提供真值的先验知识，以提高真值发现的准确性。

在评测数据集方面，现有的研究工作主要基于一些小规模数据集进行评测，如实体对齐使用的 DBP15k 数据集、实体链接使用的 TAC KBP 数据集等。然而，这些数据集的构建已有一段时间，显现出了一定的滞后性。同时，这些数据集的规模较小，覆盖面较窄，与真实世界存在一定的差别。因此，未来需要考虑如何结合现阶段的研究进展，针对多模态实体对齐、复杂事实真值推断、跨语言实体链接等新任务，开发出规模更大、质量更高的大规模评测数据集，从而更专业、更全面地评测知识图谱融合领域的工作。

7.5 本章小结

本章首先介绍了多源知识图谱融合的概念，并对融合的知识目标进行了描述。然后详述了多模态知识图谱融合的方法，针对知识图谱融合中本体匹配、实体对齐、实体链接、真值发现等主要任务的相关方法进行了阐述。在此基础上，对用于评估知识图谱融合结果的相关工具软件和评测数据集进行了简单介绍。最后，对知识图谱融合技术的未来发展方向进行了展望。

参考文献

[1] LI J, TANG J, LI Y, et al. Rimom: a dynamic multistrategy ontology alignment framework[J]. IEEE Transactions on Knowledge and Data Engineering, 2008, 21(8): 1218-1232.

[2] HU W, QU Y Z. Falcon-AO: a practical ontology matching system[J]. Journal of Web Semantics, 2008, 6(3): 237-239.

[3] JIMÉNEZ-RUIZ E, GRAU B C, ZHOU Y J. LogMap 2.0: towards logic-based, scalable and interactive ontology matching[C]//Proceedings of the 4th International Workshop on Semantic Web Applications and Tools for Life Sciences. London: ACM, 2011: 45-46.

[4] MAO X, WANG W T, WU Y B, et al. Boosting the speed of entity alignment 10 ×: dual attention matching network with normalized hard sample mining[C]// Proceedings of the Web Conference 2021. New York: Association for Computing Machinery, 2021: 821-832.

[5] XU C J, SU F L, LEHMANN J. Time-aware graph neural network for entity alignment between temporal knowledge graphs[C]//Proceedings of the 2021 Conference on

Empirical Methods in Natural Language Processing. Punta Cana: EMNLP, 2021: 8999-9010.

[6] AGARWAL R, SCHUURMANS D, NOROUZI M. An optimistic perspective on offline reinforcement learning[C]//Proceedings of the 37th International Conference on Machine Learning. Online: JMLR. org, 2020: 104-114.

[7] DI S M, SHEN Y Y, CHEN L. Relation extraction via domain-aware transfer learning[C]// Proceedings of the 25th ACM SIGKDD International Conference on Knowledge Discovery & Data Mining. New York: Association for Computing Machinery, 2019: 1348-1357.

[8] LIU B, SCELLS H, ZUCCON G, et al. ActiveEA: active learning for neural entity alignment[C]// Proceedings of the 2021 Conference on Empirical Methods in Natural Language Processing. Punta Cana: EMNLP, 2021: 3364-3374.

[9] ZENG W X, ZHAO X, TANG J Y, et al. 2021. Reinforced Active entity alignment[C]// Proceedings of the 30th ACM International Conference on Information & Knowledge Management. New York: Association for Computing Machinery, 2021: 2477-2486.

[10] YANG H W, ZOU Y Y, SHI P, et al. Aligning cross-lingual entities with multi-aspect information[C]// Proceedings of the 2019 Conference on Empirical Methods in Natural Language Processing and the 9th International Joint Conference on Natural Language Processing. Hong Kong: Association for Computational Linguistics, 2019: 4431-4441.

[11] RAVI M P K, SINGH K, MULANG I O, et al. 2021. CHOLAN: a modular approach for neural entity linking on Wikipedia and Wikidata[C]// Proceedings of the 16th Conference of the European Chapter of the Association for Computational Linguistics. Online: Association for Computational Linguistics, 2021: 504-514.

[12] van Hulst J M, Hasibi F, Dercksen K, et al. 2020. REL: an entity linker standing on the shoulders of giants[C]// Proceedings of the 43rd International ACM SIGIR Conference on Research and Development in Information Retrieval. New York: Association for Computing Machinery, 2020: 2197-2200.

[13] PASTERNACK J, ROTH D. Latent credibility analysis[C]// Proceedings of the 22nd International Conference on World Wide Web. New York: Association for Computing Machinery, 2013:1009-1020.

[14] CAO E M, WANGD F, HUANG J C, et al. Open knowledge enrichment for long-tail entities[C]// Proceedings of The Web Conference 2020. New York: Association for Computing Machinery, 2020:384-394.

[15] LIU J C, TANG F L, HUANG J L. Truth inference with bipartite attention graph neural network from a comprehensive view[C]//2021 IEEE International Conference on

Multimedia and Expo (ICME). Shenzhen: IEEE, 2021: 1-6.

[16] ZHI S, YANG F, ZHU Z Y, et al. Dynamic truth discovery on numerical data[C]// 2018 IEEE International Conference on Data Mining. Singapore: IEEE, 2018: 817-826.

[17] SUN Z Q, ZHANG Q H, HU W, et al. A benchmarking study of embedding-based entity alignment for knowledge graphs[C]// Proceedings of the VLDB Endowment. Tokyo: VLDB, 2020: 2326-2340.

[18] CHAI C L, LI G L, LI J, et al. A partial-order-based framework for cost-effective crowdsourced entity resolution[C]// Proceedings of the VLDB Endowment. Riode Janeiro: VLDB, 2018: 745-770.

[19] SHEN W, WANG J Y, HAN J W. Entity linking with a knowledge base: issues, techniques, and solutions[J]. IEEE Transactions on Knowledge and Data Engineering, 2014, 27(2): 443-460.

[20] LI Y L, GAO J, MENG C S, et al. A survey of truth discovery[J]. ACM SIGKDD Explorations Newsletter, 2015, 17(2): 1-16.

[21] YIN X X, HAN J W, YU P S. Truth discovery with multiple conflicting information providers on the Web[J]. IEEE Transactions on Knowledge and Data Engineering, 2008, 20(6): 796-808.

[22] DONG X L, BERTI-EQUILLE L, DIVESH SRIVASTAVA D. Integrating conflicting data: the role of source dependence[C]// Proceedings of the VLDB Endowment. Ryon: VLDB, 2009: 550-561.

[23] LI Q, LI Y L, GAO J, et al. A confidence-aware approach for truth discovery on long-tail data[C]// Proceedings of the VLDB Endowment. Hangzhou: VLDB, 2014: 425-436.

[24] LYU S S, OUYANG W T, WANG Y Q, et al. Truth discovery by claim and source embedding[J]. IEEE Transactions on Knowledge and Data Engineering, 2019, 33(3): 1264-1275.

第 8 章
基于多模态知识的推荐系统

在大数据时代，推荐系统扮演着至关重要的角色，它成为连接用户和信息提供者的纽带。一方面，推荐系统有助于用户从海量信息中筛选出对自己有价值的资讯；另一方面，推荐系统能帮助信息提供者将其产品展示给可能感兴趣的目标人群。人类能够接收并解析多种类型的数据（如声音、文字和图像），这些多模态数据可以帮助人们认识世界、理解世界。受此启发，多模态推荐应运而生，它具备理解和解释不同模态数据的能力。多模态推荐能够捕获不同类型数据之间的潜在关联，从而有可能揭示出单一模式、方法或隐性互动无法获取的补充信息。多模态推荐能够有效缓解数据稀疏问题和冷启动问题，利用辅助的多模态信息提高推荐性能。

8.1 推荐系统和多模态推荐

8.1.1 推荐系统的任务定义

推荐系统是大数据时代应对信息爆炸的重要工具，是连接信息的消费者和生产者的桥梁。推荐系统通常拥有数量庞大的用户和项目。而与此相对，一个用户购买过的项目和购买过一个商品的用户都是极其稀疏的，<用户–项目> 的稀疏性是推荐系统面临的一个核心挑战。

推荐算法从用户行为中挖掘用户的兴趣偏好，在数以千万计甚至数以亿计的内容中为其检索最有价值的信息，将这些信息广泛应用于电商平台、视频网站、新闻网站等互联网应用中。在推荐系统中，用户信息、项目信息及用户–项目交互信息可以统称为推荐系统的多模态知识。

（1）用户信息：包括年龄、性别、收入、职业、兴趣标签及社交关系等。

（2）项目信息：包括类别、品牌、价格、属性、标签、文本描述、图像等。

（3）用户-项目交互信息：此类信息是反映用户偏好和需求的重要依据，根据应用的不同，可能包括用户对物品的评分、用户查看物品的记录、用户的购买记录等。用户-项目交互信息可以根据应用类型的不同分为显式的用户反馈和隐式的用户反馈。显式的用户反馈是用户除在网站上自然浏览或使用网站外，显式提供的反馈信息，如用户对物品的评分、对物品的评论。隐式的用户反馈是用户在使用网站时产生的数据，隐式地反映了用户对物品的喜好，如用户购买了某物品、用户查看了某物品的信息等。

给定用户集合 U 和项目集合 I，推荐任务旨在通过用户信息、项目信息及用户-项目交互信息 H，分析用户偏好和需求，为用户 u 在海量的商品集合中找到对其有价值的商品子集 i_u，计算公式为

$$i_u = \text{Recommenation}(U, I, H) \tag{8-1}$$

推荐任务中常用的指标包括命中率（Hit Rate，HR@K）和平均倒数排名（Mean Reciprocal Rank，MRR@K）。

HR@K 是指真实值位于预测返回的最前面的 K 个结果中，是一个不考虑排序先后的指标。它的计算方法为

$$\text{HR}@K = \frac{n_{\text{hit}}}{N} \tag{8-2}$$

式中，N 为测试会话的个数；n_{hit} 为推荐的 Top-K 列表中命中真实值的次数。

MRR@K 是指真实值在前 K 个预测项目集中排序的平均倒数值，是一个考虑排序先后的指标。它的计算方法为

$$\text{MRR}@K = \frac{1}{N} \sum_{v' \in S_{\text{test}}} \frac{1}{\text{Rank}(v')} \tag{8-3}$$

式中，N 表示测试会话的次数；S_{test} 表示推荐列表集合；$\text{Rank}(v')$ 表示相关项目在推荐列表中的排名，当排名大于 K 时，该排名的倒数设为 0。

8.1.2 多模态推荐的任务定义

传统的推荐方法，如协同过滤、基于内容的推荐等，在面临大量新用户和新产品的情况下容易出现"冷启动"和数据稀疏性问题，从而降低推荐结果的准确性。为了解决这些问题，近年来有多项研究尝试将多模态信息引入推荐系统。利用辅助的多模态信息可以弥补历史上的用户与产品交互的不足，改善推荐系统的性能。此外，多模态模型能探索和表达不同模态之间的潜在联系，并可能发现那些无法通过单模态方法和隐性交互获取的补充信息。多模态推荐方

法不仅可以应用于推荐领域，在自然语言处理等各种人工智能任务上也发挥着重要作用。多模态数据不仅能揭示用户与商品之间的关系，还能反映出用户在不同模式下的喜好程度。对于同一模式，数据也可能体现出不同商品之间的相似性和语义内涵。目前的多模态推荐方法主要通过对各种模态的数据进行特征抽取，将多个模态的特征融合起来作为辅助信息或商品的表示。例如，VBPR 模型首先提出了将视觉特征引入推荐系统的设想，将视觉嵌入与 ID 嵌入相结合，作为商品的表征。除此之外，基于知识图谱的多模态侧面信息也被引入多模态推荐领域，以更加精准地对用户与商品进行表征，进而提高推荐结果的准确性。许多新技术不断被引入多模态推荐领域，试图找到更优秀的解决方案。

如今，各类在线分享平台层出不穷，涵盖时尚、新闻、短视频和音乐等领域，拥有广泛的用户群体。这些平台积累了大量的多模态信息，推动着用户的行为选择。不同于传统的单模态推荐方法，多模态推荐方法更善于在这种包含丰富的多模态信息的应用环境中发挥作用，以更好地理解用户的真实需求。例如，MMGCN 等多模态推荐模型就巧妙地利用了视频中的各种内容信息，如视频帧、音频、字幕和描述等，以进行视频推荐。然而，有些类型的推荐场景仍然面临挑战。时尚推荐就是一个例子，由于涉及复杂的特质和主观性，如何构建一个有效的推荐系统十分棘手，多模态信息也许能为此提供帮助。同样，早期的新闻推荐系统往往只侧重文本信息（如标题信息），但近年来的研究逐渐意识到图像等视觉信息的重要性，并开始尝试结合多模态信息来增强推荐的效果。

8.2　多模态推荐的特征提取

特征提取的目的在于使用嵌入的方式来有效地表示各种模态特征，使其简洁易懂且易于理解。有两种利用模态数据的方式。第一种方式是在将数据输入模型之前，先对其进行预处理和提取；第二种方式是将原始数据直接输入模型，并使用端到端的学习方式。大多数 MMRec 模型会采取第一种方式进行数据预提取。针对不同的模态数据，有不同的特征提取方法。为了便于说明，下面将多模态推荐的特征抽取任务按数据源划分为文本特征提取、视觉特征提取和其他信息特征提取，并罗列几个常见的特征提取方法及其对应的模型示例。

1. 文本特征提取

推荐系统最常使用的多模态信息是文本信息。在提取文本特征时，推荐系统会根据模型的实际需求选择不同的预训练语言模型。第一种重要的文本信息是项目配文。在视频推荐中，MMGCN、DualGNN 等方法根据视频的名称解析视频的内容信息。在图像推荐中,图像的多模态推荐模型 MMRec、IMRec 分别利用 VILBERT 模型和 Attention 模型提取图像配文的语义信息,从而有助于理解图像中的细节和情境信息。PMGT、Lattice 等推荐方法利用 BERT 及 Transformer 等方法提取项目描述信息中的产品特征,从而更好地理解商品属性。推荐任务中的另一种重要的文本信息是评论信息。DMRL、MKGAT 等方法利用 BERT、Word2Vec、DBOW 等文本特征解析方法从评论信息中提取用户满意度、用户兴趣点、产品特性品质等,有助于提升推荐的准确性和个性化水平。

2. 视觉特征提取

在提取视觉特征时,通常采用 CNN 及其衍生算法,如 CNN+MLP、深度 CNN、Caffe 和 ResNet 等模型。CNN+MLP 模型先使用 CNN 提取图像特征,然后将这些特征传递给 MLP 进行进一步处理。深度 CNN,如 AlexNet、VGGNet 等,具有更深的网络结构,能够提取更复杂的图像特征,适用于在推荐系统中处理高度复杂的视觉内容,如识别细微的产品细节或风格特征。Caffe 是一个深度学习框架,支持多种类型的 CNN 架构。它以高性能和易用性著称。在多模态推荐系统中,Caffe 可以作为快速原型设计和实验的平台,用于测试不同的 CNN 模型。ResNet 通过引入残差连接解决了深层网络的训练问题,允许构建具有更深网络结构的模型。ResNet 在提取复杂和层次化的图像特征方面非常有效,尤其适用于那些需要精细视觉理解的推荐任务。在多模态推荐系统中,这些 CNN 模型通常与其他模态的处理方法(如文本的 NLP 模型)相结合,共同应用于推荐算法中。这样,推荐系统不仅能理解视觉信息,还能将其与其他类型的数据(如文本描述、用户评论等)结合起来,提供更准确、更个性化的推荐。

3. 其他信息特征提取

在多模态推荐系统中,除了常见的视觉信息和文本信息,人们还整合了一系列多样化的信息模态来提升推荐的准确性和个性化水平。这类信息包括:①音频信息,如音乐、语音评论,能够提供节奏、音高等特征;②视频信息,结合视觉和动态内容,用于场景和人物动作识别;③交互数据,如用户的点击历史和购买历史,能够反映用户偏好;④传感器数据,来源于智能设备,包含位置、运动等信息,适用于健康和旅行推荐;⑤社交媒体数据,如点赞和分享,能够揭示用户的社交行为;⑥时间信息,能够帮助分析用户的时间规律;⑦地理位置信息,用于地域相关的推荐;⑧用户评分,提供用户的满意度和反馈。通过这种多维度的信息融合,多模态推荐系统能够更全面地理解用户需求,从而提供更相关、更令人满意的推荐结果。

8.3 基于矩阵分解的多模态推荐

矩阵分解是一种协同过滤方法，通过将用户-项目交互矩阵分解为两个低维矩阵的乘积实现。它的核心思想是将一个大的用户-项目交互矩阵分解为两个更小、更低维的矩阵，这些矩阵可以揭示潜在的用户偏好和项目特性。

假设有一个用户-项目交互矩阵 R，大小为 $m \times n$，其中 m 是用户的数量，n 是项目的数量，矩阵中的元素 r_{ui} 表示用户 u 对项目 i 的评分或偏好程度。在很多实际情况中，这个矩阵是稀疏的，因为并非所有用户都对所有项目进行了评分。矩阵分解的目标是将这个大矩阵 R 分解为两个较小的矩阵：用户矩阵 U（大小为 $m \times k$）和项目矩阵 I（大小为 $k \times n$），其中 k 是事先设定的特征数量，其值通常远小于 m 和 n。这两个矩阵的乘积应该尽可能地接近原始矩阵 R，即 $R \approx UI^T$，其中 I^T 是矩阵 I 的转置。一旦学习到用户矩阵 U 和项目矩阵 I，就可以通过计算未知元素的内积预测用户对未评分项目的评分。例如，用户 u 对项目 i 的预测评分可以通过 $u_i i_u^T$ 来计算，u_i 和 i_u 分别表示用户矩阵 U 与项目矩阵 T 中的向量。

在推荐系统中，通常会使用一些辅助信息来帮助进行推荐，如评论和评分。然而，在此之前，产品的视觉外观往往被忽略。VBPR 利用预训练的深度 CNN 获取视觉特征，并通过线性变换将其映射到一个较低维度的视觉空间。然后将视觉特征和 ID 嵌入结合起来作为项目表示，并将该表示输入矩阵分解中进行偏好预测。AMR 模型指出了当前像 VBPR 这样的多媒体推荐系统的脆弱性，并利用对抗性学习构建了一个更加鲁棒的推荐系统。AMR 通过将视觉信号纳入推荐模型中，并将 CNN 模块集成到矩阵分解（Matrix Factorization，MF）模块中，共同训练图像表示和推荐模型，以提高性能。此外，使用 AMR 模型可以生成与训练集中的图像相似的图像。给定用户和类别，AMR 模型结合生成对抗网络可以生成与用户偏好一致的新项目。

对于文本信息，ConvMF 模型希望利用 CNN 架构来捕获文档信息。然而，现有的 CNN 方法主要用于解决分类问题，并不适用于推荐等回归任务。因此，ConvMF 模型将概率矩阵分解（Probabilistic Matrix Factorization，PMF）与 CNN 相结合进行推荐。具体而言，PMF 模型用于处理用户-项目交互数据，CNN 则用于提取文本信息（如产品描述、用户评论）中的特征。ConvMF 将 CNN 提取的文本特征与 PMF 中的项目特征相结合，以更全面地表示项目。最终，基于这些融合后的特征，ConvMF 能够预测用户对项目的评分。通过结合 PMF 和 CNN，ConvMF 不仅利用了用户-项目交互数据，还融入了丰富的文本信息，从而提供了更准确、更个性化的推荐。

基于矩阵分解的多模态推荐系统结合了传统的矩阵分解方法和多模态数据（如文本、图像、音频）的处理，以提供更准确和更个性化的推荐。然而，这种方法也存在一些不足之处。首先，处理和整合不同模态的数据可能需要复杂的预处理与特征提取技术，这提高了模型的计算复杂度。其次，对于新用户或新项目（"冷启动"问题），由于缺乏足够的交互数据，矩阵分解方法可能难以有效地工作。此外，如何有效地融合和平衡不同模态的信息仍然是一个挑战，因为不同模态的数据可能具有不同的重要性和特性。最后，过于依赖复杂模型可能导致过拟合现象，尤其是在数据较少或噪声较多的情况下。

8.4 基于注意力网络的多模态推荐

注意力机制受到人类注意力的启发，它模拟了用户对不同模态或同一模态的不同方面给予不同程度的关注。这种机制能够捕捉用户偏好并丰富用户表示。

传统的协同过滤模型在多模态推荐中设计不佳，忽略了对多模态信息的利用。ACF 通过设计项目级和组件级注意力模块，并将其整合到传统的协同过滤模型中进行推荐，解决了这个问题。然而，用户的愿望通常由固定的特征向量表示，这可能无法充分代表用户对各种项目的偏好。因此，MAML 特别关注多样化的项目特征，为各种项目建模用户偏好。它首先将检索到的文本特征和视觉特征连接起来，然后将其输入多层神经网络中。为了识别用户对各种产品属性的不同偏好，MAML 引入了一个注意力神经网络，通过融合文本特征和视觉特征提高推荐的准确性。DMRL 模型建模了用户对不同模态的偏好。DMRL 采用解耦表示方法学习多个模态的独立因素表示，并设计了一种权重共享的多模态注意力机制，可以将用户的注意力吸引到各种模态的因素上。将这样的用户和项目表示与学习到的注意力相结合，可以更准确地预测用户对目标项目的偏好。

上述微视频推荐方法仅考虑了用户的多模态信息，忽略了微视频的多模态信息。为了解决这个问题，UVCAN 学习了用户和微视频的多模态表示，以进行个性化的微视频推荐。与仅关注视频注意力不同，UVCAN 利用项目和微视频之间的共同注意力机制来更好地联合执行注意力。它使用了一个堆叠的注意力网络来处理用户个人资料和微视频的多模态特征，将多模态特征作为输入查询，并通过多步推理获得视频注意力。在学习了视频表示之后，将其用作输入查询，通过多步推理捕捉用户的注意力。

新闻表示对于新闻推荐至关重要，但大多数现有的新闻推荐模型忽略了新闻的视觉信息，只考虑标题等文本信息。为了解决这个问题，MMRec 结合了两种模态来学习新闻表示。它首先进行对象检测以获取图像关注区域。然后使用视觉语言模型对文本和图像关注区域进行编码，并使用共同注意力转换器学习内在的跨模态关系。此外，MMRec 还引入了一个跨模态候选感知注意力网络，用于学习点击新闻和候选新闻之间的关系，以更好地捕捉用户对候选新闻的偏好。

研究人员在设计多模态模型模块时通常会忽略决策过程。为了解决这个问题，IMRec 基于用户在搜索新闻时更关注视觉印象的事实，开发了局部印象模型模块。该模块从印象图像中提取重要线索，缩小了语义和印象之间的差距，增强了新闻标题的语义意义。全局印象模型模块用于融合不同的线索，同时不丢失结构信息。实验使用了 MIND 数据集，并添加了印象图像的屏幕截图。

基于注意力网络的多模态推荐系统利用注意力机制来高效地整合来自不同模态（如文本、图像、音频）的信息。这种方法的显著特点是能够动态地识别和强调不同模态数据中最相关的部分，从而更准确地捕捉用户的兴趣和偏好。例如，在处理产品评论和图片时，注意力网络可以辨别哪些文本片段和图像区域对用户决策最重要。这使推荐更具个性化且与用户需求密切相关。

8.5 基于图神经网络的多模态推荐

在推荐场景中，图神经网络的主要任务是学习用户和物品的表示，用于预测用户对物品的兴趣。基于图神经网络的多模态推荐能够直接融合每个节点所提取的多模态嵌入，构建模态特定的图以从中学习每个模态的表示，再将多个 GNN 输出进行融合，得到最终的结果。

预训练模型 PMGT 通过融合项目的多模态附加信息和项目之间的关系学习项目的表示。PMGT 模型借助注意力机制提取出多模态表示，其优势在于能够识别并强调最关键的信息片段，无论它们来自哪种模态。多模态表示随后与位置嵌入和基于角色的嵌入融合，以生成节点嵌入。其中，位置嵌入可以帮助模型理解序列数据中元素的顺序；基于角色的嵌入则提供了关于节点在图中角色的上下文信息。接着，PMGT 进行预训练，这一步是为了使模型能够学习通用的特征表示。最后，模型可以用于特定的推荐任务，此时它利用预训练期间学到的知识来提高推荐的准确性和效率。

基于知识图谱的推荐系统会利用关键的外部知识来提升性能。此类系统往往忽略了多模态特征中不同数据类型之间的差异，而 MKAGT 就在这种情况下派上了用场。MKAGT 使用实体方法来构建一个多模态的知识图谱。在该知识图谱上,多模态知识图谱实体编码器会针对不同类型的数据采用不同的编码器,并使用多模态知识图谱注意力层聚合邻近信息。当每个实体的表示都得到学习以后,就可以利用知识图谱嵌入将这些表示作为输入,进行知识推理关系的学习。

8.5.1 基于异质图融合的多模态推荐

多模态推荐系统通常需要处理和整合来自不同模态的数据,如文本描述、用户评论、商品图片、视频介绍等。异质图作为一种包含不同类型节点的图模型,能够建模异质的多模态信息。在图中,将用户和项目视为不同类型的节点,并将它们之间的交互作为边。为了进行特征聚合,直接在用户-项目二分图中执行操作。对于每种模态,使用 GCN(如 MMGCN、DualGNN)或 GAT(如 MGAT)来处理。

先前的多模态推荐工作注重利用多模态信息来更好地表示项目,但忽略了用户和项目之间的信息交换。MMGCN 框架基于 GNN 实现消息传递,并为特定模态构建了用户-项目二分图。来自多跳邻居的信息可以用来更好地理解用户偏好,并在完成聚合和组合过程后创建改进的用户表示。MMGCN 简单地将 GNN 应用于交互图,并平等地对待邻居进行信息变化,即不区分不同邻居的重要性。这意味着所有邻居对用户表示的贡献都被视为等同的。这可能是一个潜在的改进点,因为在实际中,某些邻居可能比其他邻居更重要。DualGNN 引入了一个模型偏好学习模块,并将用户的注意力吸引到各种模态上。MGAT 基于 MMGCN 框架,使用原始 GCN 进行聚合,并以相同的方式组合聚合结果。为了管理每种模态的信息传输,它添加了一种新的门控注意力机制。因此,它可以记录复杂的用户交互模式并生成更好的用户推荐。此外,通过学习多模态融合模式,可以减弱缺失模态产生的影响。

如果使用一个不均匀的数据集,其中只融合了单一模态特征到多模态特征的大致信息,会导致单一模态偏见。由于数据集不均匀,某些模态的特征可能被过度强调或过度低估,从而导致对其他模态的偏见。EliMRec 利用因果推理和反事实分析消除了单一模态偏见。单一模态信息对最终结果的因果效应(总效应)是由总间接效应通过"单一模态→项目表示→最终结果"和自然直接效应通过"单一模态→最终结果"产生的。从总效应中减去自然直接效应,可以消除单一模态偏见。

8.5.2 基于同质图融合的多模态推荐

上述基于 GNN 的多模态推荐方法仅考虑了用户和物品之间的关系,而忽略了同质数据之间的丰富关系。考虑每个模态之间的物品–物品关系或考虑用户共现频率来构建图，有助于捕捉相同类型节点之间的关系。具有多模态信息的异构用户–物品交互图利用了历史交互信息，但忽略了可以用来更好地捕捉物品表示的语义物品–物品关系。

  Lattice 使用一种模态感知的结构来学习物品的特征，并通过图卷积和注意力机制增强物品的表示。Lattice 通过模态感知学习层处理不同模态（如文本、图像等）的特征，以学习物品的结构。这种方法允许系统理解每种模态在表达物品特征方面的独特性。利用物品之间的亲和性，Lattice 应用图卷积方法来学习更有效的物品表示，这种方法有助于捕捉物品之间的关系和相互作用。为了更好地融合来自不同模态的信息，Lattice 引入了注意力机制，以识别每种模态的相对重要性，使系统能够根据各模态的贡献度来调整物品的最终嵌入表示。通过自监督对比任务，Lattice 最大化每种模态的物品嵌入与融合多模态表示之间的一致性，这有助于提升模型在处理多模态数据时的鲁棒性。学习到物品表示后，Lattice 利用现有的协同过滤方法来进一步提升推荐性能。此外，在构建图结构时，Lattice 不仅构建了同质图中的关系，还考虑了用户共现的时间因素，如在 DualGNN 中所做的那样，这有助于捕捉用户在不同模态内容之间的交互行为模式。总体而言，Lattice 通过学习多模态融合模式减弱了由模态缺失引起的影响，提高了系统对不完整数据的处理能力，从而提供了更准确和更个性化的推荐结果。Lattice 总体框架如图 8-1 所示。

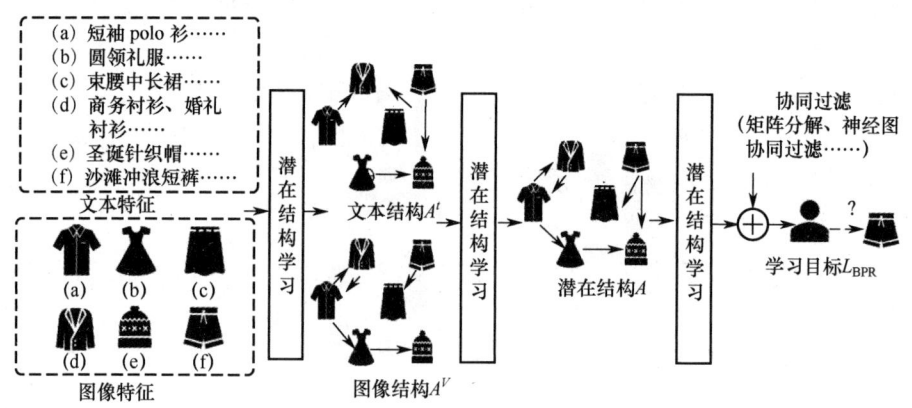

图 8-1 Lattice 总体框架

  常用的模态融合方法将多模态信息融合到 ID 嵌入中以学习有意义的物品表示。Lattice 发现可以使用模态特征来构建物品之间的潜在结构，而不是将模态信息融合到用户–物品子图中。HCGCN 遵循了 Lattice 的一般过程，通过构建物品语义图和用户–物品交互图整合多模态信息。这种结构有助于模型更好地理解物品特征和用户偏好。HCGCN 引入了协同聚类技术，在同一子图中同时学习用户和物品的表示。这种方法有助于模型更全面地捕捉用户行为模式和物品特性。为了增强用户对物品的偏好反馈，HCGCN 使用了协同聚类损失和物品聚类损失，这有助于模型更精确地捕捉用户的兴趣点和偏好。HCGCN 利用这些聚类损失来调整不同模态的重要性，确保模型能够有效地平衡和融合来自不同数据源的信息。通过这种方法，HCGCN 能够融合文本、图像等不同模态的数据，提供更丰富的用户和物品表示。总体而言，HCGCN 通过结合物品语义图、用户-物品交互图和协同聚类技术，有效地提升了多模态推荐系统中的用户和物品表示能力。这种方法不仅增强了用户-物品的偏好反馈，而且提高了模型在处理多模态数据时的准确性和灵活性。

8.6 多模态推荐的模态融合

对多模态推荐系统而言，模态融合是一个重要的研究方向。可解释的、互补的融合多模态表示可以显著提升多模态推荐系统的性能。从技术角度来看，多模态融合是将来自不同模态的信息整合为单一的表示形式，可用于预测和分类等不同的任务。多模态融合的优点有以下 3 个。①可以捕捉到每种模态中的普遍模式，从而基于相同的模式获得更鲁棒的表示形式；②可以捕捉到单一模态中不可见的互补信息；③可以处理模态缺失问题，即使其中一种模态缺失，系统也可以继续运行。多模态推荐的模态融合大致可以分为早期融合、晚期融合和中间融合。

8.6.1 早期融合

早期融合（也称为数据级融合）是一种将来自不同模态的数据在特征层面进行整合的方法。这种方法直接将不同模态的嵌入表示合并成一个统一的特征表示，然后将这个融合的特征表示输入推荐模型中。由于早期融合在较低的层次合并特征，因此可能无法有效地捕捉和利用不同模态之间的互补信息。此外，不同模态的数据可能包含重复或冗余信息，早期融合可能导致这些重复或冗余信息被加强。为了克服早期融合缺乏互补信息捕捉能力和数据冗余的局限性，可以使用主成分分析或自编码器等特征提取方法，在融合前减少数据的维度和冗余。最简单的融合方式是将不同模态的特征向量拼接在一起。此外，注意力机制可以用于确定不同模态特征的重要性，并据此动态调整它们在融合特征中的权重。总体来说，早期融合在多模态推荐中是一种直观且常用的方法，但由于其在处理多模态数据互补性和冗余性方面的局限性，通常需要配合高效的特征提取和智能的融合策略来实现最佳效果。

8.6.2 晚期融合

晚期融合（也称为决策级融合）在多模态推荐系统中是一种在决策层面整合来自不同模态的信息的方法。与早期融合不同，晚期融合侧重将每种模态单独处理得到的预测结果或分数进行综合。这种方法能更有效地学习和利用不同模态之间的互补信息，由于每种模态相互独立，它们的错误不会相互影响，因此降低了错误传播的风险。常用的晚期融合方法包括最大值融合、平均值融合、基于贝叶斯规则的融合和集成学习。具体而言，除了拼接法和基于注意力机制的融合策略，晚期融合策略还包括 PoE 融合和 Ego 融合。PoE 融合将每个模态视为一个"专家"，通过它们的预测产物（如概率）的乘积做出最终决策。Ego 融合选择一个或多个节点作为分析焦点的节点（Ego 节点），这些节点可以是用户、物品或其他实体。围绕 Ego 节点构建一个综合视图，融合来自不同模态的数据或特征，如文本、图像、音频等。

总体而言，晚期融合为多模态推荐系统提供了一种灵活且有效的方法，通过在决策层面整合不同模态的信息，可以更好地利用每种模态的独特优势和互补性。这种方法可以使不同模态之间保持独立性，同时降低错误传播的风险。

8.6.3 中间融合

中间融合（也称为中间级融合）介于早期融合和晚期融合之间。在中间融合中，不同模态的数据首先被单独处理以生成高维嵌入表示，然后在模型的中间层融合这些表示。在初始阶段，对每种模态（如文本、图像、音频等）单独进行处理，以提取模态特定的高维特征或嵌入。在模型的中间层，这些从不同模态提取的嵌入被融合在一起。这种融合可能通过各种方法实现，如拼接、加权求和或使用更复杂的机制（如注意力机制）。中间融合提供了一种灵活的融合方式，可以根据模型的具体设计和目标进行调整。这种方法在早期融合的直接性和晚期融合的独立性之间取得了平衡，允许模型利用不同模态的互补信息，同时避免了过早融合可能导致的数据冗余问题。通过在中间层进行融合，模型可以更好地捕捉和利用不同模态之间的上下文与关系。中间融合的效果很大程度上取决于模型设计的具体实现，包括如何处理各种模态的数据，以及如何在中间层实现融合。

8.7 多模态推荐的常用数据集

多模态推荐选用的数据集可能会缺少某种特定的模态特性，因此正确地选取含有所需模态特性的合适数据集至关重要。表 8-1 列出了多模态推荐的常用数据集，包括 Amazon、Yelp、MIND、Kwai、TikTok 和 MovieLens 等。Amazon 数据集一般包含图像和文本两种模态的信息，且种类繁多，在选择该数据集时要考虑具体的分类需求。例如，婴儿用品、运动装备、美妆美容及艺术品推荐，通常会使用 Amazon 数据集；餐饮类别推荐常使用包含图片和用户评论的 Yelp 数据集；新闻推荐常使用 MIND 数据集；Kwai、TikTok 和 MovieLens 数据集主要用于短视频推荐，涵盖文本、图像和声音等多种模态信息，但 Kwai 和 TikTok 的数据集并不对外开放。倘若需要其他模态推荐或尚未找到合适的公开数据集，研究者可以从相关网站上抓取数据，创建新的数据集。

表 8-1　多模态推荐的常用数据集

数 据 集	来　　源	模　　态
Amazon	Amazon.com	图像、文本
Yelp	yelp.com	文本、图像
MIND	msn.com	文本
Kwai	kuaishou.com	视频
TikTok	tiktok.com	视频
MovieLens	movielens.org	文本
大众点评	dianping.com	文本

8.8　技术挑战与未来展望

模态信息被证明对推荐很有帮助，如何设计模型以更好地利用多模态信息是多模态推荐研究中面临的首要挑战。正确地使用多模态特征可以提高推荐系统的性能，否则这些特征将成为噪声。但对于一些模型，使用单一模态的信息也可以拥有很好的性能，甚至高于同时利用多模态信息的性能。每个模态可能捕捉到物品不同方面的特征，应该找到一种方法将它们融合在一起，同时保持各模态的特定信息，以学习一个包含单一模态表示所无法包含的互补信息的多模态表示。如果模型能够高效地融合多模态特征，推荐的准确性应该会高于单一模态的情形。此外，在现实世界中，模态缺失问题普遍存在。然而，一些模型假设在训练和推断期间所有模态信息都是可用的，这在面对不完整和缺失的模态时是行不通的。

未来应当着重研究如何高效地利用多模态特征。

（1）高效的模态融合方法。着重研究如何更有效地整合多种模态的信息，以提高推荐系统的性能。寻找能够捕捉互补信息的高效模态融合方法，确保融合后的表示能更全面地描述用户和物品。

（2）模态缺失问题的解决。解决在现实应用中可能面临的模态缺失问题，即某些模态信息不完整或缺失的情况。研究如何在模态缺失的情况下进行推荐，以提高系统的鲁棒性和适用性。

8.9 本章小结

多模态推荐系统结合来自不同数据源的多种模态信息来提供个性化的推荐。这类系统的目标是充分利用各种类型的数据，以提高推荐的准确性和用户满意度。多模态推荐广泛使用深度学习技术（如卷积神经网络、图神经网络和注意力机制）来处理和提取不同模态的特征。实施不同级别的融合策略，包括早期融合、中间融合和晚期融合，可以最大化地利用多模态数据的互补性。多模态推荐系统在设计和实现上较为复杂，需要有效管理和整合来自不同模态的信息，并处理可能存在的数据不一致性和冗余问题。多模态推荐系统能够应用于电商平台、视频推荐、音乐推荐及社交网络推荐等多种推荐场景。

参考文献

[1] HE R, MCAULEY J. VBPR: visual bayesian personalized ranking from implicit feedback[C]// Proceedings of the 30th AAAI Conference on Artificial Intelligence. Phoenix: AAAI Press, 2016: 144-150.

[2] HU J, LIU Y, ZHAO J, et al. MMGCN: multimodal fusion via deep graph convolution network for emotion recognition in conversation[C]//Proceedings of the 59th Annual Meeting of the Association for Computational Linguistics and the 11th International Joint Conference on Natural Language Processing. Online: ACM, 2021: 5666-5675.

[3] WU C, WU F, QI T, et al. Mm-Rec: visiolinguistic model empowered multimodal news recommendation[C]//Proceedings of the 45th international ACM SIGIR Conference on Research and Development in Information Retrieval. Madrid: ACM, 2022: 2560-2564.

[4] NEVE J, MCCONVILLE R. ImRec: learning reciprocal preferences using images[C]// Proceedings of the 14th ACM Conference on Recommender Systems. New York: ACM, 2020: 170-179.

[5] KIM D H, PARK C, OH J. Convolutional matrix factorization for document context-aware recommendation[C]//Proceedings of the 10th ACM Conference on Recommender Systems. New York: ACM, 2016: 233-240.

[6] PAN X Y, CHEN Y S, TIAN C X, et al.Multimodal meta-learning for cold-start sequential recommendation[C]//Proceedings of the 31st ACM International Conference on Information & Knowledge Management. New York: ACM, 2022: 3421-3430.

[7] LIU F, CHEN H L, CHENG Z Y, et al. Disentangled multimodal representation learning

for recommendation[J]. IEEE Transactions on Multimedia, 2022(25): 7149-7159.

[8] LIU Y, YANG S S, LEI C Y, et al. Pre-training graph transformer with multimodal side information for recommendation[C]//Proceedings of the 29th ACM International Conference on Multimedia. New York: ACM, 2021: 2853-2861.

[9] WANG Q F, WEI Y W, YIN J H, et al. Dualgnn: dual graph neural network for multimedia recommendation[J]. IEEE Transactions on Multimedia, 2021(25): 1074-1084.

[10] ZHANG J H, ZHU Y Q, LIU Q, et al. Mining latent structures for multimedia recommendation[C]//Proceedings of the 29th ACM International Conference on Multimedia. New York: ACM, 2021: 3872-3880.

[11] HINTON G E. Training products of experts by minimizing contrastive divergence[J]. Neural Computation, 2002, 14(8): 1771-1800.

[12] ARDESHIR S, BORJI A. Egocentric meets top-view[J]. IEEE Transactions on Pattern Analysis and Machine Intelligence, 2018, 41(6): 1353-1366.

[13] TARG S, ALMEIDA D, LYMAN K. ResNet in ResNet: generalizing residual architectures[J]. arXiv Preprint arXiv: 1603. 08029 (2016).

[14] SUN R, CAO X, ZHAO Y, et al. Multi-modal knowledge graphs for recommender systems[C]//Proceedings of the 29th ACM International Conference on Information & Knowledge Management. New York: ACM, 2020: 1405-1414.

[15] LIU F, CHENG Z, SUN C, et al. User diverse preference modeling by multimodal attentive metric learning[C]//Proceedings of the 27th ACM International Conference on Multimedia. New York: ACM, 2019: 1526-1534.

[16] TANG J, DU X, HE X, et al. Adversarial training towards robust multimedia recommender system[J]. IEEE Transactions on Knowledge and Data Engineering, 2019, 32(5): 855-867.

[17] CHEN J, ZHANG H, HE X, et al. Attentive collaborative filtering: multimedia recommendation with item-and component-level attention[C]//Proceedings of the 40th International ACM SIGIR Conference on Research and Development in Information Retrieval. New York: ACM, 2017: 335-344.

[18] LIU S, CHEN Z, LIU H, et al. User-video co-attention network for personalized micro-video recommendation[C]//The world Wide Web Conference. New York: ACM, 2019: 3020-3026.

[19] TAO Z, WEI Y, WANG X, et al. MGAT: multimodal graph attention network for recommendation[J]. Information Processing & Management, 2020, 57(5): 102277.

[20] LIU X, TAO Z, SHAO J, et al. EliMRec: eliminating single-modal bias in multimedia

recommendation[C]//Proceedings of the 30th ACM International Conference on Multimedia. New York: ACM, 2022: 687-695.

[21] MU Z, ZHUANG Y, TAN J, et al. Learning hybrid behavior patterns for multimedia recommendation[C]//Proceedings of the 30th ACM International Conference on Multimedia. New York: ACM, 2022: 376-384.

[22] ZHANG J, ZHU Y, LIU Q, et al. Mining latent structures for multimedia recommendation[C]//Proceedings of the 29th ACM International Conference on Multimedia. New York: ACM, 2021: 3872-3880.

第 9 章
知识问答系统

本章将深入探讨知识问答系统的不同构建方法和应用。知识问答是自然语言处理领域的一项关键任务，旨在让计算机能够理解和回答人类提出的问题，从而实现更加智能的信息检索和交互体验。

本章首先介绍基于流水线方法的知识问答系统，这种方法通常包括问题解析、信息检索和答案生成等多个步骤。本章将深入探讨这些步骤的原理和相关技术，并讨论它们在实际应用中的优势和局限性，帮助读者更好地理解知识问答技术的演进。然后介绍基于端到端方法的知识问答系统，这种方法旨在将问题解析和答案生成过程融为一体，以实现更简单、更高效的知识问答系统。最后介绍面向多轮对话的知识问答系统的应用。多轮对话问答不仅要求系统能够回答单一的问题，还要求系统具备上下文理解和连贯性回应的能力。

通过本章的学习，读者能够深入了解知识问答系统的工作原理、发展趋势及在各领域的广泛应用。

9.1 基于流水线方法的知识问答系统

基于流水线方法的知识问答系统的核心任务之一是从多源数据中解析问题并生成有效的查询，以便在知识库中进行信息检索并最终得到正确的答案。在实际任务中，知识数据种类丰富，数据来源众多，包括内部结构化数据、文档类资料及外部通用百科类网页数据等。这提高了查询生成的复杂性，需要针对不同类型、不同来源的数据进行统一的知识清洗、集成和融合，形成统一的百科知识图谱，实现最终的智能的知识问答系统。

9.1.1 多源问题解析和查询生成

本节将深入研究多源问题的解析，涵盖 4 种主要类型的问题：事实型、推理型、统计型和计算型问题，并介绍如何生成对应的查询语句。本节将通过详细的实例和技术讨论并揭示多源问题解析和查询生成的复杂性，帮助读者更好地理解如何构建能够处理各种类型问题的知识问答系统。

1. 事实型问题查询生成

事实型问题查询生成是指给定自然语言问题，通过对问题进行语义理解和解析，利用知识图谱进行查询、推理得出答案，主要通过查询构建方法进行回答。查询构建方法可分为基于模板、基于问题分析中得到的信息、基于机器学习和基于语义信息构建查询语句。基于模板构建查询语句是指创建一个预先设计好的查询模板，其中包含一些空槽，用户需要将相关信息填入空槽中从而形成一个完整的查询。也可以通过语法树分析、依存句法树分析或语法槽等方法，解构自然语言形成查询。还有一些工作通过机器学习的方法建立问句与查询语句之间的映射关系。优秀的知识问答系统应当支持 4 类问题，分别是实体查询、实体属性查询、实体属性的多跳查询及多属性条件的实体查询。对于这 4 类问题的查询构建，可以通过定义知识图谱通用查询语言，将前序意图识别的结果进行处理，最终得到知识图谱查询语句，并将执行结果返回用户。事实型问题与查询语言如表 9-1 所示。

表 9-1 事实型问题与查询语言

查询类型	自然语言问题	查询语句
实体查询	姚明	kg.entity(姚明)
实体属性查询	姚明的身高	kg.entity(姚明).attribute(身高)
实体属性的多跳查询	姚明女儿的母亲是谁	kg.entity(姚明).relation(女儿). relation(母亲)
多属性条件的实体查询	身高高于 180cm 的中国篮球运动员	kg.concept(篮球运动员).instance(). filter('身高':{'\$gt':180cm},'国籍'：'中国')

2. 推理型问题查询生成

推理型问题查询生成是指针对问题的识别结果不足以完成回答的情况，通过知识推理的方法得到答案。在问答过程中，并不是所有的问题都能在知识图谱中进行检索或查询获取答案，主要原因是已有知识图谱本身的覆盖度有限。因此，需要在已有的知识体系中通过知识推理的手段获取隐含的答案。例如，知识库中包含一个人的"出生地"信息，但是没有包含这个人的"国籍"信息，虽然知识库中对人物定义了"国籍"属性，但是由于没有直接给出该属性的值，因此不能回答诸如"××是哪国人"这样的问题。但是实际上我们都知道，一般情况下，一个人的"出生地"所属的国家就是这个人的"国籍"。这些隐含知识天然存在于人的常识知识体系中，但在已有知识图谱中并未被编码进去。面对知识图谱中的此类问题，需要通过推理的方式进行解析推断。因此可以说，推理型问题查询生成是提升知识问答系统针对问题的泛化能力的有效方式。

知识问答系统通常是针对特定行业设计的，往往采用基于符号的知识表示形式，并通过人工构建的推理规则推理出答案。目前许多知识问答系统采用 Drools 规则引擎进行规则描述，在使用知识图谱中的基础知识的基础上，依据行业应用的业务特征进行规则的定义，然后基于知识图谱中的基础知识与所定义的规则，执行推理过程，给出推理结果。以下代码示例展示了一个处理"哪国人"短语的简单 Drools 规则定义，当某问题的识别结果中包含一个人物类型的实体，同时问题中包含"哪国人"的描述时，则执行该规则，将人物概念下定义的"国籍"属性添加至识别结果集合中。随后通过事实性问题中"实体+属性"的问题回答方式进行回答。

```
rule attributeProjectionRule //属性映射规则：当出现人物类型实体+
"哪国人"描述时，将"国籍"属性加入属性集合中
when
    $rule: entity.type.equals('人物') && input.contains('哪国人')
then
    $rule: attribute.add('国籍')
end
```

3. 统计型问题查询生成

统计型问题查询生成是指对知识图谱中的知识进行统计分析。由于知识图谱数据通常是通过 RDF 或 NoSQL 图数据库进行存储的，不利于统计分析，所以常见的做法是将知识数据进行重新组织，以关系数据的方式进行存储，利用关系数据库提供的统计函数进行统计型问题的查询生成。因此，为了回答统计型问题，需要预先对知识图谱数据进行提取、转换、加载工作。具体来说，对知识按实体类型进行切分，为每个类型构建一张实体表，将该类型所拥有的属性映射为表中的字段，额外添加实体名称、实体同义词、实体概念字段。

在回答统计型问题时，同样使用查询构建方法，具体需要构建 SQL 形式的查询语言，通常默认使用 COUNT 统计函数。统计型问题与查询语言如表 9-2 所示。

表 9-2 统计型问题与查询语言

查询类型	自然语言问题	查询语句
根据属性进行统计	所有学校按类型进行统计	select COUNT(*) from school group by type
含过滤条件的统计	上海的学校按成立年份进行统计	select COUNT(*) from school where location ='上海' group by date_histogram(field= 'foundDate','interval'='1y')

4．计算型问题查询生成

计算型问题是指需要通过图计算的方法得到答案的问题，如"姚明和刘德华的关系"等。不同于前 3 类问题，由于目前数据查询语言无法覆盖图计算的应用场景，所以无法通过查询构建方法得到计算型问题的答案。图计算是以图论为基础，对现实世界的一种"图"结构的抽象表达，以及在这种数据结构上的计算模式。通常，在图计算中，基本的数据结构表达是：$G =(V, E, D)$，其中 V = vertex（顶点或节点），E = edge（边），D = data（属性或数据）。图数据结构很好地表达了数据之间的关联性，因此很多应用中出现的问题都可以抽象成图来表示，以图论的思想或以图为基础建立模型来解决问题。

图计算需要解决的主要问题是，在大规模图上，如何在正确计算的前提下保证计算的效率。现有系统通常使用 Spark GraphX 计算框架实现图的并行计算。其采用点分割方式进行大规模图数据的分布式存储，即每个顶点都存储一次，但有的边会被打断分到两台机器上。这样做的好处是节省存储空间；坏处是对图进行基于边的计算时，对一条两个顶点被分到不同机器上的边来说，要跨机器通信传输数据，内网通信流量大。而 Spark GraphX 提供的图算法工具包实现了 PageRank、最大连通图和最短路径等图算法。一个简单的路径计算场景代码示例如下。

```
val sourceId: VertexId  // 定义源点
val initialGraph = graph.mapVertices((id, _) => if (id == sourceId) 0.0 else Double.PositiveInfinity)
val sssp = initialGraph.pregel(Double.PositiveInfinity)(
    (id, dist, newDist) => math.min(dist, newDist),
    triplet => {  // 计算权重
      if (triplet.srcAttr + triplet.attr < triplet.dstAttr) {
        Iterator((triplet.dstId, triplet.srcAttr + triplet.attr))
      } else {
        Iterator.empty
      }
    },
    (a,b) => math.min(a,b) // 最短距离
)
println(sssp.vertices.collect.mkString('\n'))
sc.stop()
```

9.1.2 信息检索与答案生成

对用户问题做出正确回答的主流方法是计算问题与答案的语义相似度，但这种简单的匹配方法无法对多个零散语句做出组合推理，不能理解自然语言多个句子之间的逻辑语义关系。而对于一些复杂的问题，如对于问答中的原因型问题，其答案往往不是一个简单的名词短语，而是跨越了多个句子，并且这些句子之间具有某种逻辑语义关系，必须基于篇章结构树进行答案句的检索。

因此，本节将探讨篇章级句子之间的语义关系，研究零散语句组合的逻辑机制，为复杂答案的选择提供必要的语义推理基础。

下面以中文的知识问答为例介绍相关的技术。常见的技术路线是针对汉语特点，在修辞结构理论（Rhetorical Structure Theory，RST）框架下构建汉语句际关系标注体系，并标注一定规模的句际关系语料库；基于一体化标签的策略，自动构建汉语篇章句法树并自动标注句法关系；基于篇章句法树进行答案选择。

1. 汉语句际关系标注体系

知识问答系统通常选择 RST 作为指导。RST 将篇章结构分为两个层级，这里只关注基层句与句之间的连贯关系。其主要理论主张如下。①关系性，小句之间存在各种语义关系，绝大部分关系是不对称的，可分为核心成分和从属成分两类；②功能性，小句之间的语义关系是从功能的角度考量的；③层次性，小句之间的关系不是一个扁平结构，而是一个层级结构。在表征形式上，句际关系形成一棵层级结构树，如图 9-1 所示。其中，弧上的标签表示语义关系类型，弧的箭头指向中心成分。

在实际使用中，将对语料中任意相邻的两个小句标注句际关系，而不论它们之间是否有关联标记连接。隐性句际关系不是关联标记的简单省略，而是通过词汇、句法语义承载句际语义功能的。隐性句际关系是汉语意合性语言的具体体现，将几个具有弱相关性的语句联系起来，是自然语言处理中的难点。同时，汉语作为意合性语言的一个重要特点是，汉语的"话题"是一个特别重要的概念。在同一个句子中，常常有两种逻辑语义关系：一个句子整体上是一个话题-评述结构；在评述过程中则包含各种类似因果、并列、转折等常见的复句关系。我们认为，一套完整的句际关系标注体系应该兼顾这两种逻辑语义关系，这不但符合 RST-DT 语料库的理论"每个句子对应一棵完整的句际关系树"，也使汉语句际关系分析更加简洁明了。部分方法引入了"事件逻辑关系"和"事件附属关系"的概念，希望在同一句际关系标注体系下对这两个概念加以整合。

句际关系逻辑语义类别如表 9-3 所示。

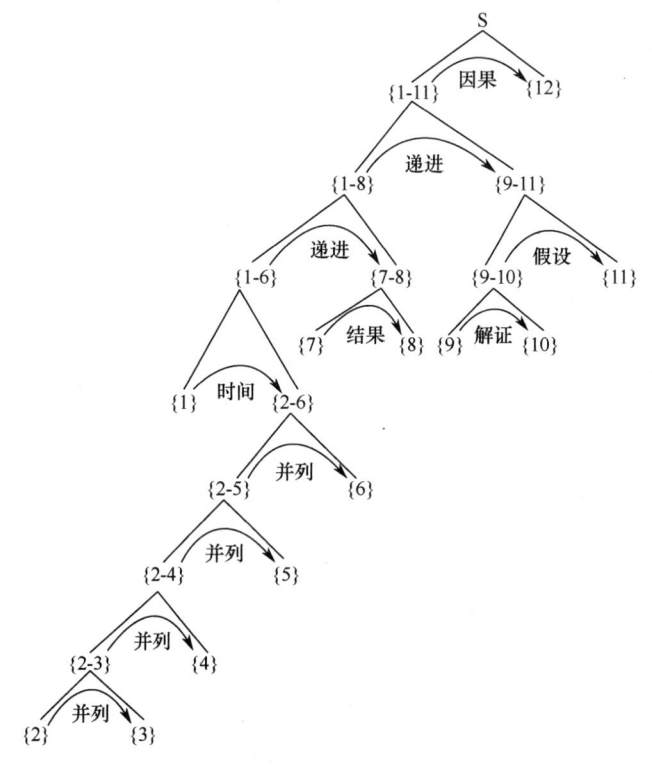

图 9-1　句际关系示例

表 9-3　句际关系逻辑语义类别

第1层：Class	第2层：Type	第3层：Subtype
联合关系	等立（conjunction）[CONJ]	并列（coordinate）[COOR]
		选择（alternative）[ALT]
		递进（progression）[PROG]
		顺承（succession）[SUCC]
主从关系	对比（comparison）[COMP]	转折（contrast）[CONT]
		让步（concession）[CONC]
	推论（inference）[INF]	因果（cause）[CAUS]
		结果（result）[RESU]
		目的（purpose）[PURP]
	条件（condition）[CON]	假设（hypothetical）[HYP]
		条件（condition）[COND]
	总分（specification）[SPE]	解证（explanation）[EXPL]
		分述（list）[LIST]
	分总（summary）[SUM]	总括（generalization）[GENE]

句际关系逻辑语义类别共 3 层。①大类层级（Class）：按照句际关系两个论元之间是否具有核心-附属关系，在大类层级将句际关系区分为联合关系（两个论元之间相互平等）和主从关系（两个论元之间存在从属关系）。②中类层级（Type）：定义了 6 个中等类别，是较粗粒度的标注。③小类层级（Subtype）：定义了 14 个小类别，是更细致的划分。上述不同的句际关系逻辑语义类别可以为不同类型的复杂问题提供语义推理。例如，等立关系对应列表型问题，推论关系对应原因型问题。

2. 基于一体化标签的句际关系自动分析

通常来说，句际关系的自动分析任务可以被进一步划分为两个子任务：其一是基本篇章单元（Elementary Discourse Unit，EDU）的识别，即通过判定哪些文本片段应该被合成同一个 EDU，将输入的文本切割成 EDU 序列；其二是句际关系分析树的构建，即依据前一任务所获得的 EDU 序列，构建句际关系树，以表征各个 EDU 的层级结构和句际关系标签。目前，第一个子任务被认为是相对简单的任务，并且现有的分析系统基本可以达到 90%以上的准确率，因此当下句际关系自动分析研究的主要方向集中在第二个子任务上。

已有方法通常采用基于 CRF 序列标注模型的方法，利用一体化标签集合构建句际关系自动分析器，将句际关系树结构切分和关系标注合并为同一个模块，用统一的模型对层级结构和关系标签进行预测。

上述结构关系序列中的节点为带有一体化标签的结构-关系节点，该标签同时包含结构和关系信息。一体化标签集合如表 9-4 所示。

表 9-4 一体化标签集合

标　　签	含　　义
CONJ	本节点对应的两个 EDU 是 CONJ 关系的论元
COMP	本节点对应的两个 EDU 是 COMP 关系的论元
INF	本节点对应的两个 EDU 是 INF 关系的论元
CON	本节点对应的两个 EDU 是 CON 关系的论元
SPE	本节点对应的两个 EDU 是 SPE 关系的论元
SUM	本节点对应的两个 EDU 是 SUM 关系的论元
TOP	本节点对应的两个 EDU 是 TOP 关系的论元
NONE	本节点对应的两个 EDU 不是任何关系的论元

贪心策略也是句际关系树构建任务中常用的方法，可以只训练线性 CRF 模型，从而在很大程度上降低时间复杂度。对于某个层级所有的篇章单元 $\{U_1, U_2, \cdots, U_n\}$，分别计算所有相邻节点的结合概率，取概率最大者结合成更高

层的篇章单元并进行下一轮迭代。

3. 基于篇章句法树的答案选择

基于篇章句法树的答案选择是知识问答领域的一个重要子任务，通常应用于基于流水线方法的知识问答系统中。答案选择的过程通常包括以下几个步骤：①句法树构建；②问题匹配；③答案评分；④答案选择。其中第一步可以由上文讨论的方法完成，句法树可以有效提升答案选择的精确度和准确性，知识问答系统能够更好地理解文本之间的语法和语义关系。

在问题匹配这一步，用户提出的问题将被解析成句法树，然后与文本中的句法树进行匹配，以确定可能的答案位置。在比较问题句法树和文本句法树时，可能提取的特征包括以下几个。①词级特征：问题和答案位置中的词汇信息，如词汇重叠度；②句法特征：句法结构信息，如短语结构的相似性；③语义特征：使用词向量或嵌入向量来表示词汇和短语的语义信息，随后计算它们之间的相似性。在相似性计算阶段，可以选择余弦距离、Jaccard 相似度、编辑距离等相似性度量方法，或者采用深度学习模型来学习相似性计算。问题匹配的结果有助于缩小答案的搜索范围，提高答案选择的效率。

在答案评分这一步，对于每个可能的答案位置，知识问答系统利用计算得到的其与问题的匹配度和语义相关性，为搜索范围内的答案打分。这里不仅要考虑句法匹配度和语义相关性，还要考虑答案位置的上下文信息，以确保答案在上下文中显得合理。综合考虑这 3 个因素后，答案评分可以帮助知识问答系统选择最相关的答案，确保返回给用户的答案是最合适的。

在答案选择这一步，知识问答系统会根据答案评分选择出最佳答案，并将其返回给用户，通常系统会选择具有最高评分的答案。这一步骤是整个答案选择过程中的最后一步，决定了用户最终看到的答案。

9.2 基于端到端方法的知识问答系统

传统的知识问答系统通常依赖预定义的规则和模板，如上文提及的句法树。但这种方法在应对多样化和复杂的问题时存在局限性。基于端到端方法的知识问答系统的出现改变了这一局面，使计算机可以更好地理解问题的语义，从而提供更准确的答案。本节从直接利用知识图谱进行问答与基于知识对回复进行改写两个角度进行介绍。其中利用知识图谱进行问答的方法又可以进一步分为基于表示学习的方法与基于深度学习的方法。通过深入研究这些基于端到端方法的知识问答系统，读者能够更好地理解如何构建强大的知识问答系统。

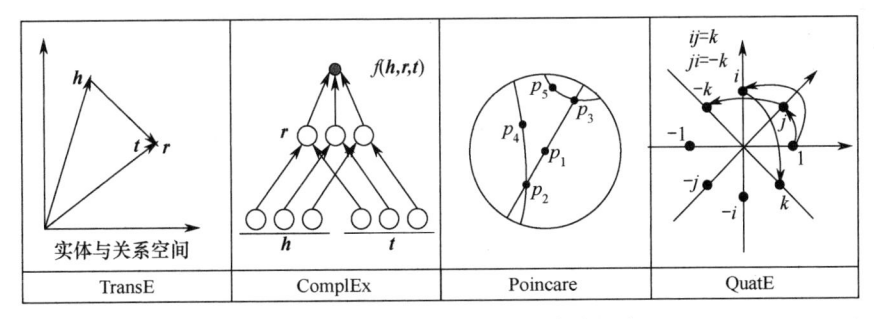

9.2.1 基于表示学习的方法

基于表示学习的方法旨在将知识图谱中的实体和关系映射到连续向量空间，以更好地表示知识图谱的语义信息。这被称为知识图谱嵌入，其与知识问答之间存在密切的关系，可以帮助识别实体之间的语义相似性和关系的语义含义，从而在知识问答中进行更准确的语义匹配。此外，基于知识图谱嵌入的方法还支持推理，允许知识问答系统回答那些需要推断出答案的复杂问题，而不仅仅直接从知识图谱中检索答案。

基于表示学习的方法可以划分为以下几个类别：基于翻译模型的方法（如 TransE、TransH 等）、基于双线性模型的方法（如 RESCAL、ComplEx 等）、基于双曲几何模型的方法（如 Poincare、MuRE 等）、基于旋转模型的方法（如 RotatE、QuatE 等）。各类基于表示学习的方法示意如图 9-2 所示，图中的 $p_1 \sim p_5$ 代表庞加莱圆盘中的不同位置，连接这些点的曲线表示这些点之间的测地线，即在该空间中的最短路径。

图 9-2 各类基于表示学习的方法示意

1．基于翻译模型的方法

翻译模型把关系 r 当作头实体 h 和尾实体 t 之间的翻译。TransE 认为 $h+r \approx t$，并定义评分函数 $f(h, r, t) = \|h + r - t\|^2$，优化目标是最小化评分函数。其能够解决一对一关系，但不能很好地解决一对多关系、多对一关系、多对多关系。当头实体和关系相同时，TransE 会认为所有的尾实体都具有相同的嵌入信息，但事实并非如此。针对此问题，TransH 把头实体和尾实体投影到关系所在的超平面中，能够在一定程度上解决多对多关系。TransR 认为 TransE 与 TransH 均把实体和关系放在同一空间进行考虑，但实体可能具有多个不同方面的属性，不同的关系也关注实体的不同属性，把实体和关系放在同一空间考虑是不准确的，因此其为实体和关系定义了不同的向量空间。此外，还有很多其他翻译模型的变体考虑了实体和关系的概率性与稀疏性等问题。

2. 基于双线性模型的方法

双线性模型计算实体和关系在向量空间中潜在语义的可信度。RESCAL 将关系利用满秩矩阵表示，并定义评分函数为 $f(h, r, t) = h^{\mathrm{T}} rt$。可以发现实体和关系之间均为矩阵运算，因此实体和关系的信息可以进行深层次的交互，具有更强的表征能力。但同时 RESCAL 容易导致过拟合现象，而且随着关系矩阵维度的增加，算法复杂度会很高，使其很难被应用到大规模知识图谱中。针对该问题，DisMult 放松了对关系矩阵的约束，把关系矩阵 M_r 用对角矩阵表示，但这种操作过分简化了原有模型，导致其只能解决知识库中存在的对称问题，不能解决知识图谱中其他类型的关系。在此基础上，ComplEx 扩展到复数空间表示，将 h 和 t 均用复数表示。该方法首次在知识图谱嵌入中引入了复数方法，后续许多模型都尝试利用复数空间解决问题，可解决除对称、非对称外更复杂的对称类型。

3. 基于双曲几何模型的方法

实体之间常常具有层次性，如爷爷、父亲、儿子三者之间的关系类似树状结构。在这种情况下可以利用双曲空间的性质，在双曲空间对实体的层次性进行建模。庞加莱（Poincare）模型采用双曲几何的庞加莱圆盘进行建模，其空间曲率为负数，庞加莱圆盘中的测地线可以看作直线在双曲空间中的推广。也就是说，端点离中心越远，一个单位的欧几里得空间（以下简称"欧氏空间"）线段所代表的长度越长，因为庞加莱圆盘的性质能够对实体之间的层次性建模，学习图谱之间的层次性信息。庞加莱模型的评分函数为

$$f(h, r, t) = \sum_{(h,t) \in D} \ln \frac{e^{-d(h,t)}}{\sum_{t'} e^{-d(h,t')}}$$

式中，(h, t') 为负样本，其目标是让相关联的三元组在庞加莱圆盘中具有更小的距离；d 为计算距离的函数；e 为常数。但该模型没有考虑关系性质，而且不能在圆盘中进行复杂操作。另外，双曲空间需要使用黎曼方法进行优化。MuRP 相比庞加莱模型更加完善，其同时在双曲空间和欧氏空间中建模，结合关系向量能够处理图谱中所存在的多类型关系。MuRP 首先将实体向量定义在庞加莱圆盘中，接下来将实体映射到欧氏空间，和关系进行操作，再将实体映射回庞加莱圆盘中进行距离计算，并使用黎曼方法进行优化。此外，还有相关模型利用李群和李代数等知识处理实体之间的多类型关系，但该类方法对数学知识的要求比较高。

4. 基于旋转模型的方法

旋转模型把关系当作头实体和尾实体之间的旋转。RotatE 认为知识库中存在多种类型的关系，如对称型（婚姻等）、反对称型（亲子关系等）、翻转型（同

音词或反义词等)、组合型("母亲的丈夫是我父亲"等),但 TransE、RESCAL 等模型均不能解决上述关系。因此,RotatE 提出在复数空间建模,把关系当作头尾实体之间的旋转,并定义评分函数为 $f(\boldsymbol{h}, \boldsymbol{r}, \boldsymbol{t}) = \|\boldsymbol{h} \cdot \boldsymbol{r} - \boldsymbol{t}\|$,其中 $\{\boldsymbol{h}, \boldsymbol{r}, \boldsymbol{t}\} = e^{i\theta} = \cos\theta + i\sin\theta$。该方法从理论上被证明能够解决对称/反对称、翻转、组合关系等问题。RotatE 在二维复平面空间进行操作,可以很自然地将该方法推广到三维复空间。三维情况下的旋转可以利用欧拉角和四元数等方法实现,但欧拉角存在死锁问题,因此 QuatE 采用四元数进行旋转。进一步地,可以继续推广利用八元数进行旋转,但复杂度有所提高。还可以继续推广利用十六元数进行旋转,但十六元数不满足乘法交换律和结合律,因此不再考虑。DihEdral 利用群论知识来处理上述关系,采用二面体群进行旋转。

9.2.2 基于深度学习的方法

本节将深入探讨如何使用深度学习模型来解决知识图谱上的知识问答问题。深度学习模型如 RNN 已经在知识问答任务中取得了显著的成功。这里将重点关注基于强化学习(Reinforcement Learning,RL)和图神经网络的知识问答方法。基于强化学习的知识问答方法强调了策略学习和在知识问答中的动态决策能力,而基于图神经网络的知识问答方法侧重捕获知识图谱中的关系和实体信息,以支持复杂的多步推理。它们为基于深度学习的知识问答方法提供了不同的建模和求解方式,可以根据问题和数据选择合适的方法。

1. 基于强化学习的知识问答方法

下面将深入研究基于强化学习的知识问答方法,重点关注系统在复杂自然语言对话中的智能决策和学习过程。具体而言,本节将研究如何处理以下核心问题:①信息提取与槽填充,研究强化学习方法如何从大量文本或知识源中提取必要的信息,并将其填入系统的槽位;②策略学习与决策制定,研究系统如何通过强化学习算法得到最佳决策策略;③对话流程与话题切换,研究如何在对话中管理话题,以适应不同用户的需求和问题类型;④用户意图理解,研究如何分析用户意图,以便正确地识别问题并采取适当的回应行动;⑤澄清与反馈处理,研究如何处理模糊输入,包括通过澄清话术引导用户提供更多信息,以及如何处理用户反馈以不断改进系统性能。基于强化学习的知识问答方法能够不断学习和提高自身水平,以更好地满足用户需求,这对实际应用和人机交互具有重要意义。

槽是对话过程中将初步的用户意图转化为明确的用户指令所需要补全的信息。一个槽与一件事情的处理中所需要获取的一种信息相对应。对话中的所有槽位不一定都需要被填充完整。例如，在"我：'AK47射程是多少？'出租车司机：'400。'"这一对话中的"400"应当被理解为400米，而不必追问"是400毫米、400千米，还是400米"。这类信息应当以默认值的形式存在，即槽有必填与非必填之分。

（1）词槽与接口槽。对话内容并不是获取信息的唯一方式，用户身份及当前的场景也包含了大量值得被利用的隐含信息。因此，一个完备的对话体系应当同时具备从用户对话中及对话外获取信息的能力。直接利用对话中的关键词填写的槽叫作词槽，利用用户画像及其他场景信息填写的槽叫作接口槽。

（2）槽组与槽位。同一个槽可能存在多种填槽方式。包含多种填槽方式的槽称为槽组。槽组中存在多个槽位与多种填槽方式，而每个槽位都对应词槽或接口槽。由于同一个槽组对应多种填槽方式，不同填槽方式之间必然存在不同的优先级。如果将其与前文提到的必填/非必填结合起来，填槽过程应当遵循以下步骤：①尝试填写词槽；②若失败，尝试填写第一接口槽"用户日程表中隐含的出发地"；③若失败，尝试填写第二接口槽"用户当前所在位置"；④若失败，判断该槽是否必填；⑤若必填，反问用户，重填词槽；⑥若非必填，则针对该槽组的填槽过程结束。因此，必填/非必填在逻辑上与槽组而不是槽位平级，只有信息才会被分为必要/非必要，填槽方式不做这种区分。此外，是否必填实际上与接口槽无关，只取决于是否需要与用户交互。

（3）澄清话术。澄清话术是一个与槽组平级的概念，它是对话机器人希望获取某种信息时所使用的问句。例如，"打击目标"对应的澄清话术是"你想攻击哪里"。值得注意的是，澄清话术与槽组而不是槽位平级。

（4）槽的填写。上文讲到，一个槽组有多个槽位，槽位有词槽与接口槽之分。对于词槽信息的抽取可能比较复杂，用户在对话中会使用多个符合条件的关键词，如"不行""不是""算了""没有"等。整套对话中又会有多个槽，因此往往会采用同义词典、规则、BiLSTM+CRF等方法给槽填值。

与词槽相比，接口槽存在一个问题：接口返回的结果不一定是用户需要的结果。这里分两种情况来讨论。一种是明确知道接口的返回值可以直接填入槽位。特别地，即使是这种情况，也并不意味着当前槽/槽组只有该特定接口槽这一个槽位，当该槽槽组下有多个槽位时，接口槽的填入值并不一定作为最终槽/槽组的填入值。另一种是接口的返回值只能作为参考，需要用户的协助才能进行槽位填写。这时需要提供选项让用户做最终决定，这里需要处理单/多值的问题，单/多值在逻辑上与槽组平级。这时又存在一个问题，即用户的意图并不一定包含在接口的全部返回值之中，所以存在"不要/不是/不"否认选项。用户选择否认选项意味着该槽位填写失败，需要填入一个特殊值代表失败。这种失败可以与接口调用失败等其他意外情况合并处理，意味着该种信息获取方式未能成功获取信息。同时，如果其所属槽组还有其他槽位值，则根据槽位优先级最终确定槽组填入值，否则填入这个特殊的失败表征值。

（5）填槽意义。填槽的意义通常有两个：作为条件分支进行多轮对话、作为信息补全用户意图。换言之，填槽不仅是补全用户意图的方式，而且前序槽位的填写能起到指导后续信息补全走向的作用。

（6）准入条件。多次问答的过程通常以树的形式存在，树中包含多个节点，代表处理问题的步骤。每个节点都应当有其特别的准入条件。树的根节点往往需要限制自然语言理解模块的输出，即明确什么样的用户意图将由该棵树来处理；树的其他节点往往需要根据前序槽组的填槽结果及其他背景信息进行条件限制。

我们可以从两个方面来描述一套完备的准入条件体系。一是多条件的组织形式。准入条件在逻辑上应该支持条件之间的"与"或"非"关系，百度的 UNIT 平台提供了一种相对成熟的组织形式，将准入条件整体划分为条件和条件组，条件包含在条件组中，组内条件之间是"且"关系，条件组之间是"或"关系，条件本身支持"非"关系。二是单条件的限制能力。准入条件应当同时支持对前序槽组填写值、填写方式、填写状态进行限制，即需要有针对状态的条件、针对类型的条件和针对值的条件。简单来讲，状态是"填了吗"，类型是"谁填的"，值是"填了什么"。

（7）答案系统。这里首先需要明确一个概念，即上文提到的树中的节点属于问答对话节点而不是问题答案节点，一个答案可能会出现在多个对话节点。答案系统与对话系统应当是解耦的，答案系统中的每份答案都应当设置好触发条件。举个例子，若存在 A、B、C 3 个槽，$A = A_1$、$B = B_3$、$C = C_1$ 提供答案 1，$A = A_2$，$B = B_1$，$C = C_2$ 或 $A = A_3$，$B = B_2$，$C = C_1$ 提供答案 2。另外，答案的形式也不应仅局限于文本，富文本、接口、话题切换等都可以视为合理的答案形式。

（8）话题切换。话题切换指与用户的对话从一个多轮过程切换至另一个多轮过程。话题切换有主动的话题切换和被动的话题切换之分。上文提到的作为答案的话题切换，就可以理解为主动的话题切换。被动的话题切换指系统发现无法从用户的问句中抽取信息以继续当前的多轮对话，只好将其作为一个全新的问句重新进行解析和话题识别。话题切换，尤其是主动的话题切换，涉及一个新问题：槽继承。例如，"我：'目标距离 500 米，用户 AK47 可以打击。'我：'不行，用 AKM 吧。'"这时系统不应当重复询问目标距离。除了槽继承，还有一个与之相对的问题叫作槽记忆，通常出现在被动的话题切换中。槽记忆指由于解析失误或其他原因，用户跳出了原话题，当用户在一定时间内重新回到原话题时，不应让用户重复填槽。

2. 基于图神经网络的知识问答方法

本节将介绍基于图神经网络的知识问答方法，这类方法常用于知识图谱推理和问答等任务中。知识图谱推理旨在根据由知识图谱的底层挖掘出的逻辑规则，从现有的事实中推导出新的事实。近年来，知识图谱推理已经成为一个快速发展的研究方向。许多事实与案例已经证明知识图谱能为问答系统等人工智能应用带来极大的益处，尤其是在需要知识图谱的多跳问答系统中，知识图谱推理起到了至关重要的作用。图神经网络目前被广泛应用在各类图任务中，且其架构十分适合知识图谱的组织形式，因此图神经网络也常见于知识图谱推理任务中。接下来将以几个经典的算法案例介绍基于图神经网络的知识图谱推理与问答方法。

GraftNet 首次尝试将知识图谱和文本相结合进行问答，尤其是当知识图谱中的内容不充分时，结合文本作答更合适。GraftNet 采用图表征技术从与问题有关的子图和链接的文本中抽取答案。GraftNet 致力于使用早期融合方法，通过实体链接实现知识库中实体与文本的关联，并将知识库中的原有实体节点与链接的文本节点构成图结构表示。这个图为异构图。GraftNet 提出了一种异构更新规则来学习异构表示。在单次传播过程中，为了确保只更新图中及链接的文本中的实体，GraftNet 结合异构更新规则提出了有向传播方法。异构更新规则如图 9-3 所示。

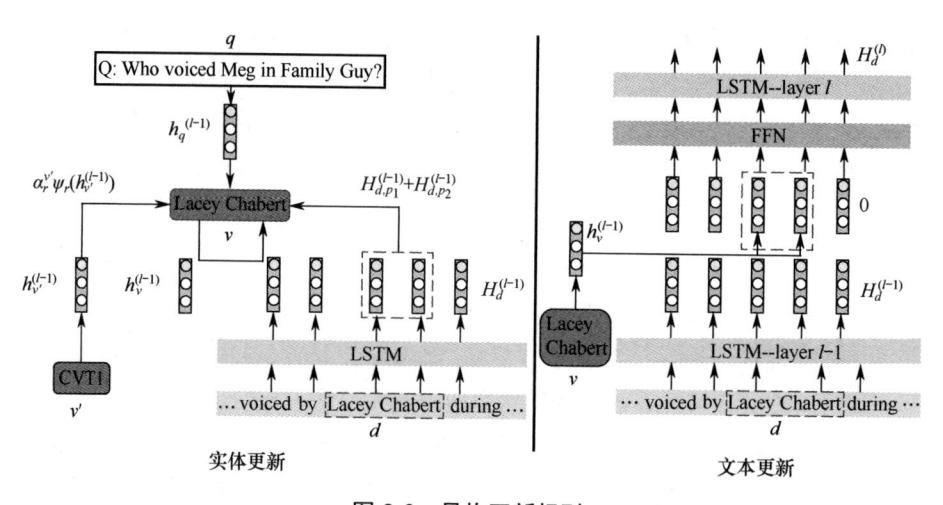

图 9-3　异构更新规则

在此之后，PullNet 训练了一个由 LSTM 网络和图神经网络构成的图检索模型代替 GraftNet 中的启发式方法来完成检索任务，然后与 GraftNet 一起进行多跳推理。TransferNet 首先按照 GraftNet 进行检索，然后在一个转移网络中对知识图谱和文本的关系图进行多跳推理，如图 9-4 所示。图中，a_n 为第 n 步下图的状态矩阵；W_n 为第 n 步的转移矩阵。推理模型由用于问题编码的预训练语言模型和用于更新实体与问题之间相关性分数的图神经网络组成。

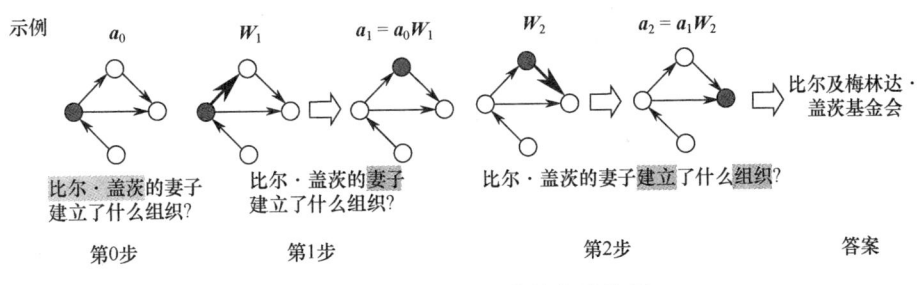

图 9-4 TransferNet 中的多跳推理

以上这些方法都将整个任务划分为两个步骤，首先从知识图谱中识别出与问答有关的知识，然后根据问题和知识图谱做联合推理。但这样的做法会导致从知识图谱中找多跳邻居时引入一些噪声，也就是不相关节点，并且其数目会随着跳数的增加而增加。同时，将问题和从知识图谱中抽取的节点区分开，使用两个单独的编码器会损失它们之间的关联信息，这将限制推理的性能。

为了解决这个问题，QA-GNN 引入了相关性分数来判定知识图谱中抽取的节点与问题的关联程度，这种操作就如同注意力机制向知识图谱中引入了权重信息，减弱了不相关节点对推理的影响。此外，为了实现互信息表示，QA-GNN 将问题与答案整体作为一个节点，将其命名为 QA-Node 插入抽取得到的知识图谱子图中，随后利用图神经网络的方法让问题、答案和知识图谱在一个统一的向量空间进行表征。

问题通常会被解码为查询知识图谱的指令，这些指令是用于指导知识图谱遍历的连续的问题表示。然而，如果产生的指令不完全匹配知识图谱中的信息，则可能导致在不相关的上下文下进行推理，从而导致错误的结果。Mvromatis 等为知识图谱问答的推理引入了一种新的方法，即 ReaRev，其包括对问题的指令解码与执行。为了提升指令解码的准确度，ReaRev 以自适应的方式执行推理，使用知识图谱敏感的信息迭代更新初始指令编码。为了改进指令执行，ReaRev 使用图神经网络来模拟广度优先搜索，在一个集合中搜寻合适的指令。与以往顺序执行的方式不同，ReaRev 采用基于知识图谱的语义信息动态处理指令的顺序来执行改进指令，整体流程如图 9-5 所示。

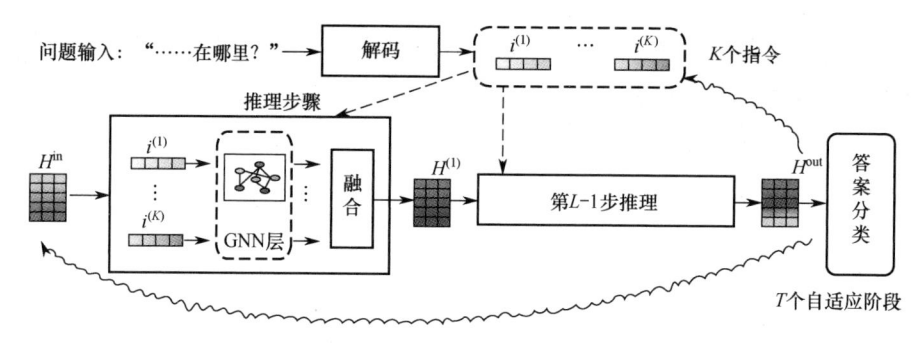

图 9-5 ReaRev 整体流程

3. 基于训练大语言模型的知识问答方法

除了上述两种知识问答方法，近期大语言模型也展现出了强大的能力，在大规模语料库上预训练的语言模型可以完成多种自然语言处理任务，拥有巨大的潜力。大多数大语言模型基于 Transformer 设计，其中包含解码器模块和编码器模块，并采用自注意力机制。如图 9-6 所示，大语言模型可以根据架构的不

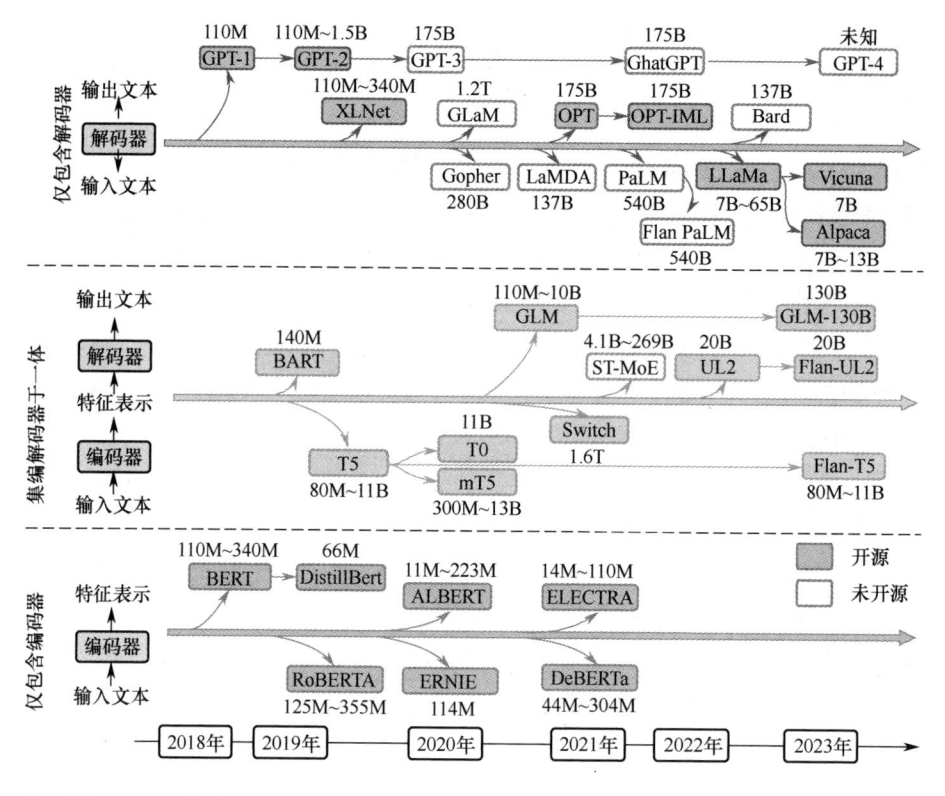

注：图中 M、B、T 分别表示参数量单位百万（10^6）、十亿（10^9）、万亿（10^{12}）。

图 9-6 现有大语言模型总结

同而分为三大类别：仅包含编码器、集编解码器于一体、仅包含解码器。图中还总结了一些具有代表性的大语言模型，涉及不同架构、不同模型大小和是否开源。

可以将基于预训练的大语言模型扩展为一个简单的问答系统，用户能够通过自然语言与其完成交互，进行问答交流，这类模型有 ChatGPT、ChatGLM、GPT4 等。这类模型基于 Transformer 架构，通过语言模型的建模方式，利用海量的文本进行预训练，不断基于当前的内容预测下一个词，从而具备强大的文本理解能力和文本生成能力。这类模型还能学习并存储训练语料中的知识，从而具备强大的问答能力。其中，GPT4 不仅具备比 ChatGPT 和 ChatGLM 更强大的知识问答能力，还具有理解多模态信息的能力。它可以接受图像模态的输入，能够很好地理解图像的内容，并根据图像回答用户提出的问题。

虽然大语言模型能够将预训练文本数据融入网络标识，但是真实世界的知识是动态变化的，这些模型的局限性使它们不允许更新已经整合的知识，除非对模型重新进行训练。因此，在推理时，它们可能无法很好地泛化用于未见过的知识。

一些研究关注分离知识空间与文本空间及在推理时注入知识。这些研究主要关注知识问答任务，因为回答既需要模型捕获文本语义，还需要模型捕获最新的现实世界知识。使用大语言模型对知识图谱进行增强的方法具体可以分为知识图谱嵌入、知识图谱补全和知识图谱问答等。

（1）知识图谱嵌入。本章此前提及的知识图谱嵌入方法结构连接性有限，难以表达未曾见过的实体和长尾实体之间的关系。图 9-7 展示了大语言模型增强的知识图谱嵌入框架，其使用大语言模型来编码实体和关系的文本描述，从而丰富知识图谱的表征。这样，知识图谱模型就可以学习到足够的结构信息，同时保留来自大语言模型的部分知识，从而更好地嵌入知识图谱。此外，它还能将事实知识无缝整合到大语言模型中。

（2）知识图谱补全。知识图谱补全的目标是推断给定知识图谱中缺失的事实。类似知识图谱嵌入，传统知识图谱补全方法主要关注知识图谱的结构而不考虑广泛的信息文本。近期同样有研究将大语言模型整合到了知识图谱补全方法中来编码文本或生成事实，取得了更好的知识图谱补全效果。根据使用方法的不同，可以将知识图谱补全分为两类：将大语言模型用作编码器和将大语言模型用作生成器。

（3）知识图谱问答。知识问答的目标是根据知识图谱存储的结构化事实寻找自然语言问题的答案。知识问答有一个无可避免的挑战，那就是检索相关事实并将知识图谱的推理优势扩展到问答任务上。近期有研究采用大语言模型来填补自然语言问题与结构化知识图谱之间的空白。图 9-8 给出了大语言模型增强的知识图谱问答框架，其中，大语言模型可以用作实体或关系的提取器，也可以用作答案的推理器；CLS 表示放在句子首位的特征，用于后续的分类任务；SEP 表示用户用来分开两个输入句子的特征。

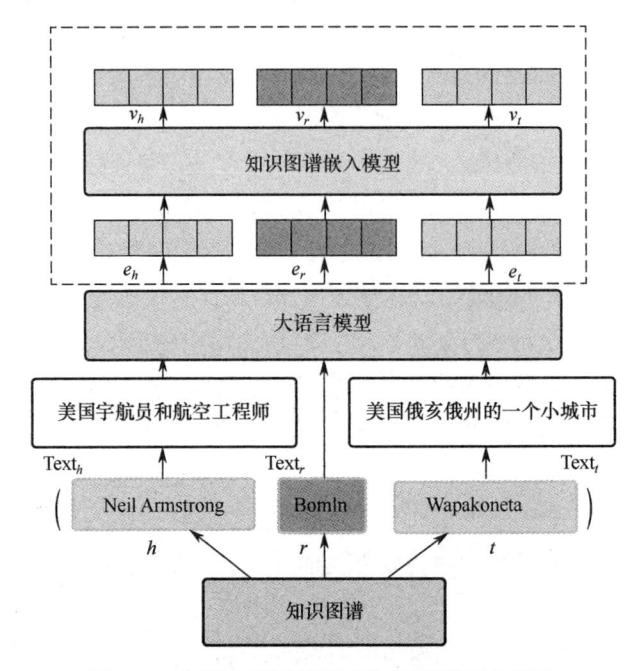

图 9-7 大语言模型增强的知识图谱嵌入框架

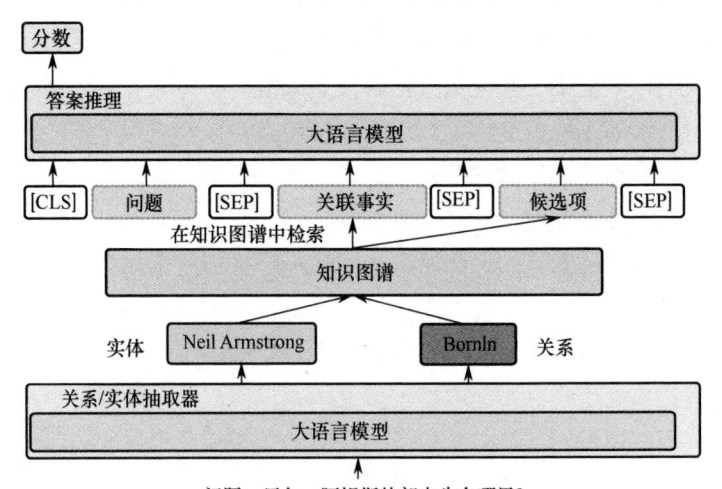

图 9-8 大语言模型增强的知识图谱问答框架

9.2.3 基于知识的回复改写方法

基于检索的方法从真实的对话库中检索相应的回复，符合语法规则且通常质量较高，也能保证回复的多样性。但是，候选语料库的规模和质量对检索的影响较大，特别是对开放域对话而言，候选集通常不够大。此外，基于检索的方法通常不能产生新的回复，迁移能力较差。而基于生成的方法更加灵活，能泛化出一些新的回复，并且具有一定的迁移性。但是基于生成的方法面临安全回复、对话不通顺、有语法错误、逻辑不通等问题。因此，合理结合基于检索的方法与基于生成的方法能规避以上缺点，使回复通顺的同时保持一定的灵活性和新场景迁移能力。一种有效结合上述两种方法的方式是对检索结果进行改写，即原型回复改写，其简单示意如图 9-9 所示。

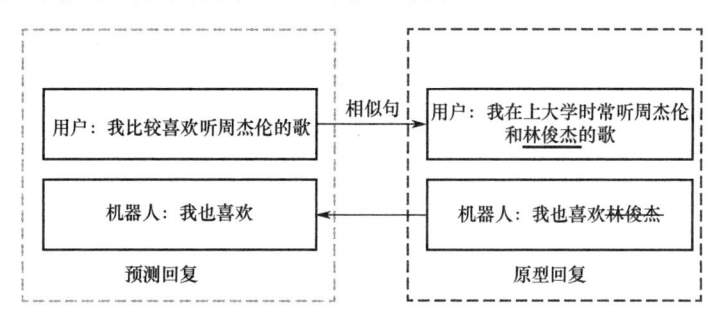

图 9-9 原型回复改写示意

根据文本内容"我比较喜欢听周杰伦的歌"，匹配到相似句"我在上大学时常听周杰伦和林俊杰的歌"，对这句话的回复是"我也喜欢林俊杰"，这是原型回复。而对比两个相似句可以发现，"林俊杰"为原始文本中没有的内容，因此将原型回复中的"林俊杰"删除，可以得到预测回复"我也喜欢"。如果没有原型编辑技术，回复"我也喜欢林俊杰"显然会导致上下文信息不一致。基于原型的编辑方法通过比较原型上下文和当前上下文的差异对原型回复进行改写，其示意如图 9-10 所示。

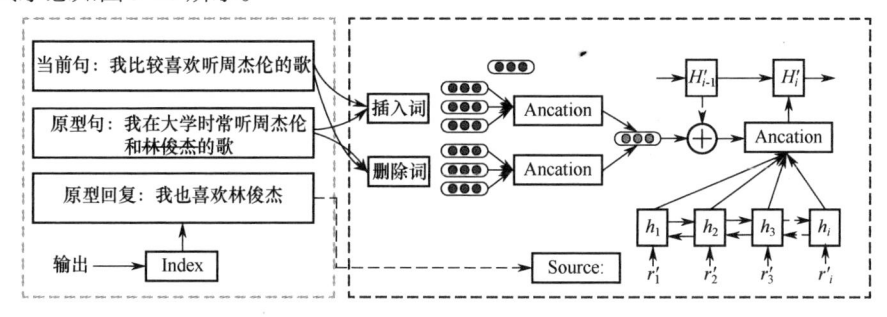

图 9-10 基于原型的编辑方法示意

基于原型的编辑方法不仅对比上下文的相似度，由于机器人在回复时使用了知识图谱，因此还需要对比所使用知识的区别。DuRecDial 数据集与 KdConv 数据集都给出了外部知识，知识图谱以主语–谓语–宾语的形式给出。使用知识图谱进行回复的示例如图 9-11 所示。将外部知识引入对话有利于保证对话的连贯性，下文将重点研究如何在原型回复的基础上融入知识信息对回复进行改写。

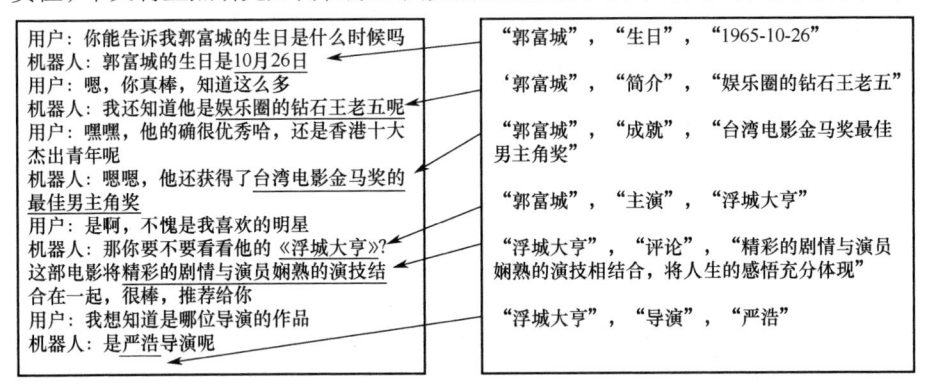

用户：你能告诉我郭富城的生日是什么时候吗
机器人：郭富城的生日是10月26日
用户：嗯，你真棒，知道这么多
机器人：我还知道他是娱乐圈的钻石王老五呢
用户：嘿嘿，他的确很优秀哈，还是香港十大杰出青年呢
机器人：嗯嗯，他还获得了台湾电影金马奖的最佳男主角奖
用户：是啊，不愧是我喜欢的明星
机器人：那你要不要看看他的《浮城大亨》？这部电影将精彩的剧情与演员娴熟的演技结合在一起，很棒，推荐给你
用户：我想知道是哪位导演的作品
机器人：是严浩导演呢

"郭富城"，"生日"，"1965-10-26"

"郭富城"，"简介"，"娱乐圈的钻石王老五"

"郭富城"，"成就"，"台湾电影金马奖最佳男主角奖"

"郭富城"，"主演"，"浮城大亨"

"浮城大亨"，"评论"，"精彩的剧情与演员娴熟的演技相结合，将人生的感悟充分体现"

"浮城大亨"，"导演"，"严浩"

图 9-11　使用知识图谱进行回复的示例

接下来将对基于知识图谱的回复改写的基本方法进行介绍。图 9-12 展示了

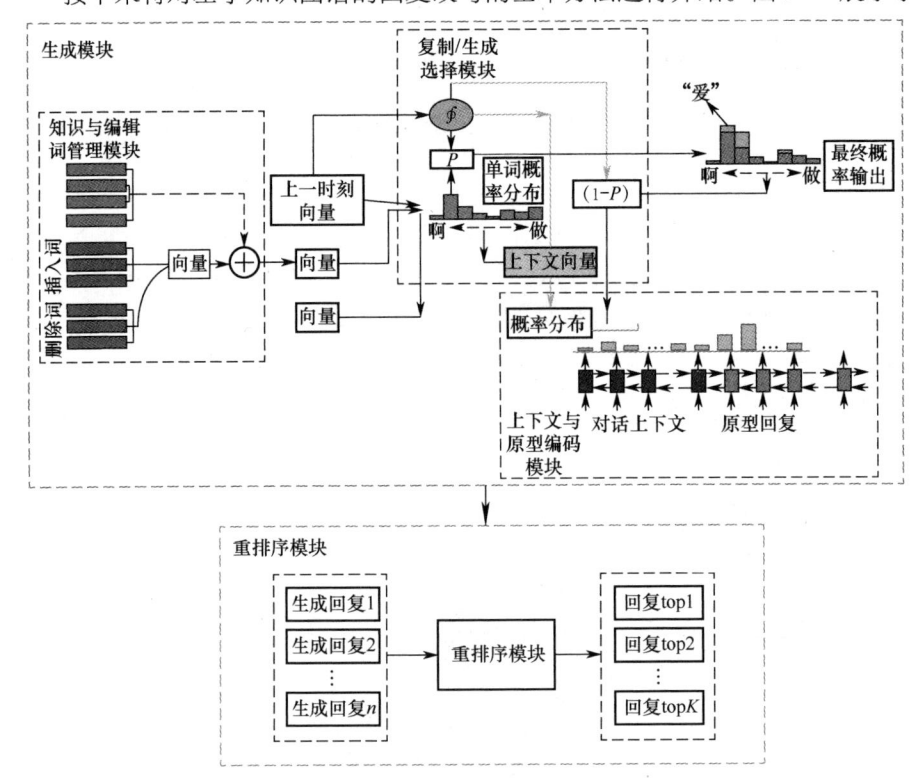

图 9-12　基于知识图谱的多轮对话回复改写模型的结构

基于知识图谱的多轮对话回复改写模型的结构。整个模型分为生成模块和重排序模块两部分，其中生成模块包括上下文与原型编码模块、知识与编辑词管理模块、复制/生成选择模块。上下文与原型编码模块用来对历史对话与检索原型进行编码，获取其语义表示，并利用注意力机制得到权重分布概率，最终得到一个注意力向量。知识与编辑词管理模块由知识编码器和编辑词编码器组成，其中知识编码器用来获取知识的语义表示，并利用注意力机制选择合适的知识；编辑词编码器用来获取插入词和删除词的语义表示，最终将两者的编码结果融合为一个向量。复制/生成选择模块的设计参考了指针网络，使用门控制从原对话中复制单词或用生成方法生成单词，有助于进一步提升回复表现。在生成模块输出句子回复后，进入重排序模块选出得分最高的回复作为模型的最终输出。

9.3 知识问答系统的应用

本节将介绍一个典型的知识问答系统——由知识驱动的多轮对话系统的应用。多轮对话在知识问答系统中具有重要的地位，一直是知识问答领域的热点和难点。它不仅扩展了传统的单轮问答系统，使系统能够处理更复杂和连贯的查询与交互，更符合人类自然语言交流的方式。在多轮对话系统中需要考虑多个关键部分，包括：①上下文理解，根据历史对话解释和回答问题，使系统能够更好地理解用户的意图和需求；②澄清和追问，系统可以向用户提出澄清性问题或追问，以确保正确理解用户提出的问题，有助于消除语义歧义和信息不完整；③复杂任务处理，系统不仅可以回答单个问题，还可以处理涉及多个步骤或多个问题的复杂任务；④用户交互体验，系统需要使对话更自然、流畅；⑤长期记忆，系统需要具备一定的长期记忆能力，能够记住之前的对话历史。

总体来说，多轮对话系统对于实现更智能、更具应用性的问答至关重要，尤其是在复杂的信息检索和任务执行场景中。

9.3.1 多轮对话系统的设计方案

本节介绍的多轮对话系统旨在使读者对特定领域的对话系统应用有所思考。该系统利用外部知识生成对话并引导对话的进行，脱离了传统一问一答的对话，使系统具有对话引导性。多轮对话系统设计方案如图 9-13 所示。

该多轮对话系统从上到下可以分为 3 部分：用户输入、知识图谱展示、系统回复生成。下面分别介绍这 3 部分的功能。

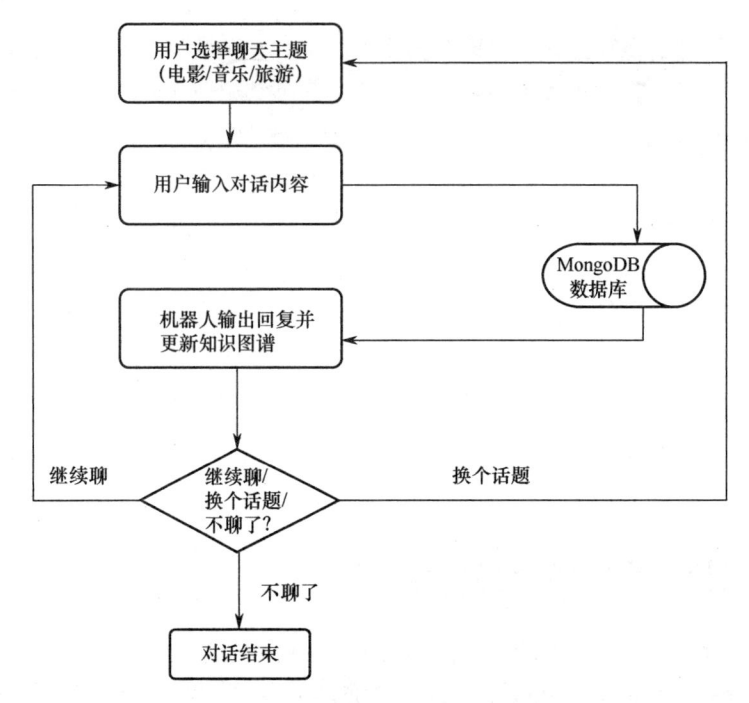

图 9-13　多轮对话系统设计方案

（1）用户输入。为了使对话回复更加精确，用户需要在客户端网页选择对话主题（电影/音乐/旅游），然后根据相关主题进行对话。如果选择"电影"主题，用户可以聊电影名称或电影主演等相关内容；如果选择"音乐"主题，用户可以聊歌曲或歌手相关内容；如果选择"旅游"主题，用户可以聊旅游景点等相关内容。在对话过程中，用户可以随时切换话题或选择停止聊天。

（2）知识图谱展示。除了当前对话、对话历史，知识图谱也是系统生成回复很重要的参考依据。根据每轮知识的注意力权重，模型能够选出权重最大的知识作为生成回复的参考信息来源。知识图谱的展示有两方面。第一，展示当前对话涉及的实体知识。例如，聊到电影明星"周星驰"，知识图谱将以"周星驰"为中心节点展开。第二，展示整个对话的发展逻辑。例如，"周星驰主演《功夫》,《功夫》的主演还有梁小龙，梁小龙主演过《霍元甲》"，在这个知识图谱中就能形成知识链条"周星驰→《功夫》→梁小龙→《霍元甲》"。

（3）系统回复生成。根据当前对话、对话历史与知识图谱进行回复生成，并将回复展示到前端。用户得到系统回复之后，可以继续进行下一轮输入，从而形成多轮对话，对话历史也不断扩充。在这个过程中，用户可以随时切换主题，切换主题后，对话历史清零，知识图谱也重新生成。

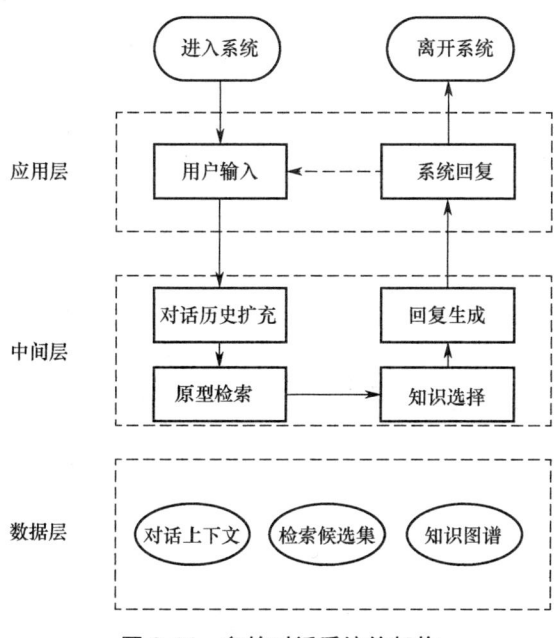

9.3.2 多轮对话系统的架构

多轮对话系统的架构如图 9-14 所示，分为数据层、中间层和应用层。下面分别介绍这 3 层。

图 9-14 多轮对话系统的架构

（1）数据层。数据层主要存储动态数据和静态数据。动态数据为对话历史与当前对话中用户的聊天内容，即对话上下文；静态数据为检索候选集与知识图谱。随着对话的进行，对话上下文数据不断更新并存储，检索候选集与知识图谱不发生变化。

（2）中间层。中间层为系统核心功能的后台实现，包括原型检索、知识选择和回复生成 3 个模块。原型检索用于确定原型候选集合，为回复生成提供原型基础。知识选择和回复生成可以参考前文的改写模型。随着对话的进行，对话历史会发生变化，检索出来的候选回复也会发生变化。

（3）应用层。应用层主要负责用户与系统交互及前端展示。用户进入系统后，系统进行简单的介绍，并指导用户如何使用系统。用户输入问题后，数据从前端返回后台进行处理，然后将数据返回前端，更新知识图谱与对话内容，并将用户的对话历史进行存储。该系统能够用于用户闲聊或观影、旅游等，可以减少用户在网上搜索所花费的时间，知识图谱能够清晰地告诉用户相关的知识，如某些明星演过的电影，便于用户拓展知识与进行目标决策。

9.3.3 多轮对话系统应用示例

本节选取一个以电影为主题的聊天示例介绍多轮对话系统的应用。下面依次展示对话流程并对过程进行解释。

（1）如图 9-15 所示，用户选择电影主题开启聊天，系统提示用户输入第一句内容。

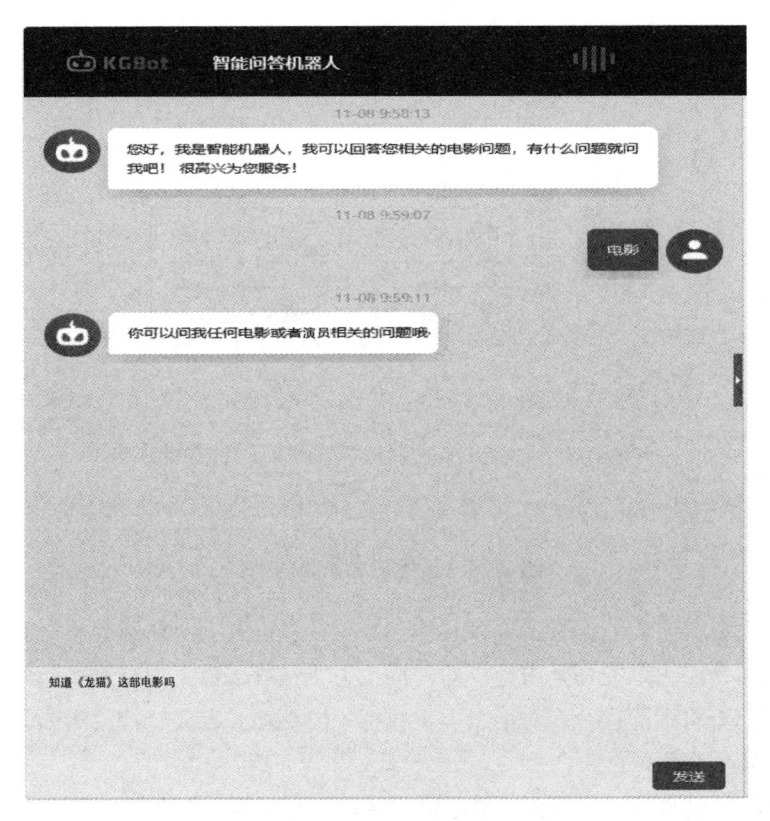

图 9-15 对话主题选择

（2）如图 9-16 所示，用户想了解《重庆森林》这部电影，因此输入问题"知道《重庆森林》吗"。系统在数据库中找到《重庆森林》的相关知识，并生成回复。这里系统回复了用户该电影的导演信息，同时更新右上角的当前对话知识图谱为《重庆森林》相关的知识，更新右下角的对话知识体系为《重庆森林》的导演信息。

（3）如图 9-17 所示，用户选择继续聊天，并询问该电影的上映日期。因此，当前对话的知识图谱不变，知识体系图变为 3 个节点。之后用户继续询问该电影的主演信息，于是知识体系图中加入了主演信息，变为 6 个节点。

第 9 章 知识问答系统

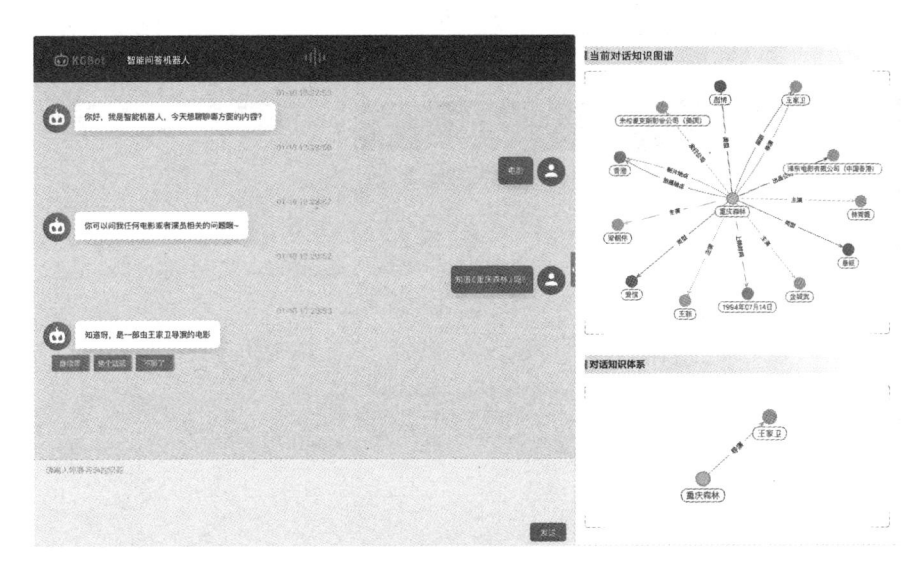

图 9-16 第 1 轮对话

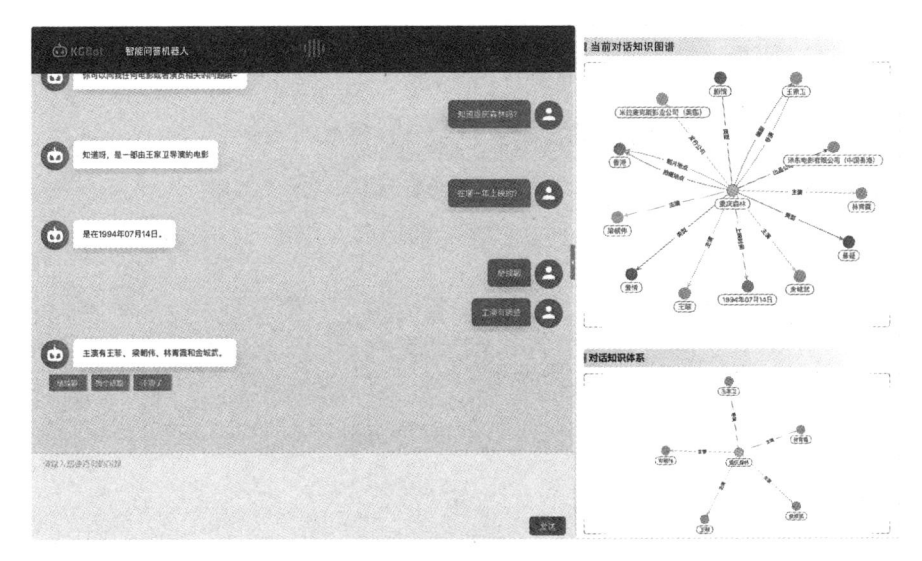

图 9-17 第 2 轮和第 3 轮对话

（4）如图 9-18 所示，用户选择继续聊天，并询问梁朝伟的生日，此时用户已经将话题转变为"梁朝伟"这个人物，当前对话知识图谱发生变化（中心节点由"重庆森林"变为"梁朝伟"），同时对话知识体系进一步延伸。

（5）如图 9-19 所示，用户选择继续聊天，话题从"梁朝伟"变为其主演的电影《春光乍泄》，当前对话知识图谱发生变化（中心节点由"梁朝伟"变为"春光乍泄"），同时对话知识体系进一步延伸。第 5 轮对话（图中虚线框部分）中出现了重复的作品（《无间道》出现了两次），这可能是由模型生成回复时重复生成引起的。

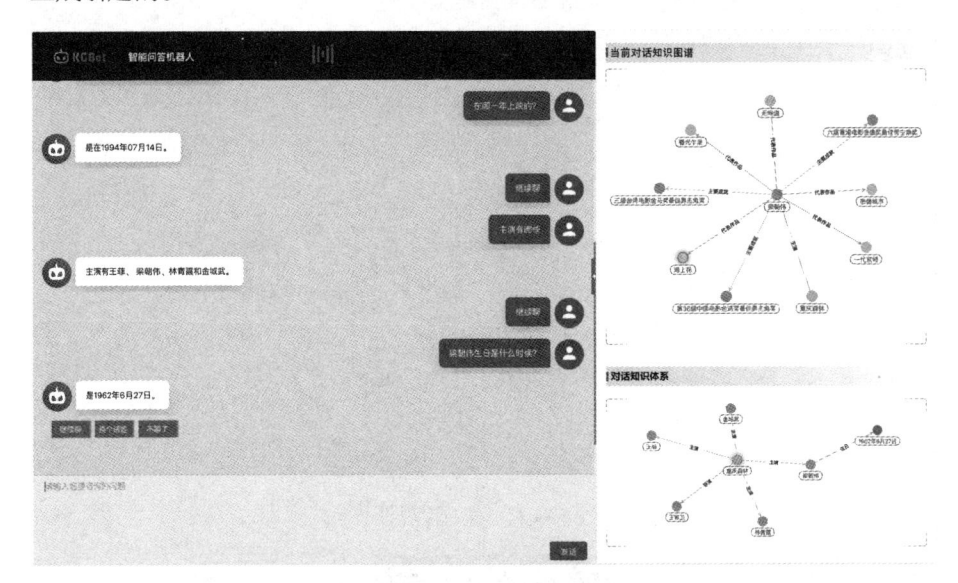

图 9-18　第 4 轮对话

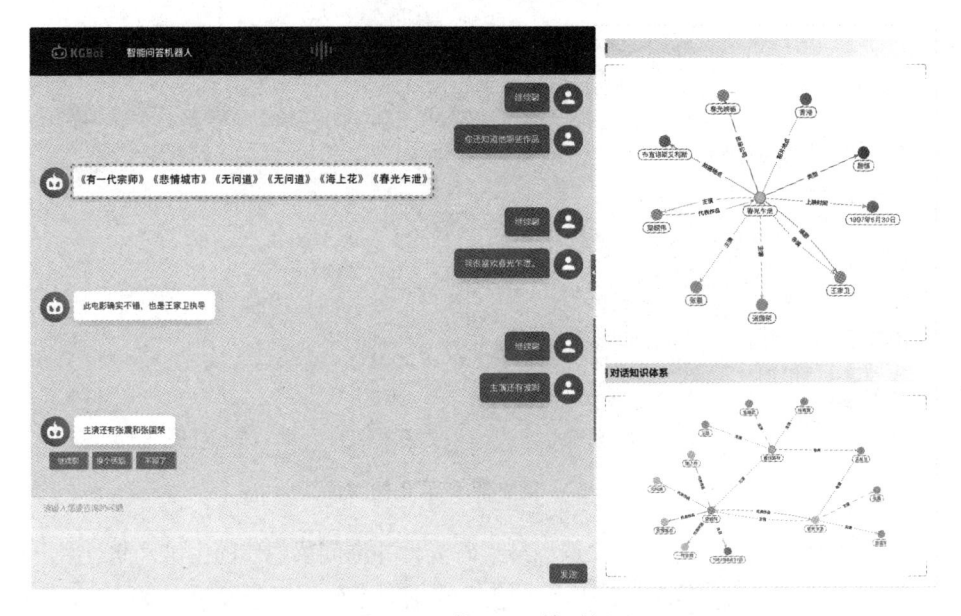

图 9-19　第 5～7 轮对话

（6）如图 9-20 所示，用户选择继续聊天，话题从"春光乍泄"变为该电影的主演"张国荣"，当前对话知识图谱发生变化（中心节点由"春光乍泄"变为"张国荣"），同时对话知识体系进一步延伸。

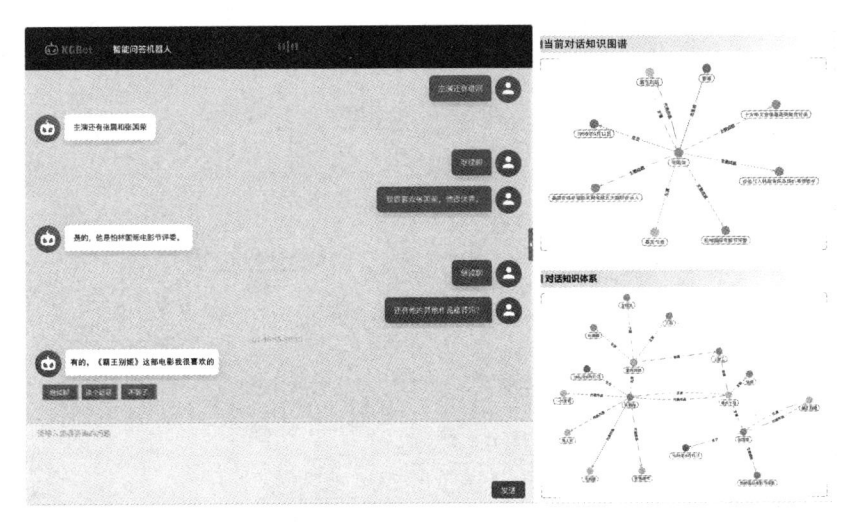

图 9-20　第 8 轮和第 9 轮对话

（7）如图 9-21 所示，用户选择继续聊天，话题从"张国荣"变为其主演的电影《霸王别姬》，当前对话知识图谱发生变化（中心节点由"张国荣"变为"霸王别姬"），同时对话知识体系进一步延伸。经过 12 轮对话后，用户选择退出聊天，当前对话结束，系统右下角展示了这 12 轮对话所使用的知识体系。

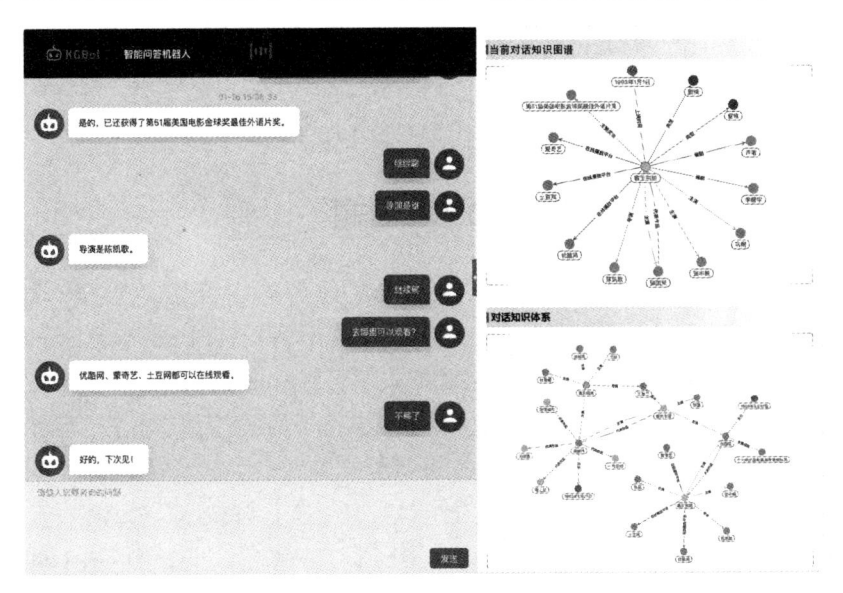

图 9-21　第 10～12 轮对话

该示例较好地展示了对话流程和话题转移路径，从电影《重庆森林》聊到其主演"梁朝伟"，接着聊到梁朝伟主演的另一部电影《春光乍泄》，又聊到该电影的另一位主演"张国荣"，最后聊到张国荣主演的电影《霸王别姬》。整体话题转移路径如图 9-22 所示。

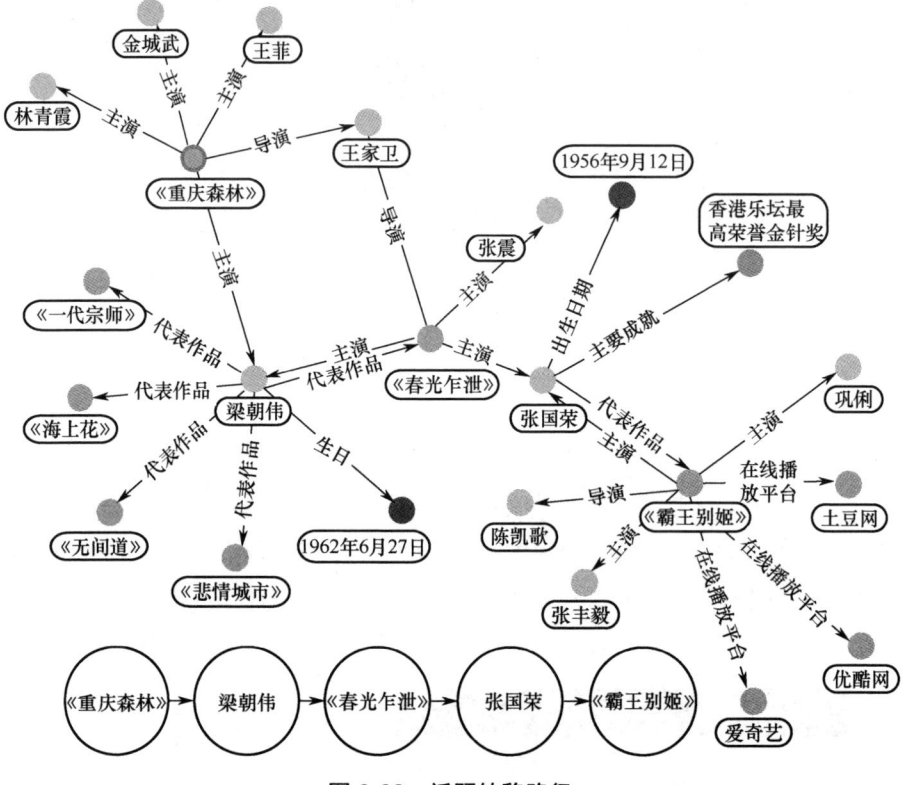

图 9-22　话题转移路径

9.4　知识问答系统的常用数据集

　　知识问答系统的常用数据集通常使用开放的知识库，如 Freebase、WikiMovies、DBpedia 和 Wikidata 等。基于这些知识库的常用数据集有以下几个。

　　（1）WebQuestionSP 数据集。该数据集基于 Freebase 知识库，于 2016 年提出，是对 WebQuestion 数据集子集的补充，主要补充了语义解析标注，包含 4737 个样本，为每个问题提供了 SPARQL 查询语句。

　　（2）ComplexWebQuestions 数据集。该数据集基于 Freebase 知识库，于 2018 年提出，包括 34689 个样本，其中训练集样本 27734 个，开发集样本 3480 个，测试集样本 3475 个。ComplexWebQuestions 数据集基于 WebQSP 数据集构建，首先从 WebQSP 数据集中采样问题及其 SPARQL 查询语句，并自动构造更复杂的包含组合、连接、比较级及最高级等形式的 SPARQL 查询语句，最后由 Amazon Mechanic Turk 众包平台将这些 SPARQL 查询语句重组为自然语言问题，问题的答案通过在 Freebase 知识库中执行 SPARQL 查询语句获得。

（3）GrailQA 数据集。该数据集基于 Freebase 知识库，于 2020 年提出，包含 64331 个问题，并用不同语法（如 SPARQL、S-expression 等）的答案和相应的逻辑形式进行注释。该数据集可用于测试知识问答系统中的 3 个泛化级别：i.i.d.、composition 和 zero-shot。该数据集的测试集没有公开，需要提交结果到官网进行在线测试。

（4）MetaQA 数据集。该数据集基于 WikiMovies 知识库，于 2017 年提出，包括超过 40 万个样本。该数据集将问题按跳数进行了区分，其中 1 跳有 116045 个问题答案对，2 跳有 148724 个问题答案对，3 跳有 142744 个问题答案对。

（5）LC-QUAD 2.0 数据集。该数据集基于 DBpedia 和 Wikidata 两个知识库，于 2019 年提出，是一个大规模数据集，包含 30000 个问题，并为每个问题提供了相应的 SPARQL 查询语句。

（6）KQA Pro 数据集。该数据集基于 Wikidata 的 KBQA 数据集，于 2022 年提出，包含 12 万个自然语言问题，并提供了对应的 SPARQL 查询语句和推理过程。问题的答案可以从一个较小规模的合成知识库中获取。其训练集、验证集、测试集的样本数量分别为 94376 个、11797 个、11797 个。

9.5 技术挑战与未来展望

当前知识问答系统面临的技术挑战主要体现在多源问题解析和查询生成的准确性上。基于流水线方法的知识问答系统需要精确地理解用户的查询意图，并生成有效的查询，这在多义性和上下文依赖的问题上尤其难以实现。在信息检索与答案求解阶段，要求系统能够从海量数据中快速检索出相关信息，并准确提取或生成答案。基于端到端方法的知识问答系统虽然简化了流程，但在基于表示学习的方法、基于深度学习的方法及基于知识的回复改写方法上，如何平衡模型的泛化能力与特定领域知识的深度依然是一大难题。此外，知识问答系统在应用过程中还需要处理自然语言的歧义性、语境变化及用户行为的不可预测性，这些因素都极大地提升了系统的复杂度。

未来知识问答系统有望通过采用更先进的算法和技术应对现有的挑战。随着深度学习技术和表示学习方法的不断进步，尤其是随着大模型技术的兴起，预计知识问答系统将具备更加强大的上下文理解能力和问题解析能力，从而提高查询生成的准确性。答案求解的效率和质量也将通过优化算法和数据处理技术得到显著提升。此外，随着知识图谱的发展，知识问答系统将更加精准地理解和运用领域知识，实现更自然和更准确的交互。在应用层面，知识问答系统将更加普及，并深入教育、医疗、金融等多个领域，成为人们获取知识和信息的重要工具。随着技术的成熟，我们将看到更多自适应学习和提供个性化服务的知识问答系统，它们将更好地满足用户的个性化需求。

9.6 本章小结

本章首先介绍了目前常用的构建知识问答系统的方法，包括基于流水线的方法和基于端到端的方法。然后介绍了表示学习中常用的翻译模型、双线性模型、双曲几何模型和旋转模型，以及深度学习模型中的 GraftNet 方法。最后详细介绍了如何构建一个基于多轮对话的知识问答系统。

参考文献

[1] BORDES A, USUNIER N, GARCIA-DURÁN A, et al. Translating embeddings for modeling multi-relational data[C]//Proceedings of the 26th International Conference on Neural Information Processing Systems-Volume 2. New York: Curran Associates Inc., 2013: 2787-2795.

[2] WANG Z, ZHANG J W, FENG J L, et al. Knowledge graph embedding by translating on hyperplanes[C]//Proceedings of the 28th AAAI Conference on Artificial Intelligence. Québec: AAAI Press, 2014: 1112-1119.

[3] LIN Y K, LIU Z Y, SUN M S, et al. Learning entity and relation embeddings for knowledge graph completion[C]// Proceedings of the 29th AAAI Conference on Artificial Intelligence. Texas: AAAI Press, 2015: 2181-2187.

[4] NICKEL M, TRESP V, KRIEGEL H P. A three-way model for collective learning on multi-relational data[C]//Proceedings of the 28th International Conference on International Conference on Machine Learning. Madison: Omnipress, 2011：809-816.

[5] TROUILLON T, WELBL J, RIEDEL S, et al. Complex embeddings for simple link prediction[C]// Proceedings of the 33rd International Conference on International Conference on Machine Learning-Volume 48. New York: JMLR. org, 2016: 2071-2080.

[6] NICKEL M, KIELA D. Poincaré embeddings for learning hierarchical representations[C]// Proceedings of the 31st International Conference on Neural Information Processing Systems. New York: Curran Associates Inc., 2017: 6341-6350.

[7] BALAŽEVIĆ I, ALLEN C, HOSPEDALES T. Multi-relational poincaré graph embeddings [C]// Proceedings of the 33rd International Conference on Neural Information Processing Systems. New York: Curran Associates Inc., 2019: 4463-4473.

[8] ZHANG S, TAY Y, YAO L N, et al. Quaternion knowledge graph embeddings[C]//

Proceedings of the 33rd International Conference on Neural Information Processing Systems. New York: Curran Associates Inc., 2019: 2735-2745.

[9] SUN H T, BEDRAX-WEISS T, COHEN W. PullNet: open domain question answering with iterative retrieval on knowledge bases and text[C]//Proceedings of the 2019 Conference on Empirical Methods in Natural Language Processing and the 9th International Joint Conference on Natural Language Processing (EMNLP-IJCNLP). Hong Kong: Association for Computational Linguistics, 2019: 2380-2390.

[10] SHI J X, CAO S L, HOU L, et al. TransferNet: an effective and transparent framework for multi-hop question answering over relation graph[C]//Proceedings of the 2021 Conference on Empirical Methods in Natural Language Processing. Punta Cana: Association for Computational Linguistics, 2021: 4149-4158,

[11] YASUNAGA M, REN H Y, BOSSELUT A, et al. 2021. QA-GNN: reasoning with language models and knowledge graphs for question answering[C]//Proceedings of the 2021 Conference of the North American Chapter of the Association for Computational Linguistics: Human Language Technologies. Online: Association for Computational Linguistics, 2021: 535-546.

[12] MAVROMATIS C, KARYPIS G. ReaRev: adaptive reasoning for question answering over knowledge graphs[C]//Findings of the Association for Computational Linguistics: EMNLP. Abu Dhabi: Association for Computational Linguistics, 2022: 2447-2458,

[13] WANG J, LI W. Template-guided clarifying question generation for web search clarification[C]//Proceedings of the 30th ACM International Conference on Information & Knowledge Management. New York: ACM, 2021: 3468-3472.

[14] YANI M, KRISNADHI A A. Challenges, techniques, and trends of simple knowledge graph question answering: a survey[J]. Information, 2021, 12(7): 271-288.

[15] ZIRUI C, XIN W, LIN W, et al. Survey of open-domain knowledge graph question answering[J]. Journal of Frontiers of Computer Science & Technology, 2021, 15(10): 1843-1855.

[16] KUZNETSOV V A, MOCHALOV V A, MOCHALOVA A V. Ontological-semantic text analysis and the question answering system using data from ontology[C]//18th International Conference on Advanced Communication Technology. Piscataway: IEEE, 2016: 651-658.

[17] TENEY D, LIU L, VAN DEN HENGEL A. Graph-structured representations for visual question answering[C]//Proceedings of the IEEE Conference on Computer Vision and Pattern Recognition. Piscataway: IEEE, 2017: 1-9.

[18] AN B, CHEN B, HAN X, et al. Accurate text-enhanced knowledge graph representation

learning[C]//Proceedings of the 2018 Conference of the North American Chapter of the Association for Computational Linguistics: Human Language Technologies, Volume 1 (Long Papers). New Orleans: NAACL, 2018: 745-755.

[19] MEDSKER L R, JAIN L C. Recurrent neural networks[J]. Design and Applications, 2001, 5(64-67): 2-12.

[20] PATERIA S, SUBAGDJA B, TAN A, et al. Hierarchical reinforcement learning: a comprehensive survey[J]. ACM Computing Surveys, 2021, 54(5): 1-35.

[21] KAISER M, SAHA ROY R, WEIKUM G. Reinforcement learning from reformulations in conversational question answering over knowledge graphs[C]//Proceedings of the 44th International ACM SIGIR Conference on Research and Development in Information Retrieval. New York: ACM, 2021: 459-469.

[22] LUKOVNIKOV D, FISCHER A, LEHMANN J, et al. Neural network-based question answering over knowledge graphs on word and character level[C]//Proceedings of the 26th International Conference on World Wide Web. New York: ACM, 2017: 1211-1220.

[23] LIU B, YU H, QI G. GraftNet: towards domain generalized stereo matching with a broad-spectrum and task-oriented feature[C]//Proceedings of the IEEE/CVF Conference on Computer Vision and Pattern Recognition. Piscataway: IEEE, 2022: 13012-13021.

[24] ZHANG Z, LIU X, ZHANG Y, et al. Pretrain-KGE: learning knowledge representation from pretrained language models[C]//Findings of the Association for Computational Linguistics: EMNLP 2020. Online: ACL, 2020: 259-266.

[25] REN H, LESKOVEC J. Beta embeddings for multi-hop logical reasoning in knowledge graphs[J]. Advances in Neural Information Processing Systems, 2020(33): 19716-19726.

[26] BERANT J, CHOU A, FROSTIG R, et al. Semantic parsing on freebase from question-answer pairs[C]//Proceedings of the 2013 Conference on Empirical Methods in Natural Language Processing. Seattle: EMNLP, 2013: 1533-1544.

[27] GU Y, KASE S, VANNI M, et al. Beyond IID: three levels of generalization for question answering on knowledge bases[C]//Proceedings of the Web Conference 2021. New York: ACM, 2021: 3477-3488.

[28] TRIVEDI P, MAHESHWARI G, DUBEY M, et al. Lc-quad: a corpus for complex question answering over knowledge graphs[C]//The Semantic Web-ISWC 2017: 16th International Semantic Web Conference, Vienna, Austria, October 21-25, 2017, Proceedings, Part Ⅱ 16. Vienna: Springer International Publishing, 2017: 210-218.

第 10 章
基于多源知识的辅助决策系统

本章将介绍知识图谱能够展现其重要作用的另一个领域：基于多源知识的辅助决策系统。在当今世界，信息快速涌入，数据规模不断增长，人们面临着前所未有的信息泛滥，这为各个方面的决策制定带来了挑战，尤其是在复杂而关键的领域，如军事战略规划领域。本章将介绍一系列算法和技术，旨在帮助读者理解，面对信息的海洋，如何在知识的帮助下做出明智的决策。本章将深入探讨这些算法的工作原理，同时介绍它们在军事领域的潜在应用。

10.1 基于多源知识的推理与决策

多源知识推理建立在不同来源（如传感器、情报机构、开源代码和人工智能系统）收集的数据基础之上。将这些多源信息整合在一起，可以创建更加全面和准确的情报图像，有助于支持关键决策的制定。不仅如此，多源知识推理还能够使许多信息处理任务实现自动化，使决策者能够集中精力在战略规划和分析上，而不是困囿于数据的处理和整理。以下将首先探讨在已有知识上进行推理的两种方法：基于规则的推理和基于表示学习的推理；然后介绍如何处理多源知识，将知识进行统一的表示，并在此基础上挖掘出对应用场景下有用的信息；最后介绍如何在获取的多源数据中发现异常数据以提升整个系统的鲁棒性，为最终的决策制定提供可靠的依据。

10.1.1 基于规则的推理

基于规则的推理是多源知识推理中的一个关键领域，它在解释和决策过程中扮演着引导者角色。这种推理方式依赖既定的规则体系，将已知的事实和规则进行匹配，从而得出新的结论。本节将探讨两种主要的基于规则的推理方法：产生式规则推理和置信规则推理。

1. 产生式规则推理

产生式规则推理又称为确定性规则推理，即通过产生式规则进行业务逻辑的表示，通常可以写成"if x then y"的形式。其中，x 为产生式规则的前提（前件），它一般由事实的逻辑组合构成，表示该规则被使用的条件；y 表示一组结论（后件）。产生式规则的含义是：如果前提 x 得到满足，则可得到结论 y。基于本体的推理指通过本体上的单条或多条路径进行推理规则的表示，基于知识图谱中的各类现有知识进行隐含知识的发现。按照推理任务的不同，一般可将推理分为关系推理、属性推理、标签推理等。在具体的执行过程中，结合图遍历算法执行推理规则。

本体规则中的时空信息通常作为规则中的条件约束。对于时空数据，基于多源知识的辅助决策系统参考区域连接演算（Region Connection Calculus，RCC）-8 模型引入了 8 类时间与空间的相对位置关系，如图 10-1 所示。

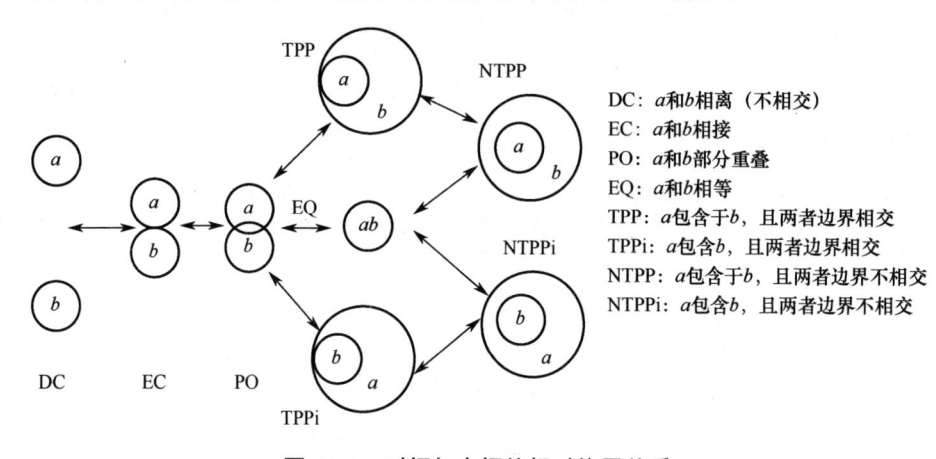

图 10-1 时间与空间的相对位置关系

有了以上定义之后，系统可以基于一阶谓词逻辑对时空约束表达式进行描述，如表 10-1 所示。

表 10-1 时空约束表达式描述

表达式	描述
existent(x)	表示存在于时空之中的事物 x
endurant(x)	表示持续物 x
perdurant(x)	表示连续物 x
exists-at(x, y)	表示 x 在时间 y 处存在

续表

表达式	描述
at-time(x, y)	表示连续物 x 所跨越的时间区域为 y
part-in(x, y)	表示 x 参与 y

在对时空语义关系进行定义之后，接下来介绍具体规则的定义和执行过程，分为基于本体的推理和基于规则引擎的推理。

1）基于本体的推理

基于本体的推理通常可以使用图形查询语言（Graph Query Language，GQL）表示，示例如下。

```
MATCH (p1)-[:hasCellPhone]->(c1)-[c:call]-(c2)<-[:hasCellPhone]-(p2)
WHERE
NOT EXISTS (p1)-[:hasRelative]-(p2)
AND at-time(c, Time("2021-05")) AND count(c) > 5
CONSTRUCT
CREATE (p1)-[:hasRumorWith]-(p2)
RETURN GRAPH
```

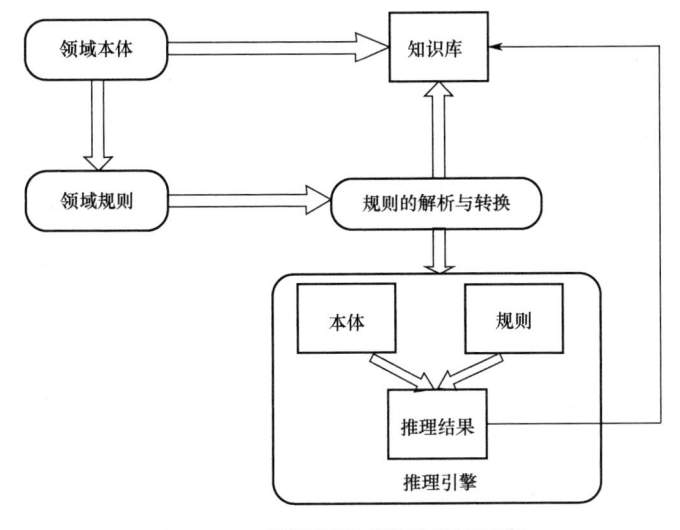

2）基于规则引擎的推理

基于规则引擎的推理是一个依靠推理引擎，根据规则推理算法完成时空知识推理，从本体中已有的事实中推出隐含结论的过程。因此，基于规则引擎的推理首先要借助相关领域知识形成的本体知识库，即领域知识图谱。基于规则引擎的推理通过定义业务规则产生新的知识。基于规则引擎的推理流程如图 10-2 所示。

图 10-2　基于规则引擎的推理流程

整个流程包含以下 3 个主要部分。①本体知识库建设，基于知识图谱构建方法进行领域本体知识库建设。②在本体知识库的基础上，结合基于知识图谱的本体技术和推理规则技术构建适用于相关领域的规则库。③推理引擎模块，利用推理算法加载并解析本体知识库和规则库，进行隐含关系推理。

2. 置信规则推理

置信规则推理也叫模糊规则推理，指基于若干条置信规则进行联合概率推理，其中置信规则的表示逻辑为

$$R_k : \text{IF } X_1 \text{ is } A_1^k \wedge X_2 \text{ is } A_2^k \wedge \cdots \wedge X_{T_k} \text{ is } A_{T_k}^k$$

$$\text{THEN}\{(D_1,\beta_{1k}),(D_2,\beta_{2k}),\cdots,(D_N,\beta_{Nk})\}, \left(\sum_{n=1}^N \beta_{nk} \leq 1\right) \quad (10\text{-}1)$$

with rule weight $\theta_k (k=1,2,\cdots,L)$ and attribute weight $\delta_i (i=1,2,\cdots,T_k)$

对于第 k 条置信规则，有相应的规则权重 θ_k；而在置信规则 T 中，对于其中的某个条件 X_i，满足属性约束 X_i is A_i^k，同样有对应的属性权重 δ_i。

一般使用贝叶斯网络将置信规则进行网络化表示，规则中的先验概率和贝叶斯网络中的父节点先验概率对应，图 10-3 展示了几种条件表达方式（逻辑门）。

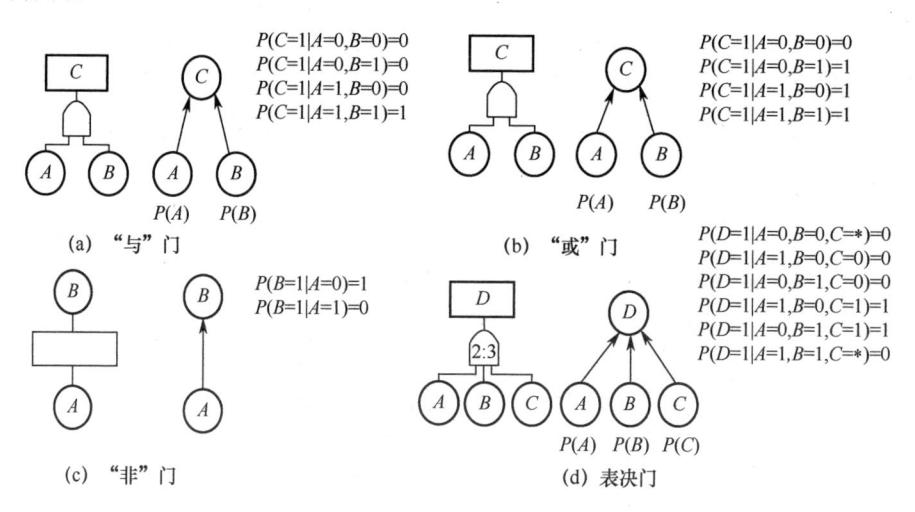

图 10-3　条件表达方式（逻辑门）

从基本的转化关系中可以看出，常用的条件表达方式都可以通过贝叶斯网络的条件概率分布实现。具体的转化过程遵循以下原则。

（1）贝叶斯网络节点变量的条件概率表和逻辑门关系相对应。

（2）贝叶斯网络中各根节点的先验概率对应规则中前置条件发生的概率。

（3）贝叶斯网络中的根节点是规则结果的反映。如果某个规则结果多次出现，在贝叶斯网络中只表达为一个根节点。

（4）贝叶斯网络的节点变量映射为逻辑门关系，且逻辑门的输出必须与贝叶斯网络节点变量状态的取值相对应。

贝叶斯网络构建之后，即可进行基于置信规则的定性推理和定量推理，同时可以基于历史样本数据进行网络训练，从而进行动态的概率参数调优。通过以下几步完成网络训练，获得最优化联合概率。

（1）随机初始化条件概率表中的项目。

（2）求 $P_w(D)$ 在参数 w 取初始值时的梯度，$P_w(D)$ 是在给定参数 w 的条件下，将数据集 D 输入贝叶斯网络后得到的概率。

（3）更新权重。

（4）规格化权重。

（5）继续迭代直至训练结束。

10.1.2 基于表示学习的推理

基于表示学习的推理首先通过模型学习多源知识中的事实信息，得到各类知识及知识图谱的低维向量表示，然后将推理预测转化为基于表示模型的简单向量操作。基于多源知识的单步推理包括基于转移、基于张量/矩阵分解和基于空间分布等多种方法。

一般用 (h, r, t) 表示三元组，其中 h 表示头实体，r 表示关系，t 表示尾实体。这样是为了将知识图谱中的节点、关系表示成低维向量。例如，三元组表示为 (导演名字,导演,电影)，这样"演员名字"就不再是节点，而是一个向量。实际会设置更高的维度，如 50 维、100 维等。

应用三元组时，如果给出头尾实体(不存在于已有的三元组)，计算出关系，得到头尾实体之间的关系，就属于推理。当然，也可以在给出头实体和关系的情况下推理出尾实体。

不同来源的知识有着不同的数据表示形式，在表示推理模块中需要在相同的连续向量空间共同表示这些知识。因此，一个统一的表示学习模型可能包含多个部分，如知识模型、多模态模型、时空模型、图模型等。接下来将介绍这几种模型，帮助读者了解这些模型是如何进行知识表示的。

1. 知识模型

知识模型基于 Trans 系列模型实现三元组的向量化表示。Trans 系列模型包括 TransE、TransH、TransR 等，其主要思想是：如果三元组(头实体,关系,尾实体）成立，则头实体向量与关系向量的和与尾实体向量相近，否则远离。由上述基本转移假设得到得分函数 -‖+，即用"或"范数衡量距离。在学习过程中替换头实体或尾实体得到负例，类似支持向量机，最小化一个基于边（Margin）的损失函数，使正例的得分比负例的得分至少高一个边。在进行推理时，得分函数取值大的候选实体/关系为推理结果。

2. 多模态模型

多模态模型基于全卷积神经网络（Fully Convolutional Neural Network，FCNN）模型实现图像、视频等的向量化表示。FCNN 不含全连接层，即将全连接层改为全卷积层。其特点是可适应任意尺寸的输入，在解码器上采样步骤中使用反卷积层（初始化参数为双线性插值滤波器）来增大数据尺寸。将深的、粗糙的网络层语义信息和浅的、精细的网络层表层信息结合起来，生成精确的分割。

3. 时空模型

时空模型基于深度时空卷积神经网络（Deep Spatial-Temporal Convolutional Neural Network，DSTCNN）模型实现时空序列数据的向量化表示。DSTCNN 针对传统 CNN 无法提取时间相关特征的问题，通过三维卷积的卷积核对单时间点的空间特征和基于时间序列的连续空间特征进行表示，提升神经网络模型的线性表达能力。

4. 图模型

图模型基于 GNN/GCN/GAT 模型实现对图数据的向量化表示。GNN 通过将节点表示嵌入多层神经网络，利用节点之间的连接信息进行信息传递和特征学习，在知识图谱补全任务中能够通过信息的传播捕捉实体之间的上下文信息和关联，从而提高知识图谱中缺失实体或关系的推断准确性。GCN 是 GNN 的一种变体，它采用卷积操作来处理图数据，将每个节点的邻居节点信息进行加权汇总，最终更新每个节点的表示。GCN 可以有效地利用图结构来捕捉实体之间的语义关系，对于具有稀疏连接的大规模知识图谱，其表现更加出色。GAT 是 GNN 的另一种变体，它引入了注意力机制。每个节点在进行信息传递时，可以根据邻居节点的重要性分配不同的注意力权重，以更精细地调整信息的聚合。GAT 在知识图谱中有助于学习更复杂的关系和上下文信息，因为它能够自适应地关注图中不同部分的信息。这使 GAT 在处理知识图谱中的不均匀关系和节点连接时表现出色，可以提高知识图谱补全任务完成的准确性。

10.1.3 基于知识的时空数据挖掘计算

本节将介绍如何利用深度学习和数据挖掘方法在时空知识图谱中进行各类时空数据的挖掘。首先，由于时空数据的多样性和复杂性，如序列数据、二维矩阵、三维张量、图等，需要根据不同的挖掘任务进行对应的知识表示和格式转换。然后，选择合适的模型算法用于处理各种时空数据挖掘任务，如预测、分类、模式发现等。

在时空数据挖掘计算领域，深度学习提供了一种强大的方法来发现和分析时空数据中的隐藏关系与规律。本节将深入探讨如何利用深度学习技术进行时空数据挖掘计算，从不同的角度提取时空数据中有用的信息。特别地，本节将研究时空模式发现、时空模式聚类、时空异常检测和预测分类等任务，并介绍它们在解决实际问题中的成功案例。

1. 时空模式发现

时空模式发现的目标是在时空数据中发现具有价值的模式，如频繁模式、周期模式、共现模式和关联模式等。为了实现这一目标，一个常见的方法是首先将原始时空序列分割成一系列子序列片段，然后应用适当的数据挖掘技术来提取模式。以下介绍一种常见的解决方法，其结合了子串树结构和改进的 Apriori 算法来挖掘频繁区域。

首先，将原始时空序列分割成多个子序列片段，这些片段可以根据时间划分，也可以根据空间位置划分。这种分段有助于将复杂的时空数据转化为更小、更易处理的单元。然后，使用子串树结构将这些子序列片段组织成一种树状结构，以便更好地管理和搜索模式，快速查找频繁出现的子序列片段。接下来，采用改进的 Apriori 算法来挖掘频繁区域。Apriori 算法是一种关联规则挖掘算法，用于发现项目之间的频繁关联。在这种情况下，可以将其应用于时空数据，以查找频繁出现的时空模式。改进的 Apriori 算法可以更高效地处理大规模时空数据，并缩小搜索空间，提高挖掘效率。

上述方法有一个重要的特点：在分析时空模式时同时考虑了形状相似度和空间上的远近程度。这意味着该方法不仅关注时空模式的时间相似性，还关注它们在空间上的关联和相似性。通过考虑空间实体之间的邻近性质，该方法提高了时空序列模式的搜索效率，并能够更好地捕捉时空数据中的有趣模式。

2. 时空模式聚类

时空模式聚类是一项关键的数据分析任务，其目标是将时空数据中表现出相似行为的对象归类到同一组中，以实现组内相似性最大化、组间差异性最大化。这有助于识别时空数据中的结构和规律，从而更好地理解和利用这些数据。在时空模式聚类中，一个强大的算法是 ST-DBSCAN，它基于密度进行时空聚类，对 DBSCAN 算法进行了扩展，充分考虑了对象的非空间值、空间值和时间值，因而在处理时空数据时表现更出色。

ST-DBSCAN 算法的关键特点有以下几个。

（1）基于密度的聚类。ST-DBSCAN 算法采用了密度聚类的思想，即将具有相似行为的对象聚集到一起。这意味着簇的形状和大小不需要预先定义，而是根据数据的分布来确定。

（2）时空相似度。ST-DBSCAN 算法考虑了对象之间的空间相似性和时间相似性。这意味着它不仅会检查对象之间的空间距离，还会考虑它们的时间属性。这对于处理轨迹数据、传感器数据等包含时间维度的时空数据非常有用。

（3）核心对象和噪声对象。ST-DBSCAN 算法将时空对象分为核心对象和噪声对象。核心对象是那些周围有足够多相似对象的点，噪声对象则是没有足够的邻居的点。这有助于减弱噪声数据对聚类结果的影响。

（4）相邻簇。ST-DBSCAN 算法不仅能够识别簇内对象，还能够发现相邻簇。这使它在处理复杂时空数据时能够更全面地考虑对象之间的关系。

ST-DBSCAN 算法是时空模式聚类的一个强大工具，它能够在考虑对象的空间特性和时间特性的同时，自动发现具有相似行为的时空对象，并形成簇。因此，ST-DBSCAN 算法在很多任务（如交通流量管理、环境监测、移动设备轨迹分析等）中都具有很大的应用潜力，可以帮助用户更好地理解和利用时空数据。

3. 时空异常检测

时空异常检测是一项关键任务，用于识别时空数据中不寻常或异常的事件。这些异常可能具有重要的实际意义，如故障检测、异常行为预警等。时空异常检测可以帮助人们及早发现潜在问题，从而采取适当的措施来应对异常情况。

4. 预测分类

预测分类指基于时空数据的历史观测值预测未来的观测值。预测分类的方法包括基于点的预测、基于时间序列的预测、基于轨迹的预测和基于栅格的预测。

（1）基于点的预测。点类型的时空数据通常在时间领域或空间领域合并从而形成时间序列或空间地图，如突发灾害、社会活动等。这些数据经过转换后作为各种深度模型的输入。一般使用 ST-ResNet、GRU、ConvLSTM 等模型对点类型的时空数据进行预测。

（2）基于时间序列的预测。一条道路或高速公路在一定时期内的交通流量可以作为一个时间序列。一般使用 RNN 和 LSTM 网络进行时间序列的时空数据预测。

（3）基于轨迹的预测。根据轨迹格式的时空数据的表示形式，将其进行序列转换，通过将 RNN、CNN 等深度模型相结合实现预测。

（4）基于栅格的预测。栅格数据表示为位置和时间的二维矩阵，或者表示为一个包含位置 ID 和时间的三维张量，因此采用 2D-CNN 模型、3D-CNN 模型进行时空数据预测。

以上 4 项任务相互关联，共同构成了时空数据挖掘的核心要素，有助于深入理解时空数据中的模式、趋势和异常，从而为各种应用场景提供更好的解决方案。不同领域和问题可能涉及不同的技术与方法来处理这些任务，但它们都为有效地分析和利用时空数据提供了重要的工具与方法。

10.1.4 基于时空知识图谱的异常挖掘

在分析大规模的复杂数据时，挖掘其中异常的部分有时比了解其整体的结构更加重要。异常挖掘注重寻找数据集中较少出现的数据，是数据挖掘的分支之一。这一研究领域在安全、金融、医疗、法律等各个领域有非常重要的意义。为了解决异常检测问题，大部分方法关注在非结构化的多维数据点中发现异常和异常点。但是，仅将数据对象视为多维空间中的点是不全面的，大部分情况下这些点之间是相互关联的，这种关联关系应该在异常检测过程中加以考虑，而图恰好为有效地捕获这种关联关系提供了一种强大的机制。

根据应用场景的不同，对图的异常检测算法的具体要求有所不同，但通常人们希望图的异常检测算法具有以下属性。①可扩展性，图会随着时间不断变化；②对结构和属性变化的敏感性，图会随着时间的推移而产生结构差异（节点或边的消失和出现）；③对变化重要性的认知，算法应对变化类型和变化程度具有较高的敏感性。

1. 图数据的异常模式发现技术

图数据的异常模式发现技术主要分为结构异常发现、属性异常发现和社区异常发现 3 个发展方向。

1）结构异常发现

给定一个图和其中的节点 v，假设 v 在属性上属于一个社区，如果 v 和属于其他社区的节点有边相连，那么这种异常可以定义为结构上的异常。每个顶点

v_i 可以用邻接矩阵 A 的第 i 行表示。为了保持节点在低维空间中的距离，设置优化目标为 $\sum_{i=1}^{N}\sum_{j=1}^{N}(A_{ij}-G_i\times H_j)^2$，得到节点的嵌入表示，其中 G_i 和 H_j 分别表示第 i 个节点特征与第 j 个节点特征。异常节点会影响正常节点的嵌入表示。为了减弱结构异常节点在表示学习过程中的影响，每个节点同时计算结构异常分数 O_{1i}，其值越大，节点在结构上异常的可能性越大。最终优化目标变为 $L_{\text{str}}=\sum_{i}^{N}\sum_{j}^{N}\ln_e\left(\dfrac{1}{O_{1i}}\right)(A_{ij}-G_i\times H_j)^2$。直观地看，某个节点的异常分数值越高，这个节点对损失函数的贡献越低，因此可以很自然地发现这个损失函数会集中于减弱异常点的影响。

2）属性异常发现

给定一个图和其中的节点 v，v 在结构上属于一个社区，如果 v 和属于其他社区的节点的属性相似，那么这种异常可以定义为属性上的异常。和结构异常发现方法类似，每个顶点 v_i 可以用特征矩阵 C 的第 i 行表示，即 C_i，我们的目的是学习到一个低维表示 U_i。为了保持节点在低维空间中的距离，设置优化目标为 $\sum_{i}^{N}\sum_{j}^{N}(C_{ij}-U_i\times V_d)^2$，其中 V_d 为可学习映射矩阵。为了减少属性异常节点在嵌入表示学习过程中对其他节点的影响，每个节点引入属性异常分数 O_{2i}，其值越大，节点在属性上异常的可能性越大。最终优化目标变为 $L_{\text{attr}}=\sum_{i}^{N}\sum_{j}^{N}\ln_e\left(\dfrac{1}{O_{2i}}\right)(C_{ij}-U_i\times V_d)^2$。直观地看，某个节点的属性异常分数值越高，那么它对损失函数的贡献越低，因此异常点感知损失会减弱异常点的影响。

3）社区异常发现（结构+属性）

给定一个图和其中的节点 v，v 在结构上属于社区 A，在属性上属于社区 B，那么这种异常可以定义为结构和属性异常。通过对结构和属性的异常点感知的表示学习，得到节点在结构和属性上的低维表示 G、U，由于同一个节点在结构和属性上的表示应该具有一致性，因此可以采用一个映射矩阵 W，将节点的结构表示和属性表示映射到同一个低维空间，通过最小化 $W^*=\underset{W\in O_K}{\arg\min}\|G-UW^{\text{T}}\|_F$ 得到更好的嵌入表示。社区异常点的存在会极大地影响其他正常节点的表示学习，因此为了减弱社区异常点对其他节点的影响，为每个节点引入了属性异常分数 O_{3i}，其值越大，节点在属性上异常的可能性越大。最终优化目标变为 $L_{\text{dis}}=\sum_{i=1}^{N}\sum_{k=1}^{K}\ln_e\left(\dfrac{1}{O_{3i}}\right)(G_i-U_i(W^{\text{T}})_k)^2$。

2. 动态图数据的异常模式发现方法

由于基于深度学习的技术主要引入了图上节点的嵌入表示信息，因此这里将重点介绍由时序引发的图结构和属性变化的相关方法，具体可以分为基于结构的方法、基于特征的方法和基于社区的方法。

1）基于结构的方法

这类方法的主要思路是，针对动态图这类给定的连续的静态图序列，寻找特定的时间节点对应图上显著的变化或事件，同时找出影响最大的相关的节点、边或子结构。动态并行异常检测（Dynamic Parallel Anomaly Detections，DPADS）算法基于"异常的子结构是正常模式的结构变种"的思想来检测图的异常。DPADS 算法把基于图的异常检测（Graph Based Anomaly Detection，GBAD）算法和并行异常检测（Parallel Anomaly Detection，PLAD）算法扩展到大规模动态图的异常检测中，如图 10-4 所示，图中的 T_{i-1}、T_i、T_{i+1} 为时间滑动窗口。这类方法一共定义 3 种基本类型图的异常：添加、修改和移除。添加异常是正常模式增加了顶点或边；修改异常包含一个顶点或边的意外标签；移除异常的子结构比正常子结构缺少了边或顶点。

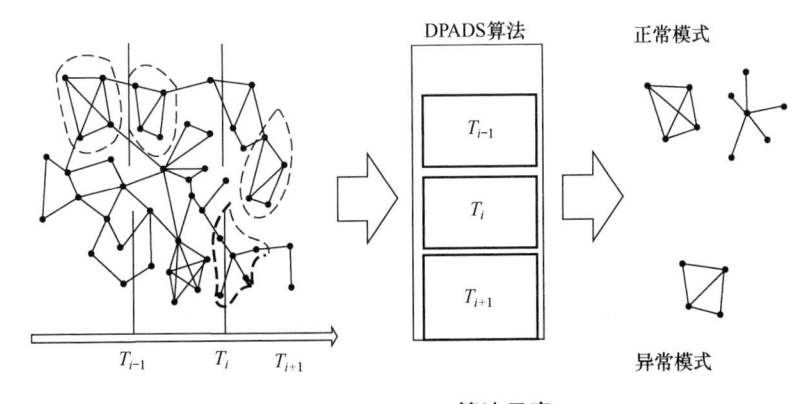

图 10-4　DPADS 算法示意

2）基于特征的方法

这类方法的主要思想是"相似的图可能共享某些属性"，其主要步骤如下。首先从输入图中的每个快照中提取"良好摘要"，然后使用距离函数比较连续图。当距离大于阈值时，将相应的快照定性为异常。不同算法的区别体现为创建图摘要的方法不同，使用的距离和相似度函数不同，或者定义和选择阈值以将实例标记为异常的方式不同。

一部分方法为每个快照创建图摘要，并使用距离函数进行比较。如果两个快照之间的距离在阈值以上，表示它们之间存在变化点或异常。如图 10-5 所示，算法首先为图中所有节点提取几个网络特征的时间序列。然后建立一个相关矩阵，表示在特定时间窗口内图中所有节点对之间的"行为"相关性。再导出所有节点的"行为"矢量，并将其与在多个先前时间窗口内检测到的最近的历史"行为"矢量进行比较。如果发现当前的"行为"与最近的历史"行为"有很大不同，则将当前的时间窗口标记为异常。

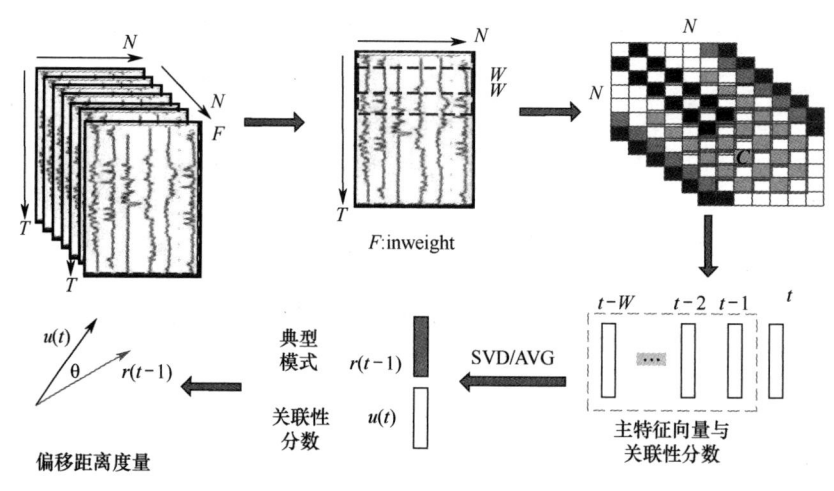

N——样本数量；F——每个样本的特征；W——特征提取时的窗口大小；T——时间维度；C——变化后的特征维度

图 10-5　基于特征的方法示例

3）基于社区的方法

这类方法的主要思想是"时间序列中其社区结构与最近过去的快照有很大不同的快照是存在异常的"。这里针对动态网络的变化点检测问题，介绍一种在线概率学习算法。该算法将广义分层随机图模型与贝叶斯假设检验相结合，以定量确定是否、何时及如何精确地发现变化点。首先学习广义层次随机图（Generalized Hierarchical Random Graph，GHRG）模型。该模型可以对网络中所有规模的嵌套社区结构进行建模，定义了图上的参数概率分布。然后推断 GHRG 模型的两个版本，一个代表窗口内特定时间点的参数有变化，另一个代表整个窗口不变的零假设。最后在固定长度 W 的滑动窗口上使用后验贝叶斯因子来检测该窗口上的 GHRG 模型是否发生变化，从而进行贝叶斯统计假设检验。

10.2　辅助决策系统在军事领域的应用实例

基于多源知识的辅助决策系统在军事领域的应用具有重要意义。这些系统整合了卫星图像、情报报告、传感器数据等多渠道信息，借助人工智能和机器学习技术，提供了迅速、准确的情报分析、目标识别、作战模拟等功能，有助于提高战场上的决策效率和决策质量。在军事行动中，它们可用于精确打击规划、实时目标追踪、物资分配优化及危机响应，同时促进跨部门和跨军种之间的协作与信息共享。本节将介绍这些军事应用实例，突显基于多源知识的辅助决策系统在提高战场决策能力和应对复杂情境中的关键作用。

10.2.1 态势分析与预警

辅助决策系统会处理、融合多种源头和模态的情报信息，如报文、音频、图像、事件、装备等情报。具体来说，辅助决策系统利用实体识别和关系抽取等文本数据知识获取技术，提取报文、事件描述等文本中的知识；利用目标检测、图像分割及基于深度神经网络的图像数据知识获取技术，获取图像数据中的知识；利用信号分类、信号异常检测等信号数据知识获取技术，提取音频或雷达信号中的知识；利用多模态语义表示技术，将多种情报数据进行融合，形成态势图，如图 10-6 所示。最终，通过宏观统计、主题检索，实现敌我态势的洞察与分析，如图 10-7 和图 10-8 所示。

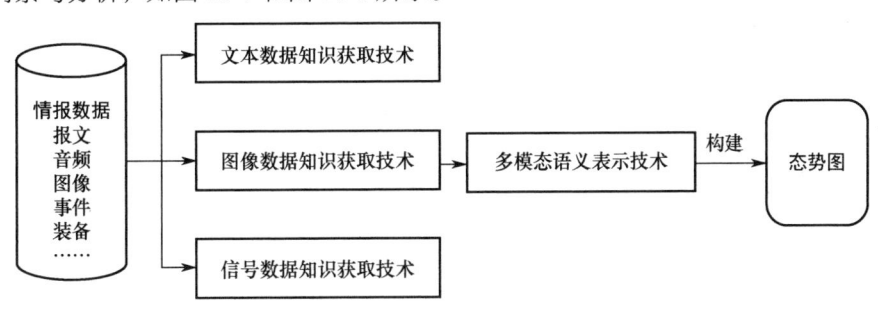

图 10-6 态势图构建的技术路线图

图 10-7 辅助决策系统应用示意 1

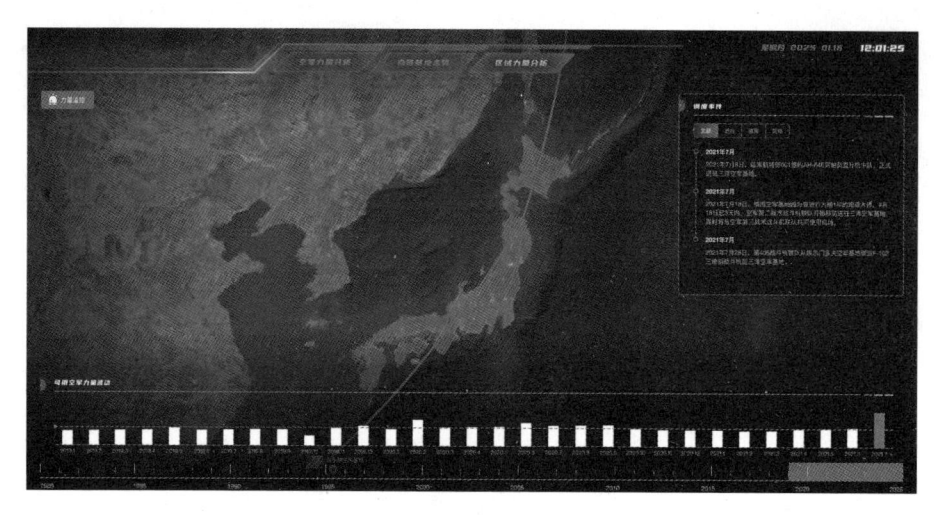

图 10-8 辅助决策系统应用示意 2

10.2.2 敌我事件发展趋势分析

辅助决策系统通过主题事件和事件脉络分析，可以分析战略环境，厘清事件的历史情况；了解战略态势，厘清事件的发展脉络；监控战略动向，发现威胁与机遇。

具体来说，辅助决策系统根据输入系统的情报信息，可以利用实体识别和关系抽取技术进行敌我事件发展趋势分析。首先利用实体识别技术识别出主题事件与其对应的子事件，子事件的内容包括事件名称、事件要素、事件关键词。再利用关系抽取技术将第一步的抽取结果进行关联分类，把同一子事件的事件名称、事件要素、事件关键词聚合在一起，完成对子事件的抽取。根据子事件的发生时间及其内容区分主题事件的发生阶段、发展阶段、消亡阶段等，根据子事件的内容分析当前主题事件的发展情况。最终，根据各子事件的时序关系及其所属的阶段，分析主题事件的整体演变脉络。通过情报信息构建演变脉络的技术路线图如图 10-9 所示。

10.2.3 重点目标全维画像与意图分析

重点目标全维画像与意图分析也是基于多源知识的辅助决策系统在军事领域的重要应用。这一应用的关键在于通过综合利用多源信息，实现对关键目标的全面了解和意图分析。如图 10-10 所示，重点目标全维画像与意图分析主要涵盖 3 个关键阶段：数据收集与整理、全维画像模型构建和目标意图分析与决策支持。

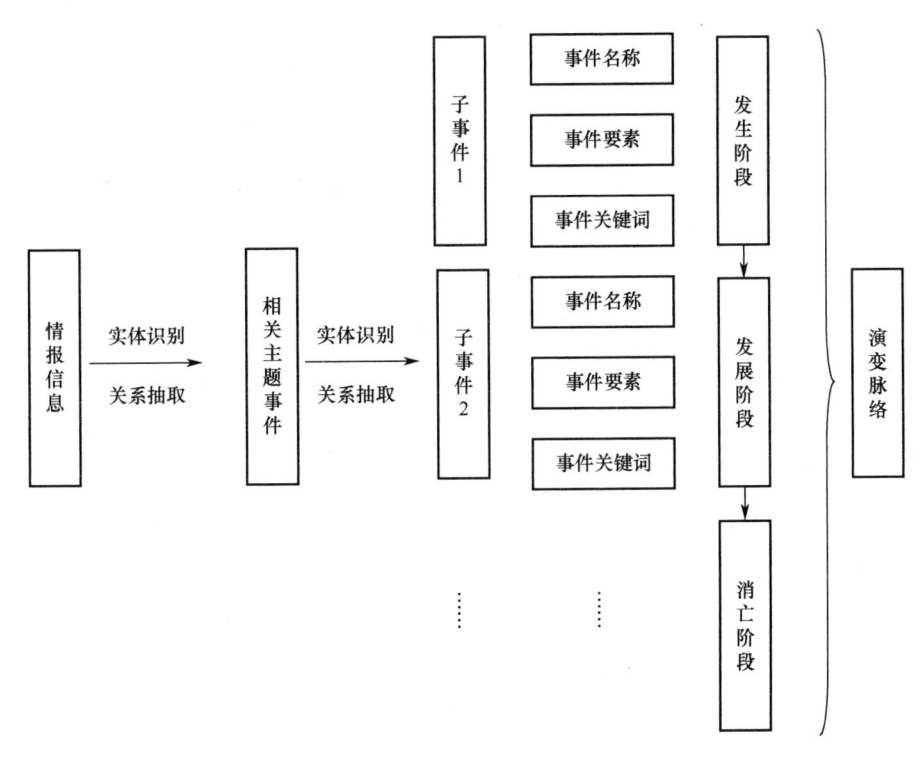

图 10-9　通过情报信息构建演变脉络的技术路线图

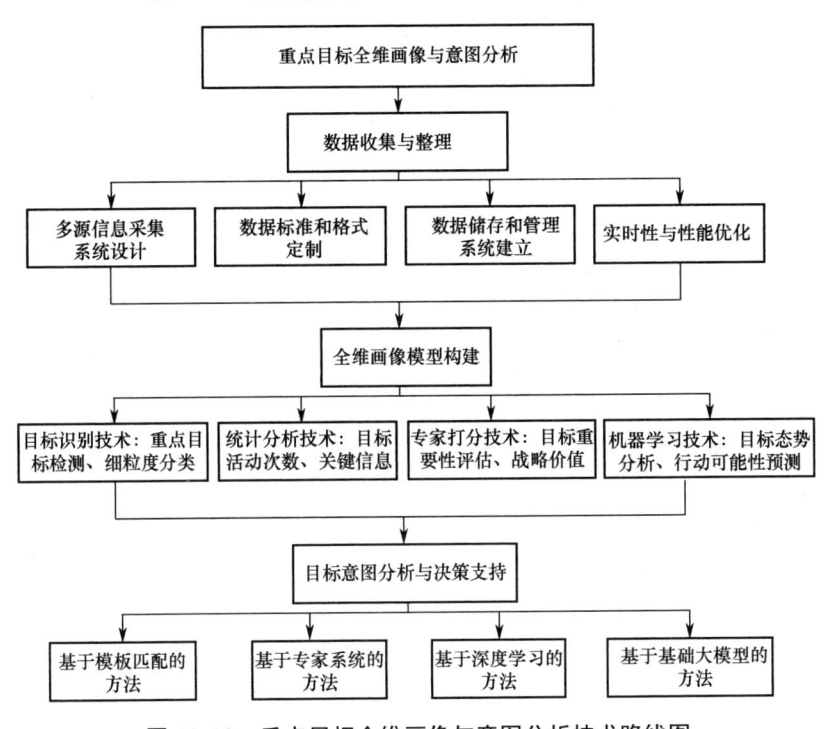

图 10-10　重点目标全维画像与意图分析技术路线图

（1）数据收集与整理。确定多源信息采集系统的整体结构，包括传感器网络、卫星图像和情报报告等多种信息源。这一步可以利用第 4 章介绍的信号数据知识表征方法实现。对于重点情报的分析，可以使用第 2 章介绍的文本知识抽取技术。

（2）全维画像模型构建。对于重点目标（如某型号战斗机）的识别，需要使用第 3 章介绍的目标检测算法，同时根据作战的实时性，还需要选取轻量级模型。对战斗机的轨迹分析会用到视频信息，可采用第 5 章介绍的高层语义分析方法进行分析。军事目标画像的构建涉及统计分析技术、专家打分技术和机器学习技术，利用统计工具提取实际事实标签，利用专家打分技术开发与任务耦合的标签，以及利用机器学习模型预测目标态势和行动可能性。这些方法共同构成了丰富的技术体系，广泛适用于多样化的军事场景。

（3）目标意图分析与决策支持。这一步可以采用多种技术方法，包括基于模板匹配的方法、基于专家系统的方法、基于深度学习的方法和基于基础大模型的方法，能够处理复杂的场景和大规模数据，提供更深层次的意图分析与决策支持。在选择具体的技术时，需要根据任务特性和数据条件综合考虑。

通过这些系统，我们能够获取目标的全面信息，包括目标的基本特征、业务相关信息、多模态情报及与之相关的事件和关联信息，如图 10-11 所示。这些系统不仅有助于创建目标的全维画像，还能为飞行器提供关键的目标信息，如图 10-12 所示。通过分析目标的参数（见图 10-13）、运动轨迹及与机器学习和经验规则相结合的目标序列，这些系统能够辅助综合评估目标的意图，从而为决策提供有力的支持，并显著提高决策效能和决策质量。

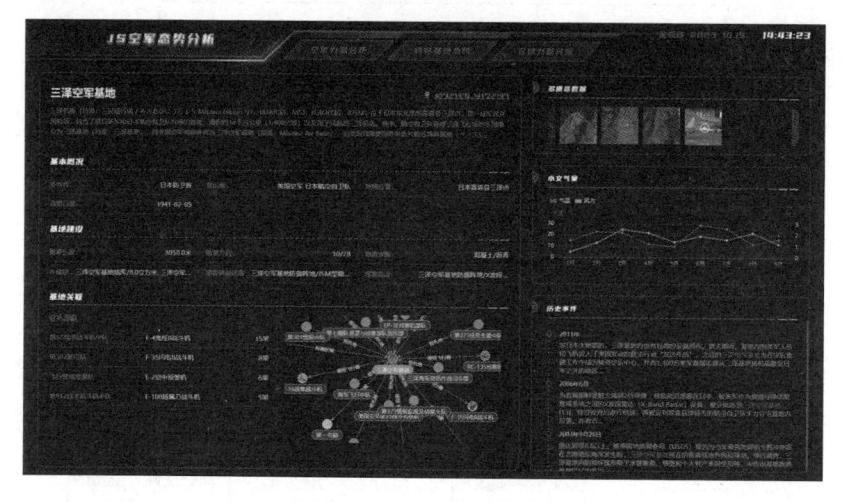

图 10-11　意图分析示意

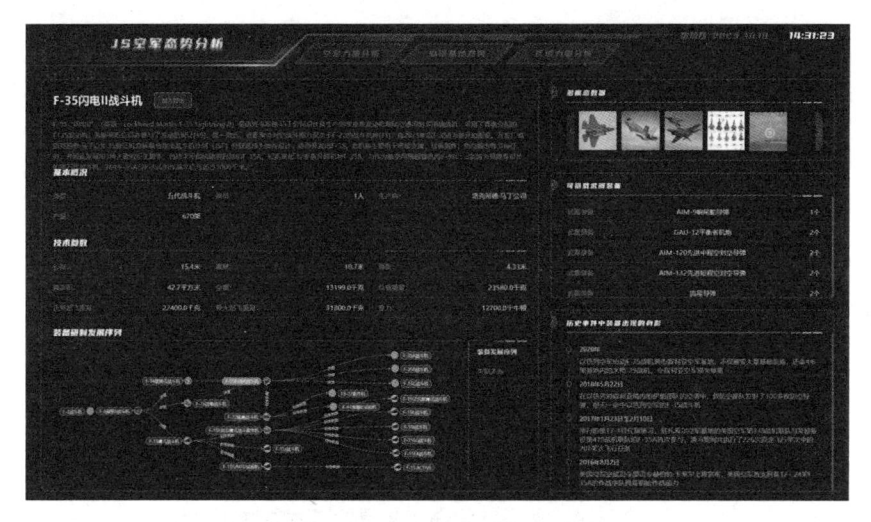

图 10-12　飞行器分析示意

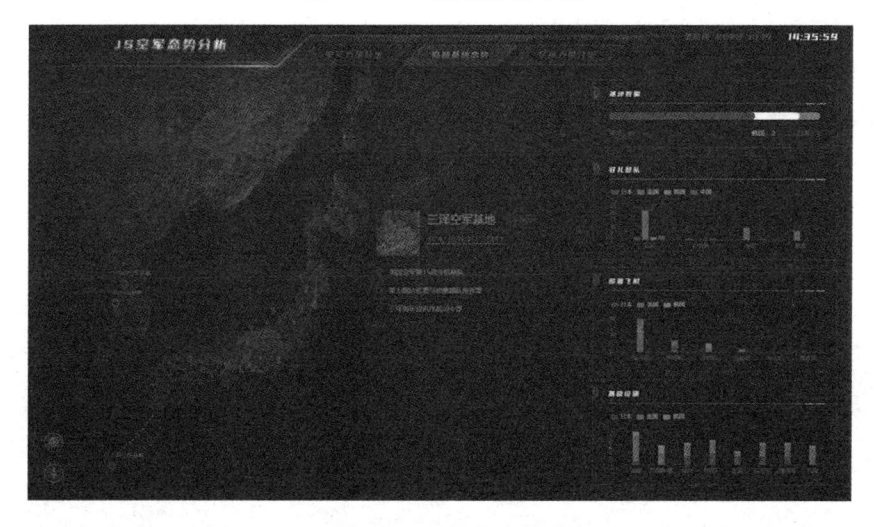

图 10-13　目标参数

10.2.4　基于多源知识图谱的情报分析

情报领域的发展越来越依赖多类型、多来源的情报数据，这些数据包括结构化数据和非结构化数据（如文本、图像和语音等）。为了更有效地利用这些数据，可以采用第 7 章介绍的多模态知识图谱构建技术，将各类数据进行整合、编码、融合并表征，构建一个多源知识图谱。

在构建多源知识图谱的过程中，首先要利用第 2～5 章介绍的不同模态的知识获取技术对非结构化数据（如图片、视频和音频等）或半结构化数据（如日志文件等）进行知识提取，如实体提取、关系提取和属性提取。然后将结构化数据与非结构化数据进行知识表示。最后利用实体对齐、本体匹配等技术对多源知识进行融合，构建多源知识图谱，如图 10-14 所示。

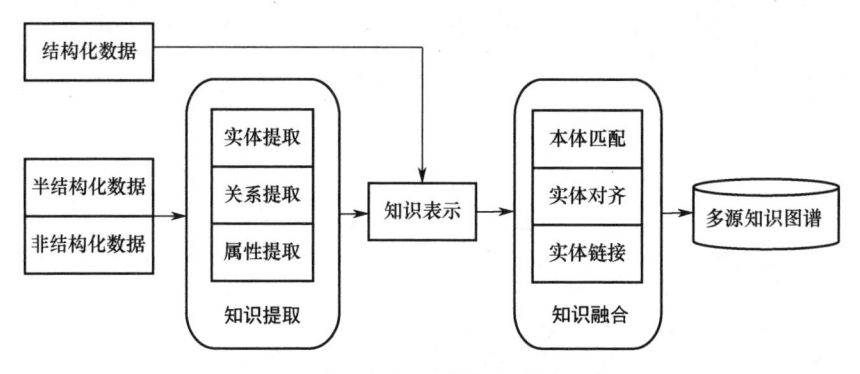

图 10-14 多源知识图谱构建的技术路线图

基于多源知识图谱，可以构建一个 QB 数据中台，如图 10-15 所示，为情报分析提供有力的支持。这一中台不仅能够将分散的信息汇集起来，还能够通过高级技术手段提取有价值的情报，揭示潜在的信息关联，从而更好地为决策者和分析人员提供准确、全面的情报。这一过程不仅提高了情报工作的效率，还为各种应用场景提供了强大的信息支持，从而有助于更好地理解、预测和应对复杂的情报挑战。

图 10-15 QB 中台示意

由于 QB 中台融合了多源情报信息和知识，其在多源情报关联和溯源分析方面的应用也具有巨大的潜力。系统可以整合不同类型和不同来源的情报数据，借助先进的关联分析技术，帮助决策者快速发现信息之间的联系，揭示潜在的关联，如图 10-16 所示。在溯源分析中可以追踪信息的源头，分析信息传播路径，以验证情报的可信度。

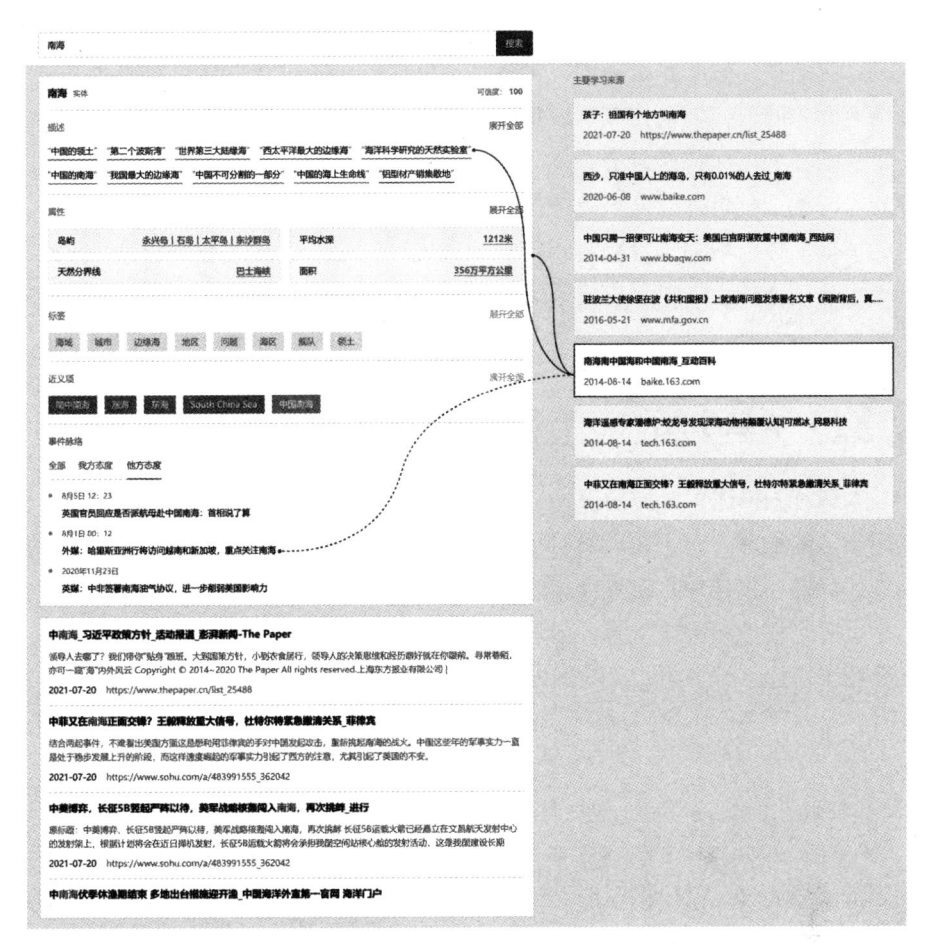

图 10-16　QB 数据溯源示意

10.3　技术挑战与未来展望

在构建基于多源知识的辅助决策系统时，面临的技术挑战主要是如何高效融合与推理来自不同数据源的知识。其中，基于规则的推理需要解决规则制定的复杂性和适用性问题；基于表示学习的推理需要解决大规模数据处理和特征提取的难题；基于知识的时空数据挖掘计算必须克服时空数据的高维性和动态变化等困难；基于时空知识图谱的异常挖掘需要精确识别模式的异同，以发现潜在的异常。此外，辅助决策系统在实际应用（如敌我态势分析、事件发展趋势分析等）中，必须处理实时数据流、模糊不确定性和多变的战场环境等问题。这些都是当前技术发展中亟待解决的难题。

随着人工智能和机器学习技术的不断进步，未来辅助决策系统有望实现更加深入和精准的多源知识融合与应用。预计未来将发展出更加先进的算法，以提高系统的推理效率和准确度，尤其是在处理复杂的时空数据和构建动态知识图谱方面。同时，辅助决策系统的自适应能力和抗干扰性能将得到增强，能够在多变的环境下保持稳定的性能。在实战应用中，辅助决策系统将更加侧重全维画像与意图分析，以及多源情报的关联与溯源分析，为决策者提供全面、实时的情报支持，增强预警能力和对复杂战场环境的适应性。未来的辅助决策系统不仅是信息的提供者，更将成为智能的参谋助手，为决策者带来更高层次的认知支持。

10.4 本章小结

本章首先描述了多源知识推理和决策的方法，包括基于规则的推理、基于表示学习的推理、基于知识的时空数据挖掘计算及基于时空知识图谱的异常挖掘；然后描述了各种方法具有代表性的算法模型与策略，如知识模型、多模态模型、时空模型和图模型等；最后通过辅助决策系统在军事领域的应用实例详细介绍了搭建基于多源知识的辅助决策系统的方法。

参考文献

[1] 赵晓娟，贾焰，李爱平，等. 多源知识融合技术研究综述[J]. 云南大学学报：自然科学版，2020，42（3）：459-473.

[2] MITRA A, BARAL C. Addressing a question answering challenge by combining statistical methods with inductive rule learning and reasoning[C]//Proceedings of the AAAI Conference on Artificial Intelligence. Menlo Park: AAAI, 2016: 2779-2785.

[3] BYRNES J P, OVERTON W F. Reasoning about certainty and uncertainty in concrete, causal, and propositional contexts[J]. Developmental Psychology, 1986, 22(6): 793-801.

[4] SHENG L, OZSOYOGLU Z M, OZSOYOGLU G. A graph query language and its query processing[C]//Proceedings 15th International Conference on Data Engineering (Cat. No. 99CB36337). Piscataway: IEEE, 1999: 572-581.

[5] LIN D, PANTEL P. Discovery of inference rules for question-answering[J]. Natural Language Engineering, 2001, 7(4): 343-360.

[6] MUGGLETON S, DE RAEDT L. Inductive logic programming: theory and methods[J]. Journal of Logic Programming, 1994(19): 629-679.

[7] WANG Z, ZHANG J, Feng J, et al. Knowledge graph embedding by translating on hyperplanes[C]//Proceedings of the AAAI Conference on Artificial Intelligence. Menlo

Park: AAAI, 2014: 1112-1119.

[8] LONG J, SHELHAMER E, DARRELL T. Fully convolutional networks for semantic segmentation[C]//Proceedings of the IEEE Conference on Computer Vision and Pattern Recognition. Piscataway: IEEE, 2015: 3431-3440.

[9] ZHOU J, CUI G, HU S, et al. Graph neural networks: a review of methods and applications[J]. AI Open, 2020(1): 57-81.

[10] WANG S, CAO J, PHILIP S Y. Deep learning for spatio-temporal data mining: a survey[J]. IEEE Transactions on Knowledge and Data Engineering, 2020, 34(8): 3681-3700.

[11] ANDRIENKO N, ANDRIENKO G, GATALSKY P. Exploratory spatio-temporal visualization: an analytical review[J]. Journal of Visual Languages & Computing, 2003, 14(6): 503-541.

[12] ZHANG J, ZHENG Y, QI D. Deep spatio-temporal residual networks for citywide crowd flows prediction[C]//Proceedings of the AAAI Conference on Artificial Intelligence. Menlo Park: AAAI, 2017, 31(1): 1655-1661.

[13] TRAN D, BOURDEV L, FERGUS R, et al. Learning spatiotemporal features with 3D convolutional networks[C]//Proceedings of the IEEE International Conference on Computer Vision. Piscataway: IEEE, 2015: 4489-4497.

反侵权盗版声明

电子工业出版社依法对本作品享有专有出版权。任何未经权利人书面许可，复制、销售或通过信息网络传播本作品的行为；歪曲、篡改、剽窃本作品的行为，均违反《中华人民共和国著作权法》，其行为人应承担相应的民事责任和行政责任，构成犯罪的，将被依法追究刑事责任。

为了维护市场秩序，保护权利人的合法权益，我社将依法查处和打击侵权盗版的单位和个人。欢迎社会各界人士积极举报侵权盗版行为，本社将奖励举报有功人员，并保证举报人的信息不被泄露。

举报电话：（010）88254396；（010）88258888
传　　真：（010）88254397
E-mail：dbqq@phei.com.cn
通信地址：北京市万寿路 173 信箱
　　　　　电子工业出版社总编办公室
邮　　编：100036